算数科の
深い学びを
実践する

愛知教育大学名誉教授 **柴田録治** 監修

岡崎市算数・数学教育研究部 編著

黎明書房

監修の言葉

　新年号「令和」に呼応してか，私たちは新しい時代の激風が吹き付ける舞台に立たされている。これまで人類の社会は，狩猟社会→農耕社会→工業社会→情報社会（→ Society5.0）へとゆったり移行してきた。すなわち，素手であったものが，道具を生み出し，筋肉労働をエンジンエネルギーで代替し，神経の働きをコンピュータで補助させてきた。

　ところで，ロボット，ＡＩ，ビッグデータ等の出現・活用は，近未来において現存する仕事の４割を人手不要の事態を出現させるとの予測もあるように，変化の実態が見えない予測困難の時代を招来する。しかも，かつては「10年ひと昔」が今や「いわば３年ひと昔」の急激な変化速度である。そのような時代こそ，人が逞しく生きていくには，学び続ける以外に道はないことは自明であろう。

　子どもも，一人一人が未来の創り手となるように，学びの質を高めることが問われる。例えば，知識・技能も，使用でき創り出せるように生産性をもった学びでなければ，激変する時代では無駄とは言わないものの，役立ち得るものが少ない。

　さてこの度，岡崎市算数・数学部の先生方が，歴史的要請を受けての新学習指導要領の根幹をなす「主体的・対話的で，深い学び」の「深い学び」の指導についての考察を進めた。なお「主体的・対話的な学び」については，これまでの教育実践で体験してきている。

　指導者としては，子どもについての理解の視点は欠かせないが，教材についての理解の視点，とりわけ系統性と「深い学び」を支える数学的な見方・考え方についての，不十分，不適切な見識では，「深い学び」のより質の高い指導は望むことはできない。

　本書では，「数と計算」「図形」「測定」「変化と関係」「データの活用」の内容領域のそれぞれについて概説があり，次いで「深い学び」において，ときとして陥っていた指導の問題点に言及している。その上で，学年での具体的教材ごとに「深い学び」に必要な，学習活動の中に働いている「見方・考え方」について陳述している。これらの見方・考え方が，子どもの学習活動を導き動機付けるものとなるとき，得られる知識・技能は生産性をもつ深い学びとなろう。

　深い学びでのもう１つの視点である知識・技能の関連性，関係性の追求は学年，習熟度に関わりなく，考えるべきことである。例えば，小学校第１学年の学習内容「合成・分解」にみられる「きまり」は小学校各学年を通してだけでなく，発展して抽象代数の問題として関わっていく。関係性の追求は，その様相として多様であり，今後も探求すべき事柄が深い学びを伴いながら多々見いだされよう。

　子どものため，ご自身のため，そしてよりよい社会のため，激変する時代を生き抜く，優れた手堅い指導を志される方，ぜひ本書をご覧・検討をいただきたい。

　令和元年10月

愛知教育大学名誉教授　柴田録治

発刊によせて

　新しい時代「令和」が始まりました。
　この「令和」を生きる子どもを取り巻く社会は，人工知能（AI）の飛躍的な進化などにより，その構造や雇用の環境は，大きくまた急速に変化し，予測が困難な時代と言われています。しかし，人工知能がどれだけ進化し，たとえ人間に代わって思考できるようになったとしても，その思考の目的を与えたり，その目的のよさ・正しさ・美しさを判断したりできるのは，取りも直さず，人間の働きによるものの他にありません。そのことは人間の最も大きな強みとも言えます。
　そのような時代にあって，学校教育には，子どもの様々な変化に積極的に向き合い，他者と協同して課題を解決していくことや，様々な情報を見極めて知識の概念的な理解を実現し，情報を再構成するなどして新たな価値につなげていくこと，複雑な状況変化の中で目的を再構成することが求められています。
　こうしたことは，全く新しい力ということではなく，学校教育がこれまで目指してきた「生きる力」であり，それを改めて捉え直し，学校教育がしっかりその強みを発揮できるようにしていくことが必要です。それは，令和２年度から小学校・中学校と順に完全実施されていく学習指導要領の内容にも大いに関係します。特に，その視点として「主体的・対話的で深い学び」の実現に向けた授業改善（アクティブ・ラーニングの視点に立った授業改善）を推進することが重視され，その告示（平成29年３月）以降，学校現場では，授業を通した教育研究が実践されつつあります。
　そのような中，岡崎市算数・数学教育研究部の皆さんによる本書『算数科の深い学びを実践する』の発刊は，新しい学習指導要領の完全実施前の先進的な営みの先駆けとなるものであり，また「深い学び」の捉えと実践に曖昧な点があるという現場からのニーズに応えるものです。そのようなことに大きな価値を感じます。この本書で研究されてきた内容からは，算数科の授業の中で，様々な情報を見極めて知識の構造的・概念的な理解を実現していくたくましい子どもの姿が見えてくるようです。それに加えて，本書の編著に関わってくれた皆さんが，岡崎市のベテラン教員を中心として中堅教員，若手教員を含め広い年代に渡り，また，意欲的に研究を進めてくれたことに大いなる意味を感じます。このような新しい時代を拓く前向きな教育研究への取り組みに敬意を表し，その発刊に至った功績を讃えたいと思います。
　算数を指導する多くの教師が，ぜひ本書を基に日々の授業改善に生かし，教師としての力量をいっそう高め，岡崎市内外の多くの子どもたちの算数の学力向上につながることを願ってやみません。

　　令和元年10月

　　　　　　　　　　　　　　　　　　　　　　　岡崎市教育委員会教育長　安藤直哉

はじめに

　令和2年度より小学校では新しい学習指導要領（平成29年告示）が完全実施されます。今回の改訂の重要なポイントは，学力論の基盤が「内容中心」から「資質・能力中心」へと大きく変化したと言われています。「何を学ぶか」だけでなく，それを通して「何ができるようになるか」，また，そのために「どのように学ぶか」という思考を巡らせることがこれまで以上に大切になってきます。そして，「主体的，対話的で深い学び」という言葉が着目されています。

　ここには新しい言葉が並んでいるようではありますが，私たちがこれまでの授業を通して実践し求め続けてきたものとは大きく変わりはありません。特に，「主体的，対話的な学び」を目指す授業は，私たちの愛知県三河地区では，個人の研究として，学校の研究として，教科部会の研究として，こだわりをもって取り組まれてきています。また，「深い学び」についても，言葉はともかくも，その内容としてどのようなことを表すのかはおよそを捉えた授業は進められてきています。しかし，その精度を上げた取り組みは必要ですし，明確になっているかと問われれば曖昧な点もあります。

　そこで，私たち岡崎市算数・数学教育研究会は，新しい学習指導要領における「深い学び」について，その趣旨を捉えながら，これまでの授業実践から見えてきたものをたよりに，教科の内容とそのつながり等を明らかにすることを試みました。まずは，具体的な教科書に見られる内容，その背景にある指導するねらい・意図等に関するものを探ることからスタートしました。そして，その学習内容を指導する上で，知識や技能と関わっている数学的な見方・考え方が具体的にはどのようなものか，また，それがどのように働いているのか，そして，それが系統的にどのようなつながりがあり，発展しているのかを探るという営みとなりました。それを明らかにしようとする追求こそが，算数の教科としての本質に迫るものであり，「深い学び」の真意に関わっていくものと考えました。

　私たちは，新しい学習指導要領の完全実施を前にして，算数科における「深い学び」について，ある一定の整理を試みましたが，これが万全で十分というものではありません。これを基にさらなる高みを求め続けていくことが必要であり，それは授業実践を通して検証しながら改善を加えていくものであるとも考えています。そして，本書がそのことへのきっかけとなれば幸いと感じています。ただ，このような形として示すことができたことは，私たちの自信となり，この上もない喜びともなっています。

　本書が，算数を指導し，授業を実践する教育現場で大いに利用，活用されることが，私たち教師の力量向上につながり，算数指導に大きな効果をあげるものになれば幸いと期待しています。

　　令和元年10月

　　　　　　　　　　　　　　　　　　　　岡崎市算数・数学教育研究部　編著者一同

目 次

監修の言葉　1

発刊によせて　2

はじめに　3

第1章
「深い学び」と数学的な見方・考え方 …………………………… 7

1　学習指導要領の改訂と「深い学び」　8

2　「深い学び」の内容　9

3　算数科における「深い学び」の内容　11

4　算数科における「深い学び」の指導　16

第2章
数学的な見方・考え方に基づく深い学びの授業実践 ………… 25

1　整数の概念形成の指導　26

2　整数の加法・減法とその意味の指導　50

3　整数の乗法・除法とその意味の指導　72

4 小数・分数の概念形成の指導　94

5 小数・分数の計算とその意味の指導　110

6 図形の概念形成（第1〜3学年）の指導　128

7 図形の概念形成（第4〜6学年）の指導　142

8 図形の求積公式の指導　158

9 量の概念形成の指導　172

10 適切な単位の選択による測定の指導　190

11 関数の考えの指導　204

12 単位量当たりの大きさの指導　218

13 統計的な処理・考察の指導　232

【コラム1】　私が感銘を受けた数学者　6

【コラム2】　私が教えを受けた師　24

【コラム3】　私が尊敬をする教育者　189

参考文献　252

おわりに　253

コラム1

私が感銘を受けた数学者
H．ポアンカレ（1854～1912）フランスの数学者

　H．ポアンカレは，『科学と方法』（吉田洋一訳，岩波書店，1967）で，数学はものごとを発展的，統合的にみて，より簡潔・明瞭・的確なものを求め続ける態度に支えられていることを，
「数学とは，異なった事柄に同一の名称を与える芸術である」
という言葉として表現している。

　当初の訳では，この言葉の中の「art」を「技術」としていたが，「芸術」とするようになった。

　そして，彼は，
「かかる事柄は内容が異なっていても，形式が似かよっていることが，すなわち，いわば同じ鋳型にあてはまることが必要である。言葉を適当に選べば，ある既知の対象について行われたすべての証明が直ちに多くの新しい対象についてもそのまま通用するのを見ればまったく驚嘆に値するほどである。なに一つ，その用語さえも，変ずる必要はない。名称まで全部同じものが用いられるからである。」
と，数学が「同一の名称を与える」芸術となる所以を続けている。

（柴田　録治）

第1章

「深い学び」と数学的な見方・考え方

1 学習指導要領の改訂と「深い学び」

　文部科学省は，平成29年3月31日に学校教育法施行規則の一部改正と小学校学習指導要領の告示をした。これは，中央教育審議会「幼稚園，小学校，中学校，高等学校及び特別支援学校の学習指導要領等の改善及び必要な方策等について（答申）」（平成28年12月21日）を踏まえたものである。この答申に至る過程で，平成26年11月20日の中央教育審議会への諮問「初等中等教育における教育課程の基準等の在り方について（諮問）」において，育成すべき資質・能力を確実に育むための学習・指導方法はどうあるべきか，特に今後のアクティブ・ラーニングの初等中等教育での具体的な在り方についてどのように考えるかが示された。この中間まとめとして出された教育課程企画特別部会「論点整理」（平成27年8月26日）では，アクティブ・ラーニングについて「課題の発見・解決に向けた主体的・協働的な学び」と説明された。ところが，各教科の作業部会での検討を経て1年後の「審議のまとめ」（平成28年8月26日）では，「協働的な学び」が「対話的な学び」に置き換えられ，新たに「深い学び」が付け加えられて説明がなされた。「協働的」という言葉の意味合いは，対話的な学びの説明の中に含まれ残されていると考えられるので，大きな変更点としては「深い学び」がアクティブ・ラーニングを説明する視点の1つとされ，付け加えられたことであった。

　ここで，なぜこの「深い学び」が付け加えられたのだろうか。「主体的・協働的な学び」としてのアクティブ・ラーニングでは，教科学習での資質・能力の育成という面で心配であるからであろうか。「論点整理」においても，アクティブ・ラーニングを通して目指される学習として「深い学び」が補足説明されており，ただ単に主体的・協働的な学びであればそれでよいなどとは論じられてはいなかった。しかし，その中に「深い学び」を付け加えることで，学習指導の内容とその成果の重要性が強調されたことは大いに感じる。これは，求めるものが「主体的・対話的な学び」だけではないという，ある意味でのそれを補完する言葉・内容のようにも受け止めることができる。また，アクティブ・ラーニングを進める上での問題を解決するものとして考えられたのかもしれない。例えば，教育現場では，よく「活動あって学びなし」などといった表面的な学びに対する批判や，そのような状況に陥る可能性が高いということへの方策として，その対応がなされたとも考えられる。つまりは，教育を通して求める内実を明らかにすることのように推察される。

　さらに，今回の学習指導要領の改訂においては，資質・能力の育成として3つの柱が挙げられている「知識・技能」「思考力・判断力・表現力等」「学びに向かう力・人間性等」の重要性を全面に打ち出して議論が進められてきた。その過程では，アクティブ・ラーニングの意味は，この資質・能力の3つの柱に直結するように考えられていたが，「主体的・対話的

で深い学び」という言葉に置き換えられることにより，その核心により迫っているように感じられる。特に『小学校学習指導要領（平成29年告示）解説総則編』で「『深い学び』の視点に関して，各教科等の学びの深まりの鍵となるのが『見方・考え方』である」（p.78）と触れられている以上，各教科の学習を通した思考力・判断力・表現力の育成に直結するものでなければならなく，「主体的・対話的な学び」だけでは内容的に不十分な資質・能力の育成を補っているように理解することができる。

2 「深い学び」の内容

　こうした状況において，授業改善の視点として「主体的・対話的で深い学びの実現」が登場してきた。それでは，「主体的・対話的で深い学び」とはどのような学びなのか考え求めていかなければならない。私たちは，これまで授業を進める上で「主体的な学び」「対話的な学び」については，それぞれいろいろな方面から追求してきている。そのため，授業方法や子どもの学びのあり方を想定しやすく実践もしやすいように感じる。しかし，「深い学び」については抽象的な言葉であり，なかなかイメージがしづらいことからか，学校現場の教員の中から次のような声を聞くことがある。

- ○　深い学びについては，何をもってそうできるのかがイメージとしてあまりピンと来ない。自ら主体的に学び，他者と対話する中で深い学びを実現するということになるのだろうか。ただ，そこにたどり着くには，授業者のしっかりとした指導内容の把握が必要であると感じるが，これまでどおりの指導内容の捉えのままでよいのか。
- ○　主体的・対話的な学びというのは，ある意味で「見える化」できる気がする。他者の学習活動を「見る」ことで，その有り様を理解しようとすることはできると思うが，深い学びというのは，何に対してどの程度の学びを「深い」というのか。その程度が自己判断によるものなのかどうか，判断に難しいところがある。
- ○　深い学びについて，基礎学力が不足している生徒にどのように指導すれば，その深さに達することができるのかどうかという点で不明確である。さらに，例えば，小学校1年の学習における深い学びはあるのかどうか疑問である。学年によって，浅い，深いがあるとしたら，何を基準にすればよいのか。

　この中では，まず，深い学びの「深い」とは基本的に何を指すもので，どこまでを問うものなのかということを明らかにすることが求められる。一般に，「深い学び」といった場合は，子どもの学習成果としての理解の深さを問うときに用いられることが多いと思われるが，その程度は曖昧ではっきりしない。
　ここで，「主体的・対話的で深い学びの実現に向けた授業改善」の具体的な内容について，『小

学校学習指導要領解説総則編』では，中央教育審議会答申の3つの視点に立った授業改善の在り方が引用して示され，「主体的な学び」「対話的な学び」「深い学び」を意義付けている。その中で，「深い学び」については，その3つ目の視点として，次のように明記されている。

> ③ 習得・活用・探究という学びの過程の中で，各教科等の特質に応じた「見方・考え方」を働かせながら，知識を相互に関連付けてより深く理解したり，情報を精査して考えを形成したり，問題を見いだして解決策を考えたり，思いや考えを基に創造したりすることに向かう「深い学び」が実現できているかという視点。(p.77)

ここでは，各教科等の特質に応じた「見方・考え方」を働かせることによって生じる，「深い学び」の4つの視点を説明している。1つ目は，知識相互の関連付けを明確にすることであり，残りの3つは，各教科等の学びの過程を重視することを指摘していると捉えることができる。

また，「主体的・対話的で深い学びの実現を目指した授業改善」について，次のように「深い学び」の視点から述べている。

> 特に「深い学び」の視点に関して，各教科等の学びの深まりの鍵となるのが「見方・考え方」である。各教科等の特質に応じた物事を捉える視点や考え方である「見方・考え方」は，新しい知識及び技能を既にもっている知識及び技能と結び付けながら社会の中で生きて働くものとして習得したり，思考力，判断力，表現力等を豊かなものとしたり，社会や世界にどのように関わるかの視座を形成したりするために重要なものであり，習得・活用・探究という学びの過程の中で働かせることを通じて，より質の高い深い学びにつなげることが重要である。(p.78)

ここでは，各教科等の特有の「見方・考え方」を働かせることにより，個別的な知識・技能をばらばらなものとして捉えるのではなく，既習の知識・技能，経験や考え等と関連付ける（意味付ける）ことによって，構造的・概念的な理解を図ることが「深い学び」の意味するところであるということを理解することができる。すなわち，子どもが，各教科等の特有の「見方・考え方」でその教科等の世界を眺め，意味あるつながりをもって理解できたとき，つまりは，学びを整理，比較，統合することで，その教科の本質につながるものを捉えられたとき，教科の「深い学び」として機能していると考えられる。

これまでは，学習指導において，どちらかと言えば個別的な知識・技能の習得に重きが置かれ，学習内容の構造的・概念的な理解を図るようなことにあまり意識してこなかった傾向がある。時には知識を単に意味のない暗記のように記憶したり，安易な反復練習をしたりするような学習活動が見られたことも否定できない。しかし，このような「深い学び」を経験できれば，確実に知識・技能は生きて働きやすくなり，いろいろなところにも活用することができるようになっていく。また一方で，構造的・概念的な理解のためには，1つ1つの知識・技能の意味ある習得も必要になるということが改めてみえてくるように考えられる。そ

のため，習得として知識・技能を身に付ける学習のあり方を大切にしなければならないことも再確認できるようになる。ただし，習得とは一般的な知識・技能の教え込みのような学習をすることと誤解されている向きがあるが，そのようではないことを付け加えておく。

　また，子どもがもっている知識・技能を生活場面や社会状況，また各教科等の内容などと結び付けることも深い学びとする上では重要な要素をもつようになる。すなわち，習得した知識・技能を異なる場面や状況で使う活動を積極的に取り入れることにより，どのような場面や状況でも，その有用性について検討することになる。そして，いろいろなものに活用できるような知識・技能として捉えられるようになっていく。そのような身に付けた知識・技能の中から，課題の解決に必要なものを選択し，場面や状況に応じて適用したり，いくつかの知識・技能を組み合わせたりして，適切に活用することができるようになる。そして，そのような知識・技能は多面的な広がりをもって結び付いていくことになる。そのことを通して，当然のことであるが，思考力・判断力・表現力等の育成についても図ることができる。つまり，このような「深い学び」に迫る過程を通して，思考力・判断力・表現力等に関わる資質・能力は育成されていく。

3　算数科における「深い学び」の内容

　『小学校学習指導要領（平成29年告示）解説算数編』での小学校算数科の目標について，具体的には，次のように設定されている。

> 　数学的な見方・考え方を働かせ，数学的活動を通して，数学的に考える資質・能力を次のとおり育成することを目指す。
> (1)　数量や図形などについての基礎的・基本的な概念や性質などを理解するとともに，日常の事象を数理的に処理する技能を身に付けるようにする。
> (2)　日常の事象を数理的に捉え見通しをもち筋道を立てて考察する力，基礎的・基本的な数量や図形の性質などを見いだし統合的・発展的に考察する力，数学的な表現を用いて事象を簡潔・明瞭・的確に表したり目的に応じて柔軟に表したりする力を養う。
> (3)　数学的活動の楽しさや数学のよさに気づき，学習を振り返ってよりよく問題解決しようとする態度，算数で学んだことを生活や学習に活用しようとする態度を養う。(p.21-22)

　算数科における「深い学び」とは，大局的にはこの算数科の目標に迫る過程での学びとならなければならない。特に，前述2で「深い学び」について次のように考察した。

> 個別的な知識・技能をばらばらなものとして捉えるのではなく，既習の知識・技能，経験や考え等と関連付ける（意味付ける）ことによって，構造的・概念的な理解を図ること

　このことに関係付ければ，小学校算数科の目標（２）との関連は強くなる。すなわち，算数科の学習において，「数学的な見方・考え方」を働かせながら，知識・技能を習得したり，習得した知識・技能を活用して課題を探究したりすることにより，生きて働く知識の習得が図られ，技能の習熟にもつながる。それとともに，そのことが既習の知識・技能，経験や考え等と関連付ける（意味付ける）ことによって，構造的・概念的な理解を図ることができる。そして，日常事象の課題を解決するための思考力，判断力，表現力等が育成される。そのことにより，数学的に考える資質・能力が育成されることとなり，「数学的な見方・考え方」もさらに強化されていく。そのような過程を大切にしている。

　ここで，算数の特質に応じた「数学的な見方・考え方」は，算数科の学習において，どのような観点で物事を捉え，どのような考え方で思考をしていくのかという，物事の特徴や本質を捉える視点や，思考の進め方や方向性を意味するものに関わっていることに気づく。つまり，数学的な内容についての面と数学的な方法についての面の両面に関わっている。そして，それらを探っていく必要があり，そのことが「深い学び」の内容へとつながっていく要因となると考えられる。

　この「数学的な見方・考え方」について，『小学校学習指導要領解説算数編』には次のように記されている。

> 　「数学的な見方・考え方」のうち「数学的な見方」については，事象を数量や図形及びそれらの関係についての概念等に着目してその特徴や本質を捉えることであり，また，「数学的な考え方」については，目的に応じて図，数，式，表，グラフ等を活用し，根拠を基に筋道を立てて考え，問題解決の過程を振り返るなどして既習の知識及び技能等を関連付けながら統合的・発展的に考えることである。これらから，算数科における「数学的な見方・考え方」とは，「事象を数量や図形及びそれらの関係などに着目して捉え，根拠を基に筋道を立てて考え，統合的・発展的に考えること」と整理することができる。
> 　「数学的な見方・考え方」は，数学的に考える資質・能力を支え，方向付けるものであり，算数の学習が創造的に行われるために欠かせないものである。また，児童一人一人が目的意識をもって問題解決に取り組む際に積極的に働かせていくものである。その意味で「数学的な見方・考え方」は，数学的に考える資質・能力の三つの柱である「知識及び技能」，「思考力，判断力，表現力等」及び「学びに向かう力，人間性等」の全てに対して働かせるものとしている。そして，算数の学習を通じて，「数学的な見方・考え方」が更に豊かで確かなものとなっていくと考えられる。
> （p.22-23）

　「数学的な見方・考え方」については，「事象を数量や図形及びそれらの関係などに着目し

て捉え，根拠を基に筋道を立てて考え，統合的・発展的に考えること」というように，前述2の「『深い学び』の内容」とかなり関係していることが分かる。つまり，このような数学的な見方・考え方が，算数科における「深い学び」に関わる内容として確認することができる。

ここで，「数学的な見方」については，「事象を数量や図形及びそれらの関係についての概念等に着目してその特徴や本質を捉えること」とあるので，数学的な内容面に結び付いた概念を含むアイデア（考え）として捉えることができる。また，「数学的な考え方」については，「目的に応じて図，数，式，表，グラフ等を活用し，根拠を基に筋道を立てて考え，問題解決の過程を振り返るなどして既習の知識及び技能等を関連付けながら統合的・発展的に考えること」とあるので，数学的な方法面に結び付いた概念を含む「考える仕方」（考え方）と捉えることができる。

このようなことから，「数学的な見方・考え方」について，数学的な内容についての面と数学的な方法についての面の両面があると考えられる。そこで，その両者を分類して整理することが深い学びの内容に迫る上で適当と考えられる。しかし，『小学校学習指導要領解説算数編』の記述については，数学的な方法についての面との結び付きがやや強い数学的な見方・考え方の捉え方ということを感じる。

そこで，「数学的な見方・考え方」について，数学的な内容についての考えと数学的な方法についての考え方とを整理して，次の（1）（2）のようにそれぞれを具体化した。

（1）数学的な内容についての考え方

数学的な内容についての考え方として，例えば，集合の考え，関数の考え，単位の考えなどを挙げることができる。集合，関数，単位といった概念は，それぞれに関わるアイデアがあり，それが抽象化され形式を整え，概念に高まったものである。ここでは，主にその3つについて簡単に述べる。

① 集合の考え

「集合の考え」は，集合の定義を発生させるアイデアである。集合とは，その要素1つ1つが区別できて，全体がある条件で同じものとみることができるものの集まりを表す。そのことから，「集合の考え」は，ある数量や図形を調べようとするとき，ある条件に合わないものを対象外として，対象を規定して同じものとみて考察するときに使われる考えである。同じとみることは，同じ仲間とみることによって，同じものの集合をつくることになる。そして，同じと思われるものを「仲間集め（集合づくり）」をして，その集まりの共通しているものを概念としていく。このように，「集合の考え」を生かして仲間づくりをして概念を形成することは，数や図形の学習でよく行われている。

また，同じと見えているものに視点を示して違いを見ることも「集合の考え」である。同じものの中に違いを見ることによって，より詳しいことが分かってくる。その違いについて

は，ただ単に漠然と見るのではなく，それらの相互の関係性や包摂関係を見ていけば，物事の概念は整理して捉えることができる。

② 関数の考え

「関数の考え」は，関数の定義を発生させるアイデアである。2つの変数 x，y があって，x の値が決まると，それに応じて y の値が決まるとき，y は x の関数であるというが，広く言えば，数とは限らず，一方のものが決まると，もう一方のものが必ず1つ決まるということとなる。そのことから，「関数の考え」は，ある数量について調べようとするとき，それと関連の深い他の数量を見つけ，それらの数量に成り立つ関係を明らかにしながら考察する考えである。

そのような「関数の考え」については，変化する事象の中からいくつかの変数を見つけ，その変数の中に2つの変数の依存関係に気づくことが大切となる。そして，その依存関係にあるもののきまりを見つけることが基本となる。事象として，あるものが決まれば，もう一方のものが決まるというようなものがあれば，そのことで物事を予想したり，問題解決の方向性を明らかにしたりできる。簡単に言えば，分からないものを既に分かっているものに関係付けて説明できるようにすることとも言える。

③ 単位の考え

「単位の考え」は，単位の意味を発生させるアイデアである。単位とは，ある量を表すとき比較の基準とする同種の量のこととして捉えられている。そのことから，「単位の考え」は，算数の数，量，図形の内容において，単位に関する性質を表すものとしてみる考えである。

例えば，「単位の考え」により，数を表す場合には，10や100を単位として数の大きさを表すことができる。また，長さや面積などの量を数値化する場合には，基準とする尺度である1m，1m^2 などが，量の大きさを測定するための基準の単位となり，その何倍であるかということから量を表すことができる。さらに，図形を捉える見方として，頂点，辺などの構成要素を単位として形の構成を捉えることができる。つまり，算数科の学習において基盤となる考えの1つに挙げることができる。

（2）数学的な方法についての考え方

『小学校学習指導要領（平成29年告示）解説算数編』の中に記されている「筋道を立てて考える」「統合的に考える」「発展的に考える」については，次のようにそれぞれの説明がされている。

「筋道を立てて考える」ことは，正しいことを見いだしたり，見いだしたことの正しさを確かめたりする上で欠くことのできないものである。

「統合的に考察する」ことは，異なる複数の事柄をある観点から捉え，それらに共通点を見いだして一つのものとして捉え直すことであり，算数の学習で大切にすべきものである。

「発展的に考察する」とは，ものごとを固定的なもの，確定的なものと考えず，絶えず考察の範囲を広げていくことで新しい知識や理解を得ようとすることである。(p.25-26)

これらの数学的な見方・考え方は，算数科における「深い学び」にかかわる具体として捉えることができる。そこで，それぞれの場合について，次のように整理することができる。

① 「筋道を立てて考える」ことについて

ある事柄が「正しいことを見いだす」過程においては，「帰納的な見方・考え方」「類推的な見方・考え方」などを働かせている。また，「見いだしたことの正しさを確かめる」過程においては，「演繹的な見方・考え方」を働かせていることが考えられる。

問題を解決するのに解決の仕方が見つからないとき，いくつかのデータから共通するきまりや性質を見いだして，それを基にして当面の問題を解決しようとするときに働くのが「帰納的な見方・考え方」である。また，ある事柄と似ている事柄を想起して，その事柄について成り立つきまりや性質があるのではないかとして問題を解決しようとするときに働くのが「類推的な見方・考え方」である。ただし，事柄の「正しいことを見いだす」過程においては，この他にもその状況に応じていろいろな見方・考え方を働かせることができる。

そして，見いだしたものがあれば，まずその前提は何か，また用いられている根拠となるものは何かを明確にして，厳密に結論を導くときに働くのが「演繹的な見方・考え方」である。算数科では，その根拠は操作であったり，図であったり，実際の経験であったりすることが多いので，それらをまとめて論理的な考え方とせず，筋道を立てて考えるという表現とされていると考えられる。

なお，「帰納的な見方・考え方」「類推的な見方・考え方」などはあくまでも推論であるので，見いだした一般性が真であることを明らかにするためには，「演繹的な見方・考え方」が必要となる。特に小学校の学習では，帰納したり類推したりして得られたものを正しいこととして認めて用いることが多いので，一般性が真であることをより確かにするデータを示して根拠立てることが大切である。

② 「統合的に考える」ことについて

「統合的に考える」ことについて，大きく2つの場合が考えられる。

まず，はじめに異なっているものとして捉えていた事柄について，必要に応じて共通する観点を見いだして1つのものにまとめて捉えなおす場合である。この場合は，「集合の考え」によって新しい概念などをつくるような場合での「統合的に考える」こととして挙げることができる。

次に，はじめに考えていた概念の意味や形式が，さらに広い範囲に適用できるようにするために，はじめの概念の意味や形式を一般化して，元のものを含めてまとめて捉えなおす場合である。これは，例えば，計算の意味や対象とする数などを拡張する場合に当たるなど，次の③の「発展的に考える」ことと同じような意味として捉える場合での「統合的に考える」こととして挙げることができる。

　③　「発展的に考える」ことについて
　「発展的に考える」ことについて，広い意味では，問題となっている条件を変えてみるということである。具体的には，その条件の一部を他のものに置き換えたり，条件をゆるめ広い範囲で用いたり，さらによりよい方法を求めたりして新たなものを見つけたりすることである。これは，例えば，問題場面を変えてみることが当たる。
　この発展的に考えるということは，ある面からは，考えたものをより高い，またはより広い観点から「統合的な見方・考え方」を働かせることと同様に捉えることができる。そのため，多くの場合，「統合的・発展的に」というように2つの言葉を並列し複合させて表現して使われることが多い。『小学校学習指導要領解説算数編』での取り上げ方もその例外ではないようである。

4　算数科における「深い学び」の指導

　これで，算数科における「深い学び」の様相が分かってきたので，ここでは，そのことに関わる具体的な指導の一部を，前述3（1）（2）の内容に沿って整理する。ただし，数学的な内容についての考え方，数学的な方法についての考え方は，互いに関連する面があるので，その意味として顕著な事例を挙げることとした。

（1）数学的な内容についての見方・考え方を働かせる指導
①　集合の考え
　集合の考えを育てるためには，集合を意識できるようにすることが大切である。例えば，「数と計算」領域の第5学年で，$2 \div 3$ を $\frac{2}{3}$ と分数で表すことを学習する。ここでは，「2Lのジュースを3等分すると，1つ分は何Lになるか」について，「$2 \div 3$」と式化し，これが0.666……でわり切れないことから，分数で表す方法を考える。そして，次ページの図のように1Lのますの図を使って追究を進めることができる。

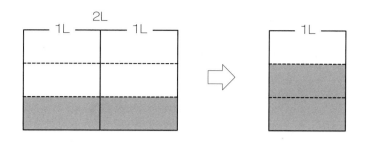

　このことについて，1Lを3等分し，もう1つの1Lも3等分して，その2つを合わせて$\frac{1}{3}$Lが2つ分で$\frac{2}{3}$Lと理解することができる。しかし，教師は，これをもって「$a \div b = \frac{a}{b}$」が理解できたと考えがちであるが，子どもの中には，$2 \div 3 = \frac{2}{3}$であることだけを学習したとしか考えない子どももいる。つまり，子どもは，ここでの学習内容が何の代表であるかを意識することができていないのである。だから，次に「$3 \div 5$はいくつになるか」と問われても，子どもは「分からない」や，前と同じように「1Lを5等分して，それが3つあるから$\frac{3}{5}$」と，問題内容の集合を意識しない答え方をしてしまうのである。

　ここで，大切なことは，対象となる事柄がどのような集合の代表かということを意識できるようにすることである。そのことができれば一般化して考えることができる。そのため，集合を意識できるようにすることが求められる。例えば，1つの問題が解けたら，似た問題をつくって解いてみることが必要になる。つまり，知識1つ1つをばらばらに見るのではなく，それらが何の代表かを意識して見ることができるようにするのである。そのことにより，集合の考えは育てられ，集合を意識することができるようになり，一般化して考えることにつながっていく。

② 関数の考え

　「関数の考え」は，例えば，表やグラフに表して，それがどんな関数かを調べることがあったり，逆に関数があって，表やグラフに表すこともあったりするが，あくまで表やグラフをつくるとき，そこにはどんな関係があったり，法則があったりするかを調べるときに働くものと考える。「AとBの間にはどんな関係があるか」というときには，「AがかわるとBがどのように変わるか」また「AをかえるとBがどのように変わるか」という調べ方となる。このような関係を調べるとき，大切となることは順序正しく「変える」ことであり，そこからあるきまりや法則が見えてくるかを探っていくことである。

　具体的な事例として，第1学年での「10の合成・分解」の学習を挙げることができる。そこでは，和が10になる式を順序正しく並べて調べていくと，右のように整理することができる。ただ単に「$1+9=10$」だけを見ていると関数かどうかは分からないが，右の9つの式から，まず「被加数を決めると加数が決まる」こと，また，「被加数が1ずつ増えると，加数は1ずつ減っていく」ことに気づくことができる。また，これから「一方の数を1ずつ増

$1+9=10$
$2+8=10$
$3+7=10$
$4+6=10$
$5+5=10$
$6+4=10$
$7+3=10$
$8+2=10$
$9+1=10$

やし,もう一方の数を1ずつ減らせば,その和は変わらない」という加法の性質も見つけることができる。

そのようなことを「48 ＋ 37」の計算に活用すれば,加法の式の和を変えないように変形することができ,次のように考えることができる。

[式] 48 ＋ 37 ＝ (48＋2) ＋ (37－2)　　……被加数に2をたし加数から2をひいても
　　　　　　＝ 50 ＋ 35　　　　　　　　　　和は変わらない。
　　　　　　＝ 85

[図]
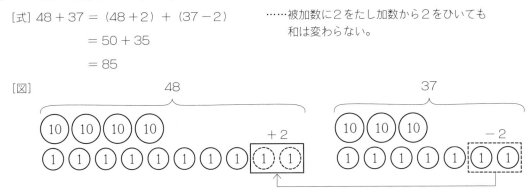

そうすると,2学年の子どもにとって難しそうに見える問題「48 ＋ 37」は,48に2をたせば50になることに気づくので,37から2をひいて「50 ＋ 35」に変形することができる。このように,関数の考えを働かせれば,計算のきまりを見つけられ,計算を簡単にすることができることが分かる。

③ 単位の考え

単位の考えは,数に関わる内容,量に関わる内容,図形に関わる内容についての指導が考えられる。

数に関する内容については,まず,整数は,基本的に十進位取り記数法で表されているので,「1」を単位として数を表すと,1が10個集まり10となり,それを単位として次の位(十の位)の数を表す。さらに,10が10個集まり100となり,それを単位として次の位(百の位)の数を表す。これは無限に続くが,このことから0から9までの数字を使うことにより,すべての整数を表すことができる。つまり,一の位は1を単位に,十の位は10を単位に,百の位は100を単位として捉えられ,整数においては,単位の考えにより「位をそろえること」の大切さに気づくことができる。

小数は,あるものの大きさを十進位取り記数法を使って,そのものの大きさを表した数である。表記は整数と同様である。小数の単位は,1を10等分して0.1,それを単位として次の位(0.1の位)の数を表す。さらに10等分して0.01,それを単位として次の位(0.01の位)を表す。同様に,それを10等分した0.001……と続くようにして,数を表している。例えば,0.6であれば,1を10等分した大きさである0.1を単位として,その6つ分であることを表している。小数では,単位の考えにより「小数点の位置をそろえること」の大切さに気づき,このことは整数の「位をそろえること」と同じであるということを理解できるようにする。

分数は，表記上は分子を1とした分数を単位として数が構成されている。その単位とする数のいくつ分で数を表している。この点で，単位の考えについて，整数，小数と同様であるとみることができる。

　このように，単位の考えでそれぞれの数の構造を整理すると，それぞれの数の計算において次のことが言える。

整数　　$300+200$　　　⟶　　100 が（$3+2$）個分　⟶　100 が5個分
小数　　$0.3+0.2$　　　⟶　　0.1 が（$3+2$）個分　⟶　0.1 が5個分
分数　　$\dfrac{1}{2}+\dfrac{1}{3}=\dfrac{3}{6}+\dfrac{2}{6}$
　　　　　　　　　⟶　$\dfrac{1}{6}$ が（$3+2$）個分　⟶　$\dfrac{1}{6}$ が5個分

　このように単位の考えを用いて整理すれば，3つの数の計算が統合的な見方・考え方を働かせてまとめることができる。また，異分母分数の減法においても，同様に通分することによって，単位分数の何個分であるかという考えに基づいて計算できる。さらに，異分母の帯分数を含む加法・減法の計算も，異分母の真分数や仮分数の計算や，同分母の帯分数を含む計算と同様にすれば，加法・減法の計算ができることを理解できる。

　量に関する内容については，その単位は，ある基準とする量（単位）を決めてそのいくつ分かを量の大きさとして表すことができる。主に，長さ，面積，体積，重さなどの普遍単位がこれに当たる。例えば，長さの単位を1cmとして，そのいくつ分かを考えることができる。また，その前段階として任意に決めた単位でものの量を表すこともできる。例えば，あるリボンの長さを消しゴムのいくつ分で表すことである。また，ものさしやはかりなどの計器を使うとき，最小単位としてどこまではかりたいか，最大単位としてどれだけはかればよいかなどと考えて計器を選定できるようにする。その際には当然なことであるが，単位の考えが大切となる。

　図形に関する内容については，その単位は図形の構成要素になる。図形の構成要素としては，頂点，辺，面，中心，直径（半径），対角線などである。この構成要素に着目するときに図形の性質などを見いだすことができる。また，図形の概念を考えるときには1つの単位としての役割を果たすことができる。その他，ある図形を他の図形を単位とする見方・考え方もできる。例えば，四角形は2つの三角形で構成されているという見方である。このことにより，三角形と四角形の面積の関係，三角形と四角形の内角の和の関係などについて明らかにすることができる。

　このように単位の考えに着目して，様々な学習内容に共通点を見つけることができ，学習内容を関連付けた見方・考え方ができる。

（２）数学的な方法についての見方・考え方
① 「筋道を立てて考える」ことについて

筋道を立てて考えることには，ある前提を基に説明していくという演繹的な見方・考え方が代表的であり，帰納的な見方・考え方や類推的な見方・考え方もまた，根拠となる事柄を示すという点で，筋道を立てて考えることの１つと言える。

例えば，「図形」領域において，第５学年で三角形の内角の和を学習する。子どもは，三角形の３つの角の大きさに着目し，いくつかの三角形について，３つの角の大きさの和を探る活動をする。分度器ではかったり，合同な三角形を敷き詰めたり，３つの角の部分を寄せ集めたりすることなどにより，調べた三角形の３つの角の大きさの和は，どれも180度になることが分かってくる。このように，いくつかの具体的な事例から帰納的な見方・考え方を働かせて，共通する一般的な事柄を見いだすことができる。これは１つの三角形だけで180度になることを説明するのではなく，複数の三角形で180度になることを説明することで，考えがより確かなものになる。

さらに，三角形の３つの角の大きさの和が180度であることが分かると，それを基に発展的な見方・考え方を働かせて，四角形の４つの角の大きさの和はどうなるかを考えることができる。その場合，四角形の４つの角の大きさの和は，三角形の３つの角の大きさの和が180度であることを基にして考えることができる。このように，既に正しいことが明らかになっている事柄を基にして演繹的な見方・考え方を働かせて，別の新しい事柄を説明することができる。

四角形の４つの角の和を説明する方法として，次の３つの場合を考えることができる。図aは，四角形を１本の対角線で２つの三角形に分けて考える方法で，三角形の３つの角の大きさの和が180度であることを基にして，180度の２倍から360度を導き出している。図bは，四角形の辺上に点Eをとり，点Eと各頂点を結んだ直線で３つの三角形に分けて考える方法で，三角形の３つの角の大きさの和が180度であることを基にして180度の３倍から点Eの周りの角の大きさである180度をひいて360度を導き出している。図cは，四角形の内部に点Eをとり，点Eと各頂点とを結んだ直線で４つの三角形に分けて考える方法で，三角形の３つの角の大きさの和が180度であることを基にして，180度の４倍から点Eの周りの角の大きさである360度をひいて360度を導き出している。

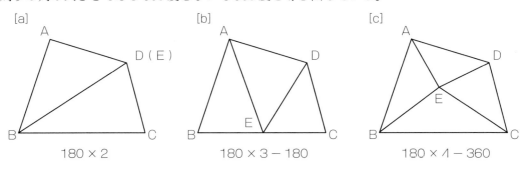

これらの考えは，いくつかの事例から具体的な操作などの活動を通して帰納的な見方・考え方を基にして推測したものを演繹的な見方・考え方を働かせて根拠立てて説明している。ここでは，3つの方法ともに既習の内容である「三角形の3つの角の大きさの和が180度である」ことを根拠にして，補助線の引き方を工夫して「四角形の4つの角の大きさの和が360度である」ことを導き出している。また，補助線の引き方の工夫として，図aはEが四角形の頂点と重なる場合，図bはEが四角形の辺上となる場合，図cは四角形の内部にある場合と整理ができる。このような考えの関連性を理解することで，筋道を立てて考えることに関心をもち，そのよさを感じることができる。

　また，右の図のように，三角形の外に1点を取り，頂点を結ぶと四角形を構成できる。そうすると，三角形と四角形は3頂点を共有することになる。ここで，できた四角形の内角の和は，元の三角形の内角の和から三角形1つ分の内角の和だけ増えたことなる。このように考えれば，頂点の数が1つ増えるごとに内角の和は三角形1つ分ずつ増えるというように，演繹的な見方・考え方を働かせて筋道を立てて考えることができる。

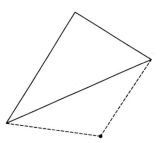

② 「統合的に考える」ことについて

　統合的に考えることについて，「数と計算」領域において，第4学年での小数の仕組みの指導を挙げる。小数は整数1を10等分してできる0.1という単位を考え，さらに10等分してできる0.01を考えるというように，10等分を繰り返して単位がつくられていることを明らかにできる。ここには，前述した単位の考えを働かせている。

　このことを整数の10倍，100倍として数を認めた場合と比べることによって整数の仕組みと同様になっていることを理解できる。すなわち，次のように，小数は10等分（$\frac{1}{10}$に）するごとに位が1つずつ右へ進むということ，さらに10倍するごとに位が左へ1つずつ進むことに気づく。このことにより，小数も整数と同じ十進位取り記数法が成り立っていることを統合的な見方・考え方を働かせて理解することができる。また，小数の単位と相対的な大きさ，大小比較も同様に関連付けて理解することができる。

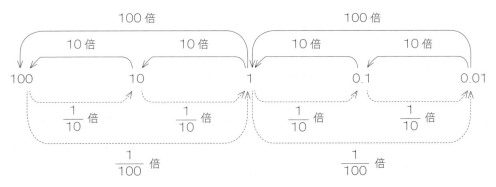

③ 「発展的に考える」ことについて

発展的に考えることについて，第5学年で小数をかけることの意味の指導を挙げる。このことを捉える上では，整数をかける場面を想起できるようにして乗法の意味を捉えなおし，その構造の類似性に気づくことによって，小数をかける場合の計算の仕方について発展的に考えることができる。

例えば，「1mの値段が70円のリボン2.4mの代金を求める」場面では，整数のように同数累加として2.4回加えることができないので，乗法の基本的な意味を捉えなおすことが必要となる。具体的には，次の2つの場合を対比させながら考えることができるようにする。

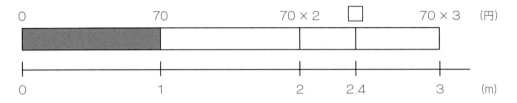

上の図で，「70×2」「70×3」のところが「1mの値段が70円のリボン2m分の代金」「1mの値段が70円のリボン3m分の代金」を表していることは捉えられる。その代金は70×2=140，70×3=210とそれぞれ「1mの値段」の2倍，3倍を求め，代金は「(1mの値段)×(買った長さ)」で求められることを理解できる。

次に「1mの値段が70円のリボン2.4m分の代金」を求めることを考えるとき，数直線において，リボンの長さが整数のときの「長さにより代金は1つに決まる」関係と同様に，長さにより代金が決まる（図中の□）ことを視覚的に確認できる。これは，どちらも1m分の値段が70円のリボンを買った長さに当たる代金を求めているので，同じ構造になっていることを推察できる。そのため，長さが3m分の代金は「70×3」（1mの値段の3倍）で求められたのと同様に，類推的な見方・考え方を働かせて2.4m分の代金も1mのリボンの値段の2.4倍になると考えられることから，「70×2.4」と立式できることを理解して意味の拡張を図ることができる。なお，ここでの立式の根拠は，厳密にはリボンの長さとその代金が比例関係にあることを確認する必要がある。

そして，計算の仕方についても，次のように小数を整数にして既習の計算に帰着して考えることができる。2.4mは24mの$\frac{1}{10}$（2.4mは0.1mの24個分）の長さであるから，24mの代金を求めてからその$\frac{1}{10}$の代金を求め，70×24÷10=168となる。

このことは，70×2.4において，2.4を10倍して整数の24にすれば，70×24は計算できる。10倍したのだから70×24の答えを10でわれば70×2.4の答えになるという考えである。これは，かけた数でわっておけば積は一定という乗法の性質に基づくものであり，以後のかけ算の学習にも有効に活用できることになる。

例えば，4.3 × 3.6 の筆算は次のように行われる。

```
   4.3    ──10倍──→     43
  ×3.6    ──10倍──→    ×36
  ───                  ───
  258                  258
 129                  129
 ────                 ────
 15.48   ←── 1/100倍 ──  1548
```

基本的な考えを式に示すと次のようになる。

  4.3 × 3.6
    ＝（4.3 × 10）×（3.6 × 10）÷（10 × 10）
    ＝ 43 × 36 ÷ 100

このようにして発展的な見方・考え方を働かせることができるように取り上げることが大切である。

算数科の学習において数量や図形の性質を見いだし，数理的な処理をすることは，それらを数学的な見方・考え方を働かせて考察することが大切である。それは，個別ばらばらの知識・技能の単なる習得ではなく，習得した知識・技能を繰り返し活用することによって，ばらばらだった状態から相互につながり合い構造的・概念的な理解を図ることであり，それがまさに算数科における「深い学び」を意味しているとも言える。また，算数を数学的な見方・考え方を働かせて考察していくことで，算数科の内容の本質的な性質や条件が明確になったり，数理的な処理における労力の軽減も図ったりすることができる。その過程では，物事を関係付けて考察したり，他でも適用したりしようとする汎用的な能力となって，いつでもどこでも使いこなせるような態度や，新しいものを発見し物事を多面的に捉えようとする態度を養うことも期待できる。

コラム2

私が教えを受けた師
和田　義信（1912～1996）日本の算数・数学教育学者

　わが師，和田義信先生は，
「答えが出たところから，算数・数学の学習指導は，始まる」
という言葉を口癖とされていた。

　問題を解くときには，まずは，与えられた条件や関係のありそうな事柄を思い出しながら答えを出そうとする。そのとき，教師は，どのような仕方でもよい，ともあれ気づきをもたせるようにしたい。身体を，映像を，言葉や，数字を用いて，時にはものに語らせることもあってもよい。

　ところが，一応の答えが得られれば，今度は解決した答えを振り返ることを求めたい。子どもは考えたことを吟味し，より簡潔に，より能率的にという目で見ていくのである。関連するものはあるのか，何が本質的なことかと考えることにより，自然に統合・発展していくのである。これは物事を考える上で価値のあることであり，態度として必要なものでもある。そこでは，主体的に，表現方法を選び，数学的な思考を大いに展開し続けている。まさに，おいしい数学的活動の最中なのである。

（柴田　録治）

第2章

数学的な見方・考え方に基づく深い学びの授業実践

1 整数の概念形成の指導

1 整数の概念形成の指導

　整数の概念形成について，低学年の指導では，身近なものを例に挙げながら，具体的な操作などの活動を通して数の意味，命数法（数詞を組み合わせた言い表し方）や記数法（数字を組み合わせた書き表し方）などを理解できるようにする。その過程では，ばらばらにあるものを仲間づくりするなど集合として捉え，1対1対応などの操作により2つのものの個数を比べる活動をする。ここには集合の考えを働かせている。また，具体物を数図ブロックに置き換えるなどして，個数や順序，色，形などの観点から分類して数える活動をする。そして，大小を比べたり，数の系列を作り数直線に表したりする。また，1つの数を2つの数に合成・分解するなど，数を構成的に捉える活動をできるようにする。このように，数は数えることを通して，集合としての大きさを表すもの（集合数）であり，順番を表すもの（順序数）でもあることを理解できる。

　まず，整数を表すには，10のまとまりができたとき，新しい1つの単位に置き換えて表す十進位取り記数法の考えが用いられる。10を超える数を表すには「10といくつ」という捉え方，20を超える数では十の位，一の位という位置によって数の大きさを表す位取り記数法が使われる。それ以降，数が大きくなるにしたがい，命数法や記数法は，類推的な見方・考え方を働かせて，具体的な操作などの活動により相互の関係を理解できるようにする。

　次に，数の見方について，数の感覚を豊かにするために多面的に捉えていく必要があり，1つの数を他の数の和や差としてみることや，十，百，千，万を単位として数の相対的な大きさを考察できるようにすることが大切である。ここには，「百がいくつ」「千がいくつ」などの単位の考えを働かせて，数の仕組みについて理解できるようにする。

　数の範囲として，第2学年では3位数まで，中学年では万，億，兆などへ広がり，十進位取り記数法の仕組みを抽象化させた捉えができるようにする。高学年では，具体的な量から離れて，整数の性質について理解できるようにする。

　このように，整数の概念形成をする過程では，様々な数学的な見方・考え方を効果的に働かせることで，「深い学び」に迫っていくことができる。また，ここで数学的な見方・考え方を育てることができ，より豊かにすることにもつながる。そこで，その具体的な指導はどのようにあるべきかについて考える。

2　整数の概念形成の指導上の問題点

(1) 数はどのように概念化されるのかについて明確にされていない

　第1学年で，100までの数詞を唱えられることで，数の概念を理解できていると思いがちである。しかし，これはただ数詞を呪文のように並べて言っているだけで，数の意味（概念）を把握した上で数えることができるようになっているとは言えない。それは，数を集合の大きさとして捉えていないからである。例えば，「6」という数を具体物に置き換えることができなかったり，具体物を数えるときに，11個目を1個指し「じゅういち」と言うのでなく，「じゅう」で1個指し「いち」でまた1個指し，2個分を指したりする子どもがいる。したがって，数を唱えられれば数の概念を理解しているとは必ずしも言えない。

　また，子どもにとって具体物と数詞と数字が一致するようになることは難しいことである。たとえ具体的な集合の大きさを捉えられても，数詞や数字を結び付けることや，数詞や数字に抽象化していくことは容易なことではない。それは，数の概念は見えないものであるからである。

　整数の初期指導において，子どもはこれまでの生活の中で数を理解していると思いがちであるが，それが実は意味の伴わない形式的で表面的なものであることが多い。そのため，数はどのような見方・考え方を働かせ概念形成していくかを教師が理解し，丁寧に指導する必要がある。

(2) 数の構成的な見方や相対的な見方を育てる指導が十分でない

　子どもは，「368」という数を聞いて「367の次」ということはできても，「100が3つ，10が6つ，ばらが8つ」と捉えられていなかったり，実際に集合の大きさとしてどういう大きさの数であるかがイメージできていなかったりすることがある。

　また，第3学年以降で，万，億，兆などの大きい数を扱う際に，例えば，36000を1000の36個集めた数などと数の相対的な大きさで表すことがある。こうした表し方は，大きな数の計算や整数から小数に数が拡張されるときにそのよさを実感するが，子どもにとって相対的な大きさで表現する意義を感じにくいことが挙げられる。

　これは，数を文字や絵，記号のように捉えていたり表現したりする子どもに見られがちである。第1学年でいえば，10をまとまりにして新たな位をつくるといった具体的な操作などの活動と数詞とのつながりや，逆に数詞を数え棒などの具体物で表しなおすといった構成的にみることが安易に捉えられているからである。

　同様に，百や千の位を扱うときも，10個集めて新たな単位をつくるといった十進位取り記数法の仕組みに着目し，統合的な見方・考え方を働かせれば同様に考えられる。特に，万や億，兆の位まで使って表された数を捉えたり数の大きさを比較したりする場合では，単位の考えを働かせて相対的な大きさで表す意義を理解できるようにすることが大切である。

3　整数の概念形成の指導に関連する指導学年

〔第1学年〕
- ○ かずとすうじ
  - ・数の集合を捉える
  - ・1対1対応の見方・考え方
  - ・1から10の数え方
  - ・1から10の読み方・書き方
  - ・数の大小や系列

- ○ なんばんめ
  - ・順序数としての意味，ものの位置を表すこと
- ○ ものとひとのかず

- ○ いくつといくつ
  - ・10までの数の合成・分解や補数関係の理解

〔第2学年〕
- ○ 100をこえる数
  - ・1000までの数の命数法・記数法，百の位の用語と位取り
  - ・十進位取り記数法の仕組み
  - ・数の相対的な大きさ
  - ・数の構成，系列，順序，大小

- ○ 1000をこえる数
  - ・10000までの数の命数法・記数法，千の位の用語と位取り
  - ・10000までの数の構成や系列，順序，大小
  - ・10や100などを単位とした数の相対的な見方，数の構成や分解

〔第3学年〕
- ○ 一万をこえる数
  - ・一億までの数の命数法・記数法
  - ・大きな数の相対的な見方
  - ・数の系列，順序，大小
  - ・数のいろいろな見方，表し方

〔第4学年〕
- ○ 一億をこえる数
  - ・億，兆の位及び数の命数法・記数法
  - ・十進位取り記数法と十進構造の意味
  - ・整数を10倍，100倍した数と10，100でわった数の大きさ

〔第5学年〕
- ○ 整数
  - ・観点を決めた整数の類別（偶数，奇数また約数，倍数，素数）
  - ・数の構成についての考察

4 整数の概念形成の指導と数学的な見方・考え方

(1) 数の概念形成の意味

一般的な概念形成について，動物を例に挙げる。自分の家の犬を指し「これは犬」と教えるだけでは「犬」という動物の概念は形成されない。別の場面で違う犬を見たときに「これも犬」，また絵本に犬の絵があれば「これも犬」などと示される言葉を聞いて，それらに共通する性質を抽象化して「犬」という動物の概念

が形成されていく。そして，同じ動物でも猫を指し，子どもがもし犬と言えば「違うよ。これは猫」と別のものと区別することが必要となる。すると，子どもは「猫」という集合をつくり，犬や猫の観察を通して，犬と猫の概念を形成し，それぞれの言葉も獲得していく。

つまり，人に言われた「犬」の具体物を，同じ仲間とみることによって同じものの集合を頭の中につくって，その共通な性質を見つけて抽象することで，「犬」や「猫」の概念をつくり，言葉として覚えていく。「犬」の種類も様々な種別や大きさ，色など違っているものを同じとみる見方には，ものがもっているいくつかの属性を見ないで，共通している性質だけに着目する抽象化の考えを働かせている。

同様なことが数にも言える。例えば，「5」という整数の概念を形成する場合，チョウが5匹飛んでいたり，花が5本咲いていたり，子どもが5人いる状況を捉えて，「チョウは5匹」「花が5本」「子どもが5人」と言葉を教えていく。すると，子どもはこれらの集合の要素の共通な性質である個数を頭の中で抽象して「5」という概念を形成していく。したがって，「1」「2」「3」「4」を知ってから「5」を知るわけではなく，はじめから「5」の概念は形成することができる。

(2) 第1学年「かずとすうじ」

① 5までのかず

ここでは，ものの集まりに着目し，観点や条件に応じた集合づくりができ，1対1対応などにより，ものの個数を比べることができるようにする。また，具体物や半具体物を対応させながら，5までの数の概念形成をし，5までの数を表すことができるようにすることがねらいである。

まず，集合数としての見方を育て概念形成をすることが大切である。ものの集まりを集合と捉え，その数が何であるか概念化していくために，次のように丁寧に指導する。

ア 仲間づくりをする

ここでは，観点や条件に応じてものの集合を捉えることができるようにすることがねらいである。数の概念形成の前段階である。

　指導に当たっては，はじめに，観点や条件に応じてものの集合を捉えられるようにするために，子どもに上の絵を見せ，自由に気づいたことを発表する場を設定する。かかれている絵について，登場しているものに着目していくと，チョウや花，人などのいろいろな集まり（集合）を捉えることができる。子どもは，はじめに同じ種類の動物など「〜の仲間」というように，ある観点や条件に当てはまる集合として捉え，まとまりをもった対象で集合をつくることができる。また，「どんぐりを持っているリスはどれでしょう」という発問により，同じ集合とみていたものの中から新たな集合をつくる経験もできるようにする。さらに，「空を飛んでいる動物はどれでしょう」という発問により，動物の種類を超えた集合づくりも経験できるようにする。次に，絵の中からある集合を示し，大きさ，色，形，位置などその集合の観点や条件を見つけていく活動を行うようにする。

　ここでは，子どもは，個々の具体的なものがもっている様々な要素の中から，ある観点や条件に当てはまるものに着目し，1つの集まりとして捉えること，つまり，集合の考えを働かせている。そのためには，その観点や条件に合うものの上に数図ブロック等の半具体物を置くなどの操作を通して，同じ集合として明確に捉えられるようにすることが大切である。

　イ　くらべてみる

　ここでは，集合の要素を1対1対応させることを通して，その個数を比較することができるようにすることがねらいである。

　子どもに，チョウは花にとまれそうかという発問を通して，チョウ1匹1匹と花1本1本を対応させることができる。ここに1対1の考え方が働いている。

子どもが「とまれそうだ」という見通しをもったところで，具体的な操作などの活動を通して1対1対応できることを確かめる。このことによって，花の集まりとチョウの集まりが対等であることが分かる。そして，それぞれの要素の数が同じであることを確かめることができる。比べる対象が動かせるものであれば，重ねたり並べたりする活動を行い，動かせないものは線で結ぶなどの直接的な方法を考えられるようにする。しかし，配列が複雑になったり，位置が離れたりしていて直接重ねる方法も線で結ぶ方法もできない場合，媒介物を用いて対応できる方法を，具体的な操作などの活動として工夫できるようにする。

具体的には，「カエルと池の葉ではカエルの方が多い」「リスと鳥は同じ」など，1対1対応することによって，個数を数えなくても比較できるようにする。しかし，白と赤のチューリップは混在しているので線で結ぶことは難しい。そこで，数図ブロックなどの媒介物に置き換えて，並べ直して間接的に比べたりする必要が生まれる。このような活動を通して，1対1に対応するよさを感じることができるようにする。

同様に，右の花と家族を例に取り上げると，子どもはチョウと花のときのように類推的な見方・考え方を働かせて，線を引くなどして確かめることができる。ここでも花の集まりと家族の集まりが対等であり，それぞれの要素の数が同じであることを捉えることができる。

子どもは，このような中で，チョウの集まり，花の集まり，家族の集まりが同じ数であることが分かるので，頭の中で，要素の種類が様々なものであっても，共通して抽象されるのは個数（集合数）であることを認識し始める。

このように，子どもの観察する様々な要素の中から，ある観点や条件に当てはまるものに着目し，1つの集まりとして捉え，集合を大きさという観点で捉えられるようにすることが大切である。つまり，集合の考えを働かせているのである。

ウ　集合の要素と数をつなげる

ここでは，集合の要素の個数に着目して，同じ個数の集合を認識するとともに，同じ個数の半具体物で表すことができることを理解することがねらいである。

これまでの経験を基に，右のように，異なった集合の要素に数図ブロックを1対1に対応させ，どの集合も同じ数の数図ブロックで表すことができることを確かめる。そのような具体的な操作などの活動を通して，同じ数の半具体物で表すことができるものは，同じ数であることを理解できるようにする。さらに，数図カードとも対応できるようにすれば数の概念は深められる。

ここには，ものの位置や配列などの属性を捨象するといった抽象化の考えを働かせている。

そして，子どもが同じ集合の大きさ（要素の個数）であると分かったときに，絵を示して教師が「これを5と言います」と名前を付けて言語化し，同時に「5」という記号で表されることを理解できるようにする。

また，数詞や数字に対応する具体物を見つけることなど，抽象から具体に戻す操作も必要になる。例えば，「3」という数字を見て，具体物3個を思い浮かぶようにしたり，●が3個ある数図カードを取り出したりすることができるようにする。このようにして，数は「3」「5」というように，それぞれ数の概念を形成していくことができる。

② 10までのかず

ここでは，10までの数の大小関係と系列，順序よく数えることをできるようにすることがねらいである。

6から10までも，1から5までと同様に類推的な見方・考え方を働かせ，具体物と数図，数詞，数字などと対応させて，ものの数を数えられるようにする。数の概念を形成していく過程では，右の図のように，「具体物」→「半具体物」→「数図カード」→「数詞（言語）」→「数字（記号）」と数を段階的に抽象化していくことが大切である。

指導に当たっては，1から10の数の集合としての理解や大小関係の理解ができたところで，正確に「数える」ことができるようにする。ものの個数を数えるとは，数える対象となるものを1つの集合として捉え，それと数詞の集合（系列をもった言葉の集合）とを1対1に対応できるようにし，最後に対応した数字によって，ものの集合の要素の個数を知ることである。

具体的には，次のような魚が1匹ずつ増えていく様子を表している絵を見て話し合う場面を設定する。

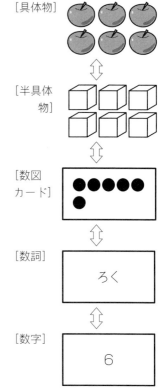

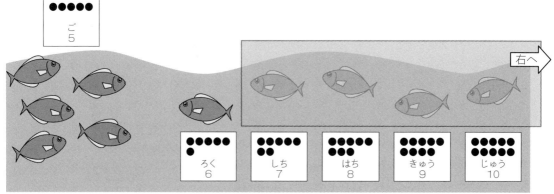

前ページの図で，あらかじめ6匹目からの魚は，下敷きなどで隠しておき，5匹の魚の上に数図ブロックを置き，数図カードと見比べて数が同じ「5」であることを確認できるようにする。次に，下敷きを1つずらし，1つ増えた魚の分だけ数図ブロックを増やして，その数が「6」であることを数図カードとあわせる。そして，「いち」「に」「さん」「し」「ご」「ろく」と読み，「これで魚が6匹」と言うことができるようにする。

このようにして，数の系列については，増えていく系列を中心に指導する。まず，1から順に並んだ系列を指導し，「4」からなど途中の数から始まる系列も捉えられるようにする。また，逆順については，実態に応じて取り上げるようにする。

特に，6から10については，数図ブロックや数図カードの●の配置は，例えば，図のように，「6」であれば「5」と「1」，「7」であれば「5」と「2」と配置するようにして，数の構成的な見方につなげられるように，また，数についての具体的なイメージをもつことができるようにする。

整数を指導する上では，数の少ないものから多いものへ，整理されているものから乱雑に置かれているものへなど，易しいことからだんだん難しくすることを原則とする。

(3) 第1学年「なんばんめ」（順序数を把握すること）

ここでは，0から10までの数について，集合の要素を正しく数えたり，数詞を正しく唱えたり，数字の読み書きをしたりして集合数としての数を理解してきたことに加え，数には順序を表す順序数「〜から○番目」としての意味もあることを理解できるようにする。

指導に当たっては，まずは，次のような果物が並んでいる図から，「前から1番目はイチゴ」「前から2番目はバナナ」……のように数で順序が表現できることを理解できるようにすることが大切である。また，同じ位置でもスイカは「前から5番目」「後ろから3番目」のように違う表し方があることを知らせることで，起点が変わると表し方が変わることも理解できるようにする。

また，集合数と順序数との違いを捉えることができるようにする。例えば，「前から4人」と「前から4番目」の区別を理解する場面では，子どもには右のような絵を用意し，まず「前から4人はどれでしょう」を，次に「前から4番目はどれでしょう」を一人一人が色を塗ったりして図に示すことができるようにする。

その後，実際に子どもを6人並べ，先頭から順番に1, 2, 3, ……と言わせて，誰が何番

目かを確認した上で,「前から4人」と「前から4番目」の違いに気づくようにし,その性質の違いを具体的に捉えられるようにする。

この他に「上から」「下から」「右から」「左から」など,起点を変え,子どもを並ばせて数えたり,絵を基にして数えたりして,言葉と数詞を繰り返し対応できるようにする。

(4) 第1学年「いくつといくつ」(合成・分解)

この単元では,1つの数を合成・分解して構成的にみることができるようにすることがねらいである。数を構成的にみるとは,1つの数をいくつかの数の和や差とみることである。この見方や考え方は,数の加法・減法の考えにつながるだけでなく,数を多面的にみる見方につながり,数の感覚を豊かにする大切な見方や考え方である。

① 10までの数の構成

10までの数それぞれについて,分解したり合成したりするいろいろな具体的な操作などの活動をする。

指導に当たっては,例えば,7の構成について,7個のおはじきを両手に分けて持つとし,片方の手に持っているおはじきの数だけ見せたとき,握っている手の中に何個のおはじきが入っているかをもう1人が当てるゲームを設定する。すると,左手と右手のおはじきの数は,それぞれ1個と6個,2個と5個,3個と4個,4個と3個,5個と2個,6個と1個の6通りを挙げることができる。これを図と言葉を使って整理すると,次のようになる。

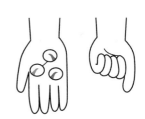

●○○○○○○　　1と6　　7が1と6に分けられる　　1と6で7になる
●●○○○○○　　2と5　　7が2と5に分けられる　　2と5で7になる
●●●○○○○　　3と4　　7が3と4に分けられる　　3と4で7になる
●●●●○○○　　4と3　　7が4と3に分けられる　　4と3で7になる
●●●●●○○　　5と2　　7が5と2に分けられる　　5と2で7になる
●●●●●●○　　6と1　　7が6と1に分けられる　　6と1で7になる

ここでは,「具体物⇔数図⇔数字」の過程を大切に扱い,互いを往復しながら数を理解できるようにする。そのことで,数に対する豊かな感覚を育てることができる。このような1つの数を他の2つの数の和や差とみる見方は,以後の学習の基礎になるものである。

また,1つの数を他の数と関係付けてみる見方も大切である。例えば,7を10と関係付けて,7は10より3小さいとみることである。数を多面的にみる活動を多くもつことで,数についての感覚を豊かにすることができる。

② 10の数の構成

ここでは，10を他の2つの数の和や差としてみて，10の合成・分解ができ，あわせて1から9の10に対する補数の見方ができるようにすることがねらいである。

10の合成・分解は，5や7など1桁の数の合成・分解から類推的な見方・考え方を働かせて理解できるようにする。また10の合成・分解は，繰り上がりのあるたし算や繰り下がりのあるひき算の計算につながる。

指導に当たっては，例えば「4と6で10」「10は4と6」というように，1つ1つの組み合わせを○や●を使った図に表していく。はじめは，具体物や数図ブロックでの操作を丁寧に行ってから，徐々に数字で言えるようにする。そして，下の図を作成し，10の合成・分解をイメージできるようにする。この図から，子どもは次のことに気づくことが予想される。

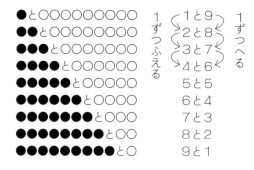

◇ ●は，1から順に並んでいる。
◇ ●は，上から下へだんだん大きい数になっている。
◇ ○は，反対にだんだん小さい数になっている。
◇ ●が1増えると，○は1減っている。
◇ 「1と9，9と1」「2と8，8と2」……と数が反対になっている。

また，あといくつで10になるかを視覚的に捉え，10の構成について理解を深めることは大切である。例えば，10個の数図ブロックで並べ，いくつかを隠し，隠れている数を考えることを通して，念頭での合成・分解を素早くできるようにする。

そして，10の構成について順序よく整理すると，「1と9」の次に「2と8」「3と7」のように，帰納的な見方・考え方を働かせ，一方の数を1大きくすると，他方の数は1小さくなるという規則性に気づいていく。また，1つを決めると他方が決まる，一方の数が1増えると他方が1減る関係も取り上げ，関数の考えを働かせることができる。

③ 「0」という数

ここでは，ものが何もないことを「0」と表すことを理解できるようにすることがねらいである。しかし，1から10の数は，具体物と対応させることにより指導することができたが，「0」の指導は具体物との対応は難しく，量感を捉えられない。

指導に当たっては，子どもが具体的な場面を想像できるように，例えば，次ページのようなわなげゲームを行い，1個も入らなかった場合を挙げて，それが「0」という意味であることを理解できるようにし，読み方と書き方を指導する。

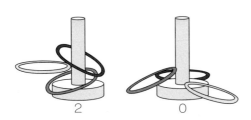

また，別の例として，次のように皿に3個のお菓子を置いておき，1個ずつ食べてなくなっていく様子を示す。時間的な経過の中で，1個食べたときには残りが「2個」，2個食べたときには残りが「1個」であることを確かめ，3個食べたときに1個もなくなったときの表し方として「0」を使い，他の数と同じ仲間として捉えられるようにする。

はじめにお菓子が3個あった　　1個食べたので2個になった　　2個食べたので1個になった　　3個食べたので0個になった

なお，数としての「0」については，「ものが何もない状態を表す」「十進位取り記数法で空位を表す」「基準の位置を表す」といった意味が考えられる。

(5) 第1学年「10よりおおきいかず」

この単元では，数の範囲を10から20まで拡張し，個数の数え方，数の読み方，書き方，数の構成などを理解できるようにすることがねらいである。

① 20までの数の数え方，唱え方

ここでは，身近な鉛筆やキャップの数などを数える活動を通して，20までの数の数え方や唱え方を理解できるようにする。

指導に当たっては，例えば右の13本の鉛筆の数をどうしたら分かりやすく数えられるかを考える場面を設定する。そこでは，子どもは次のように考えることが予想される。

◇ 印を付けながら数える。分かりやすくするため，10のまとまりをつくって○で囲んで10として，10と3で13本と数える。

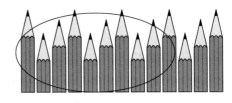

◇ 数図ブロックを置いて1列に並べ替え，10と3で13本と数える。

◇ 数図ブロックを置いて5ずつ数える。

◇ 数図ブロックを置いて2ずつ数える。

　この2ずつ，5ずつ，10ずつなど，まとめて数えることは，数える対象を捉え，うまく処理しようと数え方を能率的に考えている表れであり，乗法や除法の素地になるだけでなく，数の多面的な見方を深めることができる。特に，10ずつまとめて数えることは十進位取り記数法の基礎である。また，まとめて数えるということは，適当な単位を設定して，その単位のいくつ分かを数えることであり，単位の考えを働かせている。これは，長さなどの量についても数で表すという測定の考えにつながるものである。

　これらの考えの似ているところを見つける中で，5ずつ数えても5と5で10になり，2ずつ数えても2を5つ集めると10になることを含め，どれも10のまとまりをつくることができ，「10といくつ」と分かりやすいように並び替えができるようにする。そして，「10のまとまり」と「10に満たない数（端数）」という構成を意識できるようにする。このようにして，「10のまとまりと，10に満たない数がいくつ」とみることを通して，十進位取り記数法の素地的な扱いを，具体物から半具体物へと段階を追いながら理解を進めることができる。

　次に，「10といくつ」に分けて並べた数図ブロックと，数の読み方や書き方を関連付けることができるようにする。例えば，数図ブロックの並びが「10と3」だから「じゅうさん」と読むことや「10のまとまり」と「端数」の数を並べて「13」と書くことを知らせる。15，18など他の場合についても同様に指導し，数図ブロックの並べ方と同じであることに気づくようにする。特に，記数法の指導では，「10のまとまりの数を左に，0から9のばらの数を右に書く」という約束があることを，数図ブロックの並べ方と対応させて明確にできるようにする。そして，20までの数を数え，数詞を唱えることができるようにしたり，逆に指定した数を数図ブロックで並べることができるようにしたりする。ここでは，「10といくつ」という数の構成の見方に重点を置くようにし，「十の位」「一の位」といった言葉の指導は「20より大きい数」で取り扱う。

　子どもが数を数えること，書くことができているかを確かめる上で，まず，数えることについて，次のような点に留意して指導する。

　　○　集合を明確にしていること
　　　・数える対象が何かについて把握できている。
　　○　数詞を順序正しく知っていること
　　　・数が抜けていなかったり，同じ数詞を繰り返さなかったりできる。

○ 数詞とものが1対1対応できること
　・2位数など，大きい数になっても1対1対応して数を数えられる。

また，書き方について，数え方の命数法と書き方の記数法に違いがあることから，子どもは「11」を「101」と書くことがある。これは，「じゅういち」の命数法で唱えた言葉どおり「10」と「1」を並べ「101」と表したものである。この他，数を唱えられても，1つの数詞にものを2つ対応させてしまうつまずきが見られることがある。例えば，右のように，11「じゅういち」を2つの数詞である「じゅう」と「いち」に分けて1つの数詞にものを2つ対応させてしまう誤りである。これは，数詞のひとかたまりであることが意識されていない場合である。

このように，低学年では，特に具体物と命数法，記数法の相互の関係を身に付けられるようにすることが大切である。子どものつまずきを理解し指導の工夫をすることや，何につまずいているのかを丁寧に捉え，十進位取り記数法の仕組みと表し方を十分に理解する指導が必要である。

② 20までの数の大小と系列

ここでは，数直線（かずのせん）を導入し，20までの数の大小や系列について基礎的な理解を図ることがねらいである。

指導に当たっては，じゃんけんすごろくゲーム（グーで勝つと1つずつ，チョキで勝つと2つずつ，パーで勝つと3つずつ進む）を数直線上で行う中で，数直線では0が基点であること，左から右へと数が大きくなること等の特徴に気づくことができるようにする。このように，基準とする数の大小を比較したり，2とびや3とび，また大きい数から小さい数へと逆順で数を唱えたりするなどの活動を通して，20までの数の大小や系列について理解ができるようにする。そして，数直線を用いると，数の大小や系列が分かりやすく表現できる便

利さに気づくことができるようにし，数概念の理解を深められるようにする。なお，用語としての数直線は第３学年で取り扱う。

（6）第１学年「大きいかず」

この単元では，20までの数の学習を発展させ，十進位取り記数法の基礎的な原理を理解していくことがねらいである。20までの数は「10といくつ」というように10のまとまりは１つしかできなかったが，この単元では「10のまとまりがいくつとばらがいくつ」として２位数を扱う。そして，「一の位」「十の位」の用語をここで指導し，数を抽象的に扱う見方の素地を養う。

① 20より大きい数（２位数）の数え方，唱え方

ここでは，20を超える数について，10のまとまりをつくりながら数えるという数え方の工夫を数の構成と関連付け，位取り記数法の理解を図ることがねらいである。

[a]
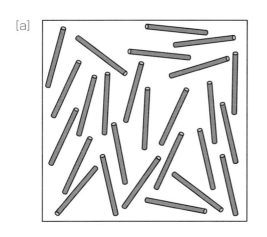

[b]
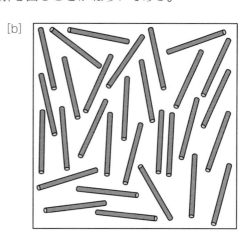

指導に当たっては，次のような図ａと図ｂの鉛筆の数を数える場面を設定する。

子どもは，鉛筆の数が一目で分かりやすいように，次のように並べて数えることが予想される。

　㋐　１本ずつ数えながら並べる。
　　　a：26本　　　b：30本
　㋑　５本ずつ束にしながら数える。
　　　a：５本のまとまりが４個とばらが６本　　　b：５本のまとまりが６個
　㋒　10本ずつ束にしながら並べる。
　　　a：10本のまとまりが２個とばらが６本　　　b：10本のまとまりが３個

これらについて，数が捉えやすい並べ方を検討すると，５本のまとまりにするとまとまりの数が多くなることから，10本のまとまりが分かりやすいことに気づくことができる。そして，20までの数の唱え方から，ａの鉛筆は10が２個の20と６で「にじゅうろく」，ｂの

鉛筆は10が3個で「さんじゅう」と唱え方を考えることができる。

ここで大切なことは，次の図のように，数えた棒を「10のまとまりが何個」「ばらが何個」というように整理し並べたり，言葉で表現したり，位取り表に数字で書いたりする活動を取り入れることである。そして，位取り記数法は，ばらの数を表す場所を「一の位」，10のまとまりを表す場所を「十の位」とし，各位の位置の違いを利用していることを理解できるようにする。

また，30については，ばらがないことから一の位には何もない。そのため，空位の意味としての「0」を書くことを知らせる。このことは，3位数以上で，途中に空位のある数は，子どもがつまずくところであるので，空位の意味の指導は大切である。

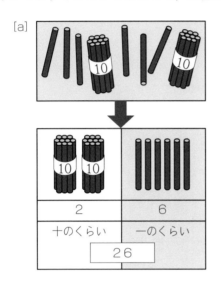
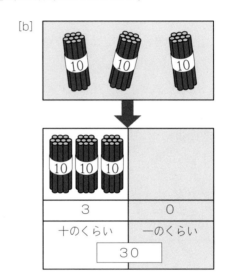

このように，数字を用いて表す場合，十進位取り記数法を用いると，数字が書いてある位置がどこにあるかによって，一，十などの単位が分かり，それぞれの単位の個数を数字を使って表せば，簡潔，明瞭，的確に数を表すことに気づくことができる。そして，数の大小や系列も理解できるよさを感じることができる。

なお，第1学年の2位数だけで位取りの意味を理解できるようにすることは難しいので，第2学年以降の3位数，4位数でも位取りの意味を統合的な見方・考え方を働かせて理解を深めるようにする。

② 100までの数の唱え方，読み方，書き方，系列

ここでは，100についての数の構成，命数法，記数法について理解を図ることがねらいである。最も重視するのは，100は99の次の数であり，10が10個集まった数という見方ができるようにすることである。

指導に当たっては，次のような折り紙の数を数える場面を設定する。

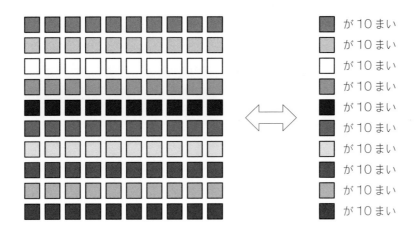

　子どもは，これまでの経験を生かしながら，「10が何個あるか」に着目しながら数えることが予想される。そこでは，10のまとまりが9個と，あと10枚であることを重視する。すなわち，既習内容から99までは数えられるが，折り紙は99より1多いことを明らかにする。その上で，この数を「百」と言い，「100」と書くことを理解できるようにする。

　数範囲の拡張について，9から10へ，99から100へというように，10集まると次の大きな単位になっていくという仕組みを知ることで，類推的な見方・考え方を働かせて，これ以降の数範囲の拡張にも生かすことができるようにする。

　また，第2学年以降の3位数の学習を見通すと，「100のまとまり1個」のイメージをもつことができるようにする必要がある。そこで，右のような，10のまとまりを10個集めた図を提示する。

　次に，数表を使って，位の数字に着目するなどしながら数の並び方のきまりを見つけることができるようにする。

　指導に当たっては，右の数表を見て，はじめは「一の位が4の数を見つけよう」というように，数表を見る視点を示しながら進め，徐々に自由な視点で数表を見ることができるようにする。特に重視することは，位の数字に着目できることである。

　例えば，数表から，次のようなことに気づくことが予想できる。

◇　横に見ると，11，12，13，……，51，52，53，……と，数は1ずつ大きくなる（一の位の数が1つずつ大きくなる）。

◇　縦に見ると，3，13，23，……，7，17，27，……と，数は10ずつ大きくなる（十の位の数が1つずつ大きくなる）。

◇　斜め（右下がり）に見ると，十の位も一の位も1ずつ大きくなる。　　　　　など

また，数表の一部の数を隠し，隠した数を数の並び方の規則性を基に当てるなどの活動も有効である。

　ここで，順に数えるときの子どものつまずきの例として，1から60台まで順番に数えられていても，「……ろくじゅうしち，ろくじゅうはち，ろくじゅうく」の次に「はちじゅう」と台変わりでとぶことがある。これは，数の系列が十分理解できていないことが考えられる。整数の並びについて，「70は69の次」「100より1小さい数は99」などといったことを確認できるようにする。

③　100をこえるかず

　ここでは，100を超えて，120程度までの数を扱う。その数について，数えたり，唱えたり，系列を捉えたりする程度とする。特に3桁の数に慣れない子どもの唱え方は，「101，102，103，……，108，109，200」とか，「111，112，113，……，118，119，200」という誤りが見られる。

　指導に当たっては，これまで学習してきた2位数の構成を振り返りながら，それと同様に数が拡張されているイメージをもつことができるようにする。その過程では，2位数の意味の理解を確実にでき，3位数への発展的な意味をもっている。具体的には，120程度までの数について，100と1位数から2位数の合成と捉え，1位数から2位数は100と合成されても，同様に拡張することを理解できるようにする。これについては，次のように1位数や2位数と対応できるようにする。この過程で，2位数の理解も確かなものにできるようになる。

1	2	3	4	5	6	7	8	9	10	11	12	……
101	102	103	104	105	106	107	108	109	110	111	112	……

　また，次のように数直線を用いて系列を考えたりしながら，数を捉えることも効果的である。数直線は，数の位置を視覚的に捉えることができるだけでなく，数の大きさ・順序及び大小を捉えることができる。このように，3位数への拡張の素地づくりができるようにする。

0　　10　　20　　30　　40　　50　　60　　70　　80　　90　　100　　110　　120

(7) 第2学年「100をこえる数」

　この単元では，数範囲を1000まで拡張し，数の読み方，書き方，数の系列，順序，大小について理解を深めること，数の相対的な大きさや数の構成の理解を深めること，さらに，数や式の大小，相等関係を不等号，等号を用いて表すことができるようにすることがねらいである。

① 3位数の読み方や表し方

　ここでは，3位数の読み方，表し方，数の構成などを理解できるようにして，数範囲を1000まで拡張することがねらいである。

　指導に当たっては，次のようにおはじきの数を数える場面を設定する。

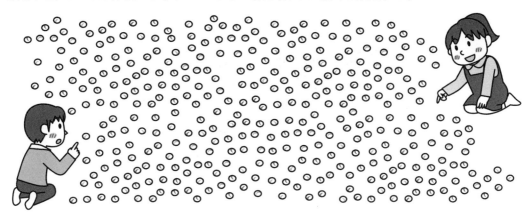

　子どもは，既習の数え方を基に，1つずつ，2つずつ，10ずつ数えるという方法を想起するが，これまで学習した数範囲よりもはるかに大きい数であることから，次第に10ずつ数えることのよさを感じることができるようにする。その中では，「10のまとまりを丸で囲んでいき，それが10個できると100になるので，100のまとまりを大きく囲むとよい」というアイデアも考えられる。

　そして，上のおはじきの数について，次のように「100のまとまりが3，10のまとまりが4，ばらが7」となることが確認できるようにする。ここで，百が3個で「三百」，三百と四十七を併せて「三百四十七」ということを知らせる。

② 3位数の位取りの仕組みと数の構成

　ここでは，いろいろな3位数の数カードを並べて数字で書くことを通して，3位数の位取りの仕組みや数の構成を理解できるようにすることがねらいである。数カードは数図ブロックを抽象化した半具体物であるので，徐々に抽象化を図っていくようにする。そのためにも具体物や数図ブロック等を使った具体的な操作などの活動を丁寧に行うことで理解を図るようにする。

特に，数の構成を確実に理解できるようにする。次のように347の数の構成を例に挙げれば，「100を3個，10を4個，1を7個あわせた数は347である」という合成の観点から数を捉える見方と，「347は100が3個，10が4個，1が7個集まってできた数である」という分解の観点から数を捉える見方があり，どちらの見方も大切に指導する。

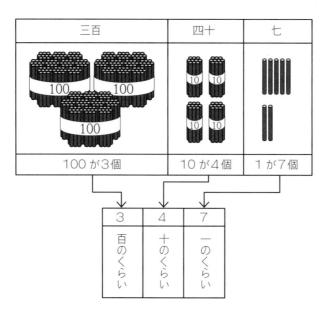

なお，208のような十の位が空位の数の構成も扱い，各位に入る数は0から9であることを理解できるようにする。

③ 1000までの数の構成

ここでは，3位数を多面的な見方で捉えることで，数の相対的な大きさを含めた数の構成についての理解を深めるとともに，数感覚を豊かにすることがねらいである。数の相対的な大きさの見方とは，例えば360という数は，単位の考え方を働かせて「百が3つと十が6つ」と十進数として捉えることであったり，「十を36個」と捉えることであったりする。このことにより，小数を学習するときに，例えば0.1を単位とすれば，小数を「0.1のいくつ分」と0.1の整数倍としてみたり，計算に生かしたりすることができる。

指導に当たっては，視覚的に大きさを捉えやすくするために，お金などの具体物や数直線と関連付けて指導するようにする。お金を使うと，「100円は10円が10個」という数の相対的な大きさや，数直線は「290は300より10小さい」ことの理解が容易になる。

例えば，360という数についていろいろな表し方を考える場面を設定する。子どもは，次のように考えることが予想される。

　⑦　360は，百の位が3，十の位が6，一の位が0の数
　　　（100が3個，10が6個，1が0個の数）
　④　360は，300と60をあわせた数

- ㋓ 360は，1を360個集めた数
- ㋔ 360は，10を36個集めた数
- ㋕ 360は，300より60大きい数
- ㋖ 360は，400より40小さい数

ここで，どのように考えたかについて，お金の図や数直線を使って関連付けることにより理解を深めることができる。

例えば，㋓について次のように表すことができる。

〔お金〕

 　100円3枚と10円6枚

〔数直線〕

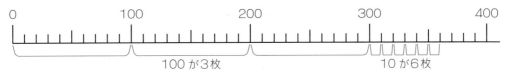

また，㋔については，お金で次のように100円を10円に意味付けて考えることができる。

〔お金〕

㋕について，数直線で大小や系列の関係を表すことができる。

〔数直線〕

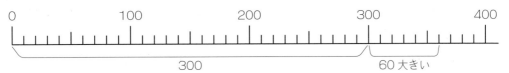

このように，1つの数を多面的な見方・考え方で捉えたり表現したりすることによって，数感覚は豊かになり，さらに大きな数や小数，それぞれの計算に生かすことができる。

(8) 第3学年「一万をこえる数」

この単元では，数の範囲を千，万の位まで拡張し，十進位取り記数法の考えを働かせて数についての理解をいっそう深めることがねらいである。数範囲が万の位に及ぶと，これまでのように具体物を操作して数を捉えることが難しくなるので，十進位取り記数法の考えを基にして理解を図るようにする。また，数の大小，順序，系列などを捉える場合は，数直線を用いるなど視覚的に捉えやすくする工夫ができるようにする。

① 万の位

ここでは，万の位までの数について扱う。子どもは，10000までの数についての記数法，命数法，位取りの仕組みは既習であるので，次のような位取り表などを使い「1000が10個集まった数が10000である」ことや「千が2つで2000である」ことなどから，類推的な見方・考え方を働かせて「1万が2つで2万といい20000」と書くことを理解できるようにする。

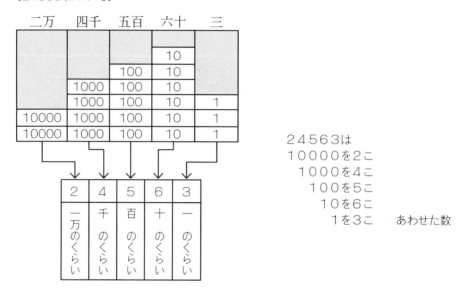

② 大きな数のしくみ（一億までの数）

ここでは，十万，百万，千万の数の仕組みと千万の位までの読み方，書き方，構成について理解できるようにする。これまで学習した一，十，百，千，一万までの位が，それぞれ10個分の個数の関係になっていることから，類推的な見方・考え方を働かせて，一億までの数の表し方について理解を深める。その際，前までの位全体がもう一度繰り返されるが，一万のすぐ上の位が一億ではなく，次の表のように十万，百万，千万と繰り返されることを理解できるようにする。

子どもは，一万の次の位が十万であることを理解すれば，右のように一，十，百，千の繰り返しになることから，その新しい位を知らせなくても類
推的な見方・考え方を働かせれば気づくことができる。このように，十進数は4桁ごとに新しい数詞が導入され，それらを万未満の数詞との組み合わせでできていることや，数詞を繰り返すことで数詞の数が少なくて済むように工夫されていることを理解できるようにする。

また，子どもにとっては，空位のある数を表すこと，例えば，五百万三千六を5003006と表すことは難しい。その場合には，次ページのように位取り表を活用し，空位のある数を認識できるようにすることが大切である。そして，数の唱え方と書き表し方の違いに気づくことができるようにする。これが基になり，第4学年以降，一億を基に十億，百億，千億と繰

り返し，一兆を基に十兆,百兆,千兆と繰り返すことに類推的な見方・考え方を働かせ，比較的簡単に気づくことができるようになる。

③ 大きな数の大小（構成）

ここでは，数の構成を多面的に捉え，数の見方を豊かにすることがねらいである。具体的には，36000を30000より6000大きい数とみたり，24000を20000と4000をあわせた数とみたり，また，10000や1000を単位として，40000は10000を4つ集めた数，1000を40集めた数といった数の相対的な大きさについての理解もできるようにする。

さらに，数直線で数の位置関係を表す活動を取り入れ，多様な表現の仕方を用いて相補的な理解ができるようにする。

指導に当たっては，例えば36000について，多様な表現の仕方を考える場面を設定する。子どもは，数の大小，数の相対的な大きさ等を基に，次のように考えることが予想される。

◇ 36000は30000より6000大きい数，40000より4000小さい数

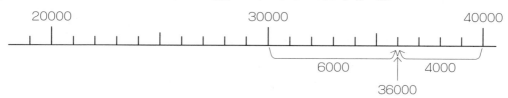

◇ 36000は10000を3つ，1000を6つ集めた数

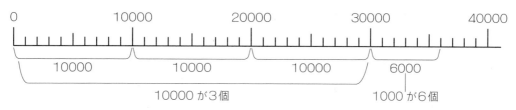

◇ 36000は1000を36個集めた数

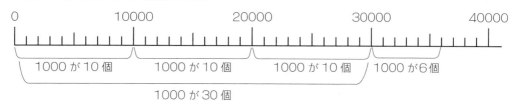

◇ 36000は100を360個集めた数

◇ 36000は10を3600個集めた数

数直線の他にも，模擬貨幣を補助とすることで，単位の考えが働いていることを視覚的に理解できる。

（9）第4学年「一億をこえる数」

この単元では，数範囲を億，兆の位まで拡張し，整数の十進位取り記数法についての理解の完成を図る。整数は，4桁ごとに，万，億，兆と呼び方が変わり，それぞれ一，十，百，千の呼び方が繰り返されることを位取り表などから理解できるようにする。

また，十進位取り記数法として，次のことを基本的な考えとして理解できるようにする。

○ それぞれ単位の個数が10個集まると新しい単位に置き換える
○ それぞれの数字の位置の違いで単位（位）を表すこと
○ 0から9の10個の数字でどんな数でも表すことができること

① 億と兆

ここでは，これまでの数の読み方（命数法）や書き方（記数法）と関連させ，十進位取り記数法の仕組みを確かなものにしながら，数範囲を千億まで拡張する。

指導に当たっては，次のような中国や世界の国の人口などの数に触れる中で，既習の一億までの数の読み方や十進位取り記数法を振り返ることができるようにする。そして，千万までの数の構成を基にして，類推的な見方・考え方を働かせて一億，十億，百億，千億の単位があるだろうという考えを引き出し，表し方の仕組みを明確にしていく。

[中国の人口 1339724852 人と位取り]

		一	千	百	十	一	千	百	十	一
		億				万				
		1	3	3	9	7	2	4	8	5	2

ここでは，十進位取り記数法の考えを引き出すことが大切である。そこで，この過程で上のような位取り表を使うと，類推的な見方・考え方が働かせることができる。このように，子どもの気づきを基に，位取り表の空欄に十，百，千を書き込む活動をし，この表を活用しながら，十進位取り記数法の確実な理解を図ることができる。

ここで，子どもは，これまでの学習を通して獲得してきたアイデアを基に，次のように気づくことができる。

◇ 1つの位に10集まれば，位が変わらなければいけない。
◇ 数は，一，十，百，千の繰り返しになっている。一億の10倍が十億，十億の10倍が百億，百億の10倍が千億である。
◇ 新しい位をつくる必要がある。

② 大きな数のしくみ

ここでは，一億を超える大きな数でも，既習内容から数の相対的な見方を活用することで，大小関係の判断について容易にできることを理解することがねらいである。

例えば，1,260,000,000（12億6千万）と820,000,000（8億2千万）の大小について，10,000,000（1千万）を単位としてみると，1,260,000,000は10,000,000が126個で，820,000,000は82個となり，1,260,000,000の方が大きいことが分かる。
　ここでは，大小比較も計算も単位の考えを基にして類推的な見方・考え方を働かせている。
　このように，単位の考えを働かせて捉えられるようになると，小数でも相対的な大きさを考えることによって，小数を整数とみて大小比較したり，整数の計算に帰着したりして考えることができる。そして，そのことを基に数について統合的な見方・考え方を働かせることができる。
　このような活動を通して，数の相対的な大きさを捉えることで，数の仕組みについて理解を深めるとともに，数についての感覚が豊かになる。

2 整数の加法・減法とその意味の指導

1 整数の加法・減法とその意味の指導

　加法は，合併，増加，順序数を含む場合の計算に用いられ，減法は，求残，求部分，求差，順序数を含む場合の計算に用いられる。これらの意味を具体的な操作などの活動を通して一般化して捉えられるようにすることで，加法は2つの集合を合わせた集合の要素の個数を求める演算であり，減法は1つの集合を2つの集合に分けたときの一方の集合の要素の個数を求める演算と理解することができる。そこには，集合の考えを働かせている。

　加法・減法の計算指導では，計算の意味を理解し計算の仕方を考えられるようにするとともに，その手順を理解したり，なぜそのようになるかを考えたりすることが大切になる。そのときに，数の合成・分解などの数の構成的な見方や，十進位取り記数法の考えなどを働かせる。このように数感覚を豊かにすることで，計算方法を見つけ，つくり出すことができる。

　筆算については，計算手続きを見つける中で，位ごとに計算するため，位を縦にそろえて数字を書くことや，繰り上がり，繰り下がりがあることから一の位から計算することを理解していく。加法・減法の筆算について，次のような段階を通して指導が進められる。

加法　① 繰り上がりのない計算，十の位または百の位への繰り上がりのある筆算
　　　② 十の位へ，百の位へと繰り上がりが2回ある筆算
　　　③ 十，百の位へ連続的に繰り上がりがある筆算
　　　④ 千の位へ繰り上がりがある筆算

減法　① 繰り下がりのない計算，十の位から繰り下がりがある筆算
　　　② 十の位から，百の位から繰り下がりが2回ある筆算
　　　③ 十，百の位から連続的に繰り下がりがある筆算
　　　④ 千の位から繰り下がりがある筆算

　それぞれの段階では，十進位取り記数法の考えを基に，その前段階の計算の仕方に帰着して考えることが求められ，類推的な見方・考え方を働かせることになる。

　このように，整数の加法・減法とその意味について，様々な数学的な見方・考え方を効果的に働かせることで，「深い学び」に迫っていくことができる。また，そのことを通して，数学的な見方・考え方を育てることができ，より豊かにすることにもつながる。そこで，その具体的な指導はどのようにあるべきかについて考える。

2　整数の加法・減法とその意味の指導上の問題点

(1) 数の合成・分解の指導を十分行わずに，すぐに形式的な計算指導が行われている

　第1学年の計算では，繰り上がりのない（1位数）＋（1位数）の計算から繰り上がりのある（1位数）＋（1位数）の計算に多くの時間を費やす。それでも，指を使った数えたしだけで加法を処理する子どもがいるのは，それだけ子どもにとって繰り上がりがある計算の意味や仕組みを理解することが難しいことを表している。特に，第1学年で行う「10は8と2」「8はあと2で10」「8に2をたすと10」という10の合成・分解について，イメージとしてつかむことができる指導をすることが大切である。これは，十進数の構成の理解を深めることにつながるからである。図や数図ブロック等による具体的な操作などの活動を通して10の補数を視覚的に捉えられるようにする必要がある。このことを教師が理解せずに，10の合成・分解の内容を単なる計算として扱ったり，数の組み合わせとして記憶させたりする指導をしていては，子どもの十進数を構成することへの理解は深まらない。

　基本的な計算原理は，数の合成・分解と十進位取り記数法の仕組みが活用されていることを教師が十分に理解し，子どもの数感覚を豊かにする指導が必要である。

(2) 筆算の計算において，十進位取り記数法の意味についての指導が不十分である

　第2学年から，暗算での計算以外に筆算を用いて計算する学習をする。繰り上がりのない加法や繰り下がりのない減法であれば比較的容易に計算できるが，繰り上がりのある加法となると，繰り上げることを忘れたり，右の「52－28」のような繰り下がりのあるひき算の筆算では，被減数から減数をひかずに，大きい数から小さい数をひいてしまうような誤った計算をすることがある。これは，十進数の構成を十分理解していなかったり，十進位取り記数法の仕組みに基づく筆算のきまりや手順の意味を理解せずに，計算を形式的にしか捉えられていなかったりするからである。つまり，既習の繰り下がりのある計算である（2位数）－（1位数）や（2位数）－（2位数）と関連付けて考えることができないのである。そのため，筆算の計算技能を高めることばかりに重点を置くのでなく，図での確認や操作，説明などの活動を十分に行いながら，十進数の構成を活用した筆算のきまりや手順の意味を理解できるように指導することが大切である。

　　　　52
　　－28
　　　　36

　また，筆算では，空位のあるものや欠位のあるものになると，数を書く位置を間違えてしまうことがある。これは，十進位取り記数法が理解されていないことと，基本型である繰り上がりのない筆算の仕方や手順を基にして，空位や欠位のあるものへ関連付けて考えられないからである。前述と同様，図での確認や操作，説明活動を丁寧に行う必要がある。また，加法の筆算を基にその計算の簡潔性から，減法でも筆算ができるのではないかと系統性を意識し，関連付けて考えることができるようにすることが大切である。

3 「整数の加法・減法とその意味」の指導に関連する指導学年

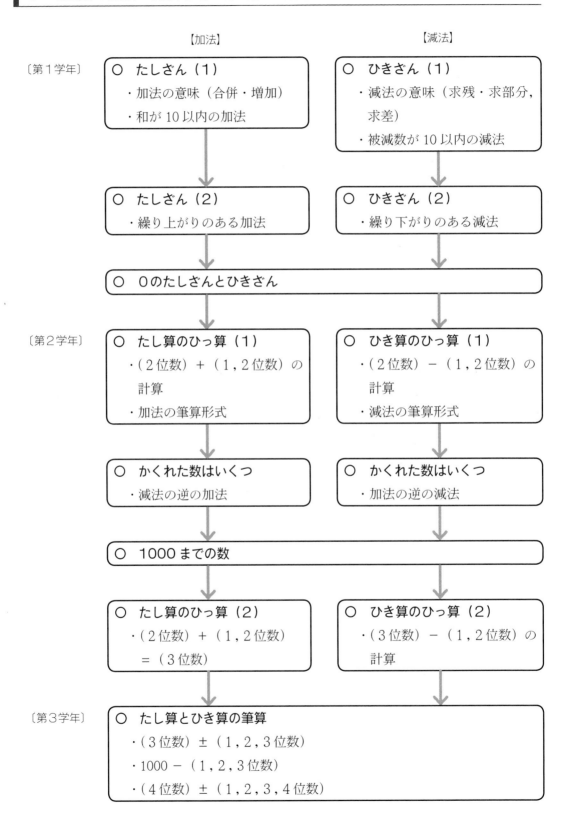

4 整数の加法・減法とその意味の指導と数学的な見方・考え方

（1）第1学年の整数の加法・減法
① たしざん（1）（加法の意味）
　この単元では，加法の用いられる場合を理解したり，1位数どうしで繰り上がりのない加法を念頭で処理したりすることができるようにすることがねらいである。加法の用いられる場合として，合併や増加を取り上げる。具体的には次のような場合である。
- 合併……2つのものの集まりを1つにまとめたときの全体の要素の数を求める。
- 増加……既にあるものの集まりに，新たな要素を追加したときの全体の要素の数を求める。

　どちらも2つの集合をあわせて全体の大きさを求めている。ここでは，集合の考えを働かせている。

ア 「あわせていくつ」（加法・合併）
　まず，2つの数量の合併の場面を具体的な操作などの活動を通して，加法の意味の理解を図り，式に表すことができるようにする。
　指導に当たっては，次の図のように，「4羽の鳥と2羽の鳥が同じ木の枝に移った。みんなで何羽になるか」という場面を設定する。

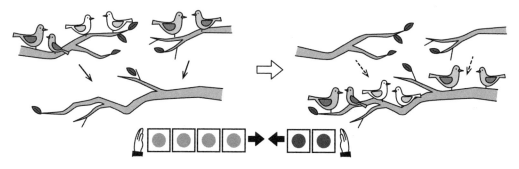

　そして，2つの数量を数図ブロック等に置き換えて，問題場面に沿って話しながら操作することにより，合併の動的イメージをつかむことを大切にする。操作の中で「両手で数図ブロックを寄せ合う」ことや「みんなで」という表現を大切にして，合併の場面であることを理解できるようにする。また，式へと導く過程では，次のように，数図ブロックの操作と式とを関連付けて，図や言葉で表現できるようにする。

イ 「ふえるといくつ」（加法・増加）
　次に，アの場合と同様に，次ページの図のように，「鳥が5羽いるところに，2羽来た。

みんなで何羽になるか」という場面を設定する。

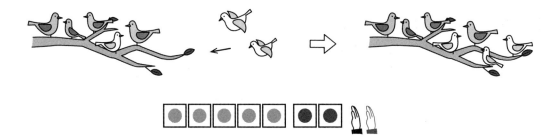

この場合も数図ブロック等に置き換えて，合併の場面との違いを明らかにすることができるようにする。特に「片手で数図ブロックを寄せる」場面であることを確認する。そのために，数図ブロックの「はじめあった数」と「後から増えた数」を区別して捉えられるようにする。そこで，「はじめに数図ブロックを何個用意すればよいかな」「次に何個用意すればよいかな」と発問するようにして，問題の時系列を意識できるようにする。

式への過程では，次のように図を使って，数図ブロックの操作と式とを関連付けて，あとから数が増えたときも，合併と同様にたし算が使えることを理解できるようにする。

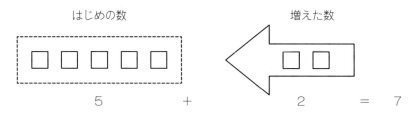

② ひきざん（1）（減法の意味）

この単元では，求残の場合から減法を導入し，求差の場合にも減法が用いられることを理解できるようにする。具体的には次のような場合である。

・求残……加法の増加の逆の意味で，あるものの集まりから取り去ったり減少したりしたときの残りの要素の数を求める。
・求差……2つの集まりの要素の数の差を求める。

前者は1つの集合を対象としているが，後者は2つの集合を対象としている。ここでも，集合の考えを働かせている。特に求差には，要素の1対1対応がなされている。

これらの場面において，数図ブロックなどを用いた，具体的な操作などの活動を取り入れて，10以内の数についての減法の計算ができるようにする。また，減法の意味と式を結び付けて理解できるようにし，数の概念形成をいっそう確実なものにする。

ア 「のこりはいくつ」（減法・求残）

ここでは，次のように「5羽の鳥のうち，3羽が枝に移ったときの残りは何羽になるか」という求残の場面を設定する。

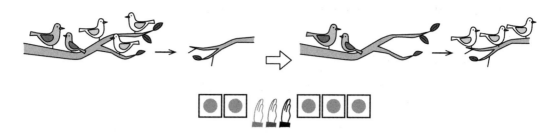

　数図ブロックを用いた操作を通して,「ひかれる数（被減数）」「ひく数（減数）」は何か,また「とる」とはどういうことか,言葉と操作をつなげることが大切である。そして,減る場面とその操作を簡潔に表す方法として「5－3＝2」という式に結び付けることができるようにする。特に,操作の場面での「とる」という言葉が,式の「ひく」という言葉に当たることから,「とる」から「ひく」へ言葉を合わせられるようにする。このようなことを通して,減法の概念を形成することができる。

　なお,ここでは,操作を通して,時間的経過の中で減っていく事実を実感できるようにすることが大切である。しかし,この場合,減少した部分は消えて残りの部分だけが表現されるので,数量の関係を表す図としてはあまり適切でない。関係を表す図としては,次のように,全体の関係が視覚的に捉えられるようにする必要がある。

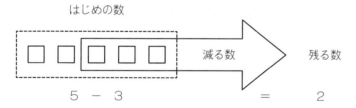

イ　「ちがいはいくつ」（減法・求差）

　ここでは,次のように「5羽の鳥と2羽の鳥の違いは何羽になるか」という求差（比較）の場面を設定する。

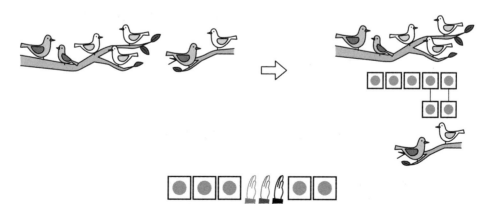

　この場合は,数を読み取って,その数だけ数図ブロックを2列に並べ,1対1に対応させ,対応できたものを取ることで,違いを表すことができるようにする。このとき,「端をそろ

えて並べる」「2列に並べる」など減法の考えの素地を確認できるようにする。また、鳥の絵の上に並べた数図ブロックのペアを線で結び、そのブロックを移動させることで、残ったブロックの数、つまり違いの数に気づくことができるようにする。

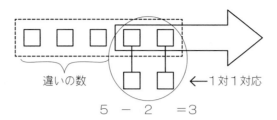

このようにして違いについて理解できるようにした後、前ページの場面絵において5羽の中でペアであるのは2羽だから、5から2をひいて3と考える。そして、「左の枝にいる鳥が3羽多い」というように、求差も、求残と同じようにブロックを取る操作となり、減法の式「5－2＝3」で表現できることを、統合的な見方・考え方を働かせて理解できるようにする。

③ たしざん（2）（繰り上がりのある加法）

この単元では、1位数どうしの加法の計算について、計算の意味を理解することと、その計算の仕方を考えて説明できるようにして計算が確実にできるようにすることがねらいである。ここでは、和が10より大きい数になる場合を学習する。そのために、次のような数学的な見方・考え方を働かせることが必要とされる。

○ 繰り上がりのある1位数どうしの加法についても、加法の意味、加法が適用される場合について類推的な見方・考え方を働かせること
○ 10より大きい数を表すのに、「10といくつ」という考え方を用いることができること。一の位が10個になったら、十の位の1個に置き換えるという十進位取り記数法の考えを働かせること
○ 例えば、「12は10と2」「10と2で12」という数の構成（合成・分解）を理解できること
○ 10の合成・分解について「10は1と9、2と8、……」「9と1で10、8と2で10、……」の見方ができること

次に、繰り上がりのある加法の計算の仕方について、子どもは主に次のように考えることが予想される。ここでは「8＋3」と「3＋8」を例に述べる。

◇ 数えたし

9, 10, 11 と数える。

◇ 加数分解

8＋3＝8＋（2＋1）＝（8＋2）＋1＝10＋1＝11

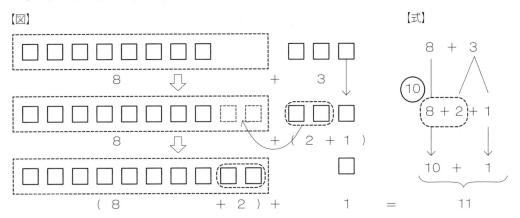

◇ 被加数分解

3＋8＝（1＋2）＋8＝1＋（2＋8）＝1＋10＝11

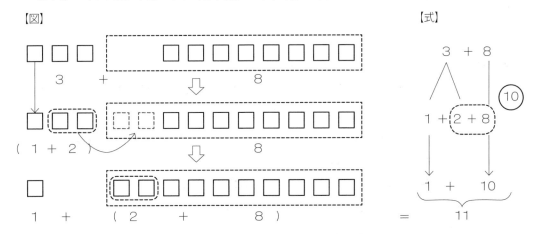

　このように，10のまとまりをつくることに着目できるようにすることで，子どもが「10といくつ」と考える繰り上がりのある加法の計算の仕方をつくり出すことができる。

　指導に当たっては，「子どもが8人いる。3人来ると何人になるか」という場面を設定する。まず，これが加法の場面になることを捉えた上で，答えが10を超えるということ，さらに「あといくつで10」という考えを使うことに気づくようにする。そのために，数図ブロックなどを用いた具体的な操作などの活動をしたり，図で表現したりして，計算の仕方を考え，演繹的な見方・考え方を働かせながら筋道立てて説明できるようにする。

　ここでは，加数分解について「10といくつ」という数の見方を基に，加数を分解して10をつくることを，数図ブロックの操作などと式とを関連付けて考えられるようにする。例えば，次ページの図について，式の加数の「3」を「2」と「1」に分けた部分は，ブロックの図ではどこの部分で，なぜこのように分けたのか，その根拠や手順を確かめることができるようにする。

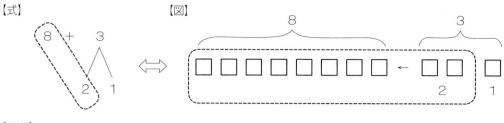

【言葉】
・8はあと2で10　　　・3を2と1にわける
・8に2をたして10　　・10と1で11

　なお,加数分解と被加数分解について,両者ともに10のまとまりをつくり,「10といくつ」として答えを求めるものである。どちらの方法がよいかどうかについては,一般的には8＋3のように「被加数＞加数」の場合は加数分解の考えが,3＋8のように逆の場合は被加数分解の考えが適用しやすいと言われる。これは,あくまでおよその目安である。指導する際に,「どちらを10にするか」を子どもが考えるようにすると,計算の仕方を見いだしていくことができる。

④　ひきざん（2）（繰り下がりのある減法）

　この単元は,1位数に1位数をたして繰り上がりのある加法の逆の減法について指導することがねらいである。すなわち,11から18までの2位数から1位数をひいて繰り下がりのある減法である。繰り下がりのある減法の考え方は,一般的に,減加法と減減法がある。
　減加法は,被減数分解による方法で,例えば,
$$12 - 9 = (10 + 2) - 9 = 10 - 9 + 2 = 1 + 2 = 3$$
のようにする。この場合,次の点がポイントとなる。
　○　被減数の「12」を「10と2」というようにみること
　○　被減数の10から9をひくので,減数の10に対する補数1を見つけること
　減減法は,減数分解による方法で,例えば,
$$12 - 9 = 12 - (2 + 7) = 12 - 2 - 7 = 10 - 7 = 3$$
のようにする。この場合,次の点がポイントとなる。
　○　被減数の「12」を「10と2」というようにみること
　○　被減数の一の位の数から減数をひくので,減数の「9」を「2と7」というようにみること

　指導に当たっては,減加法の考え方を中心に行う。被減数を「10といくつ」とみて,10のまとまりから減数をまとめてひく方法は,計算の仕方として普遍性があるからである。
　なお,12－9のように減数が10に近い場合は減加法が,12－3のように減数が小さく,被減数の一の位に近い場合は減減法が適用しやすいと言われる。
　まず,減加法の指導に当たっては,「みかんが12個ある。9個食べると残りは何個になるか」

という場面を設定する。そして、減法の場面であることを把握できるようにして、「12 − 9」と立式する。その後、数図ブロックを用いた具体的な操作などの活動により、既習内容との違いを見つけて、被減数の一の位からひけないということを明らかにできるようにする。そこで、どこから9をとればよいかについて考えたことを操作や言葉で表現できるようにする。そして、次のように、10のまとまりに着目し、被減数12を10と2に分けて10のまとまりから9をひくことに気づくことができるようにする。

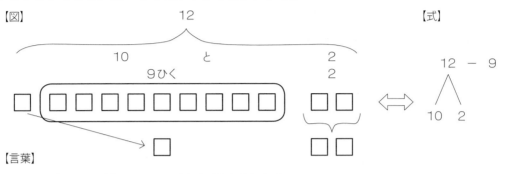

　次に、減減法である。子どもによっては思考を混乱させる場合があるため、指導としては、まずは減加法を考えることができるようにするが、子どもが計算方法を工夫した場合は認める。減減法の指導に当たっては、「みかんが12個ある。3個食べると残りは何個か」という場面を設定する。子どもは減加法で考え、「10のまとまりから3をひくとよい」という解決の見通しをもつが、中には「2個食べるならぴったり10個残るけど、あと1個食べるから……」と減減法につながる解決の見通しをもつ子どももいる。そこで、数図ブロックを用いて、具体的な操作などの活動を通して、次のように、操作や言葉で表現できるようにする。

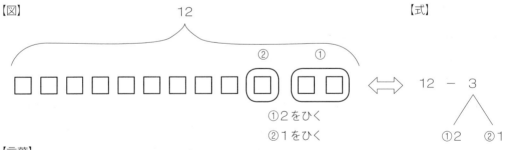

　ここでは、減加法、減減法どちらの計算方法でも答えは同じになることを場面から確認できるようにし、それぞれのよさに気づき、数値に応じた方法を選択できるようにする。

（2）第2学年の整数の加法・減法
① たし算のひっ算（1）（2位数＋1, 2位数の計算）

　この単元では，筆算の形式を理解し用いることにより，2位数の加法についての理解を深めることがねらいである。筆算の形式については，十進位取り記数法に基づき，位をそろえてかき，各位の1位数の計算として形式的に処理しやすくしたものである。次が，その筆算形式の具体である。

○　繰り上がりのない加法の筆算

　　　　［基本型］　　　　［空位がある型］　　　　　　　　　　［欠位がある型］

　　　[a]　36　　　[b]　20　　　[c]　10　　　[d]　24　　　[e]　 7
　　　　＋12　　　　　＋37　　　　　＋60　　　　　＋ 5　　　　　＋31

○　繰り上がりのある加法の筆算

　　　　［基本型］　　［答えに空位がある型］　　［欠位がある型］　　［答えに空位があり，欠位がある型］

　　　[a]　46　　　　[b]　37　　　　　[c]　38　　　　　　　[d]　26
　　　　＋38　　　　　　＋23　　　　　　　＋ 7　　　　　　　　　＋ 4

　ここでは，基本型である筆算の仕方や手順を基にして，空位や欠位のあるものへと類推的な見方・考え方を働かせて拡張する。

　また，計算の仕方を考えたり，計算を確かめたりするときなど，計算の結果がどのくらいの大きさになるのかを見積もることができるようにする。そうすることで，大きな誤りを防ぐことができ，さらに，子どもの数感覚や筋道立てて考える力を高めることができる。

　ここで，繰り上がりのない場合の加法の筆算，繰り上がりのある場合の加法の筆算，そして交換法則について述べる。

ア　繰り上がりのない場合

　まず，繰り上がりのない場合の加法の筆算の指導に当たっては，「Aさんはみかんを23個，Bさんは15個とった。あわせると何個になるか」という場面を設定する。ここでは，「23＋15」は立式できるが，これまでの計算のように「頭の中ですぐにできない」という意見を取り上げる。そこで，答えのおよその数として「20＋10」として30くらいになることを見積もることができるようにして,既習のたし算の仕方を想起できるようにすると,次ページのような考えが予想される。

◇ 数え棒の束の図を使って考える

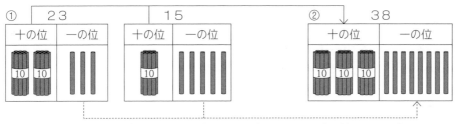

① 23は十の位2と一の位3, 15は十の位1と一の位5になる
② 10のまとまりが3個と, ばらが8個で38になる

◇ 十の位と一の位に分けて, それぞれたす

ここでは, 具体物を操作する中で,「十の位」「一の位」「10のまとまり」などの言語を適切に表現できるようにして, 操作と式を関連付けるようにする。そして, 考えの共通点「何十何を十の位と一の位に分けている」「十の位と一の位を別々に計算している」等を明らかにできるようにする。ここでは, 十進位取り記数法の考えを基に, 統合的な見方・考え方を働かせている。その上で, 加法の筆算の書き方, 計算の仕方をまとめ, 用語を知ることができるようにする。

　イ　繰り上がりのある場合

　繰り上がりのある場合の筆算の指導に当たっては, 前述アの場面で「Cさんはみかんを16個とった。Aさん, Bさん, Cさんをあわせると何個になるか」という, Cさんを加えた場面を設定する。立式については, 前回のものから「38 + 16」と容易にできる。

　まず, 見積もりを行い, その結果である30 + 10の計算から「あといくつ増やせば答えを求められるか」と考えることができるようにする。そのことから,「一の位の計算をあわせること」や「繰り上がりがあること」に気づくことができる。このように問題の焦点化を図ることで, 解決の見通しにつなげることができる。

　ここでは, 次のような解決の方法が予想される。

◇ 図を使って操作をして考える

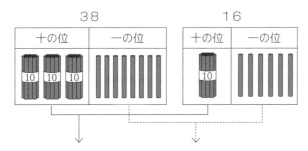

① 38は十の位3と一の位8, 16は十の位1と一の位6になる

第2章—2　整数の加法・減法とその意味の指導

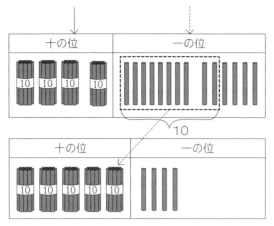

② 一の位で10のまとまりが1つできたら十の位に1繰り上げる

③ 位ごとに見ると，答えは54となる

◇ 筆算で，位ごとの計算で2段に分けて計算する

```
  38
+ 16
  14  …… 8 + 6
  40  …… 30 + 10
  54
```

◇ 位ごとに分けて計算する

```
 8 +  6 = 14         38
30 + 10 = 40       + 16
                     54
```

　筆算の手順として，図を使った操作等と関連付けて，操作を言語で説明できるようにする。そして，それぞれの共通点を探る過程で，すべて意味は同じであり，位ごとに計算していて，一の位の計算8 + 6 = 14，十の位の計算30 + 10 = 40をしていることを明らかにできるようにする。ここでは，一の位から繰り上がった1は，10のまとまりであることから十の位の位置に書くことを理解できるようにする。そのため，一の位から計算するとよいことを確認できるようにする。ここでは，統合的な見方・考え方を働かせている。

　　ウ　加法の交換法則
　加法の交換法則の指導については，被加数と加数を入れ替えても答えが同じであることに気づくことができ，それを一般化できるようにする。
　指導に当たっては，「58円のキャンディーと27円のガムを買った。あわせて何円になるか」という合併の場面を設定する。ここでは，計算の意味を考えることができるように，2つの代金をそれぞれテープ図などで表し，部分と全体，被加数と加数との関係を捉えられるようにする。
　ここでは，立式した「58 + 27」「27 + 58」について比べ，次のように意味を考えることができるようにする。

○　58 ＋ 27

| キャンディー58円 | ガム27円 | ぜんぶで85円 |

○　27 ＋ 58

| ガム27円 | キャンディー58円 | ぜんぶで85円 |

　テープ図で，右と左を入れ替えても全体の長さが変わらないことから，どちらの式も全部の数を表していると理解できる。そして，被加数と加数を入れ替えて計算しても答えは同じになることを理解できるようにする。

　なお，増加の場合の加法について，場面のイメージから式が時系列の増加の順になっていないという考えをもつ子どもがいるが，合計の数については同じになることから，被加数，加数を入れ替えてもよいことを理解できるようにする。

②　ひき算のひっ算（1）（2位数－1，2位数の計算）

　この単元では，2位数の減法について筆算形式の計算の理解を深めることができるようにすることがねらいである。減法の筆算の形式については，各位の計算を，位をそろえて形式的に処理しやすくしたものであり，次のようである。

○　繰り下がりがない減法の筆算

　　　［基本型］　　　［空位がある型］　　［答えに空位がある型］　　［答えに欠位がある型］　　［欠位がある型］
　　［a］　36　　　［b］　36　　　［c］　40　　　［d］　36　　　［e］　36　　　［f］　36
　　　　－12　　　　　　－20　　　　　　－20　　　　　　－16　　　　　　－31　　　　　　－ 4

○　繰り下がりがある減法の筆算

　　　［基本型］　　　［空位がある型］　　［答えに欠位がある型］　　［欠位がある型］　　［空位と欠位がある型］
　　［a］　36　　　［b］　30　　　［c］　36　　　［d］　36　　　［e］　30
　　　　－18　　　　　　－18　　　　　　－28　　　　　　－ 9　　　　　　－ 8

　ここでは，基本型である筆算の仕方や手順を基にして，空位や欠位のあるものへと類推的な見方・考え方を働かせて拡張する。また，計算を確かめる場合については，減法のきまりとして，減法の答えに減数をたすと，被減数になることに気づくことができるようにする。

　指導に当たっては，繰り下がりのない場合の減法の筆算の指導，繰り下がりのある場合の減法の筆算の指導，そして逆思考の指導について述べる。

ア　繰り下がりのない場合の筆算の指導

　繰り下がりのない場合の筆算の指導に当たっては，「2人でなわとびをしたとき，Aさんは35回，Bさんは24回であった。どちらが何回多く跳んだか」という場面を設定する。子どもは，Aさんの方が多く，その差は「35 － 24」として容易に立式できる。そこで，答えのおよその数として「30 － 20」として10くらいになることを見積もることができるようにして，既習の加法の筆算の仕方を想起できるようにする。ここでは，加法の筆算の学習

を基に，その計算の簡潔性から，減法でも同様に筆算ができるのではないかと類推的な見方・考え方を働かせるようにする。

子どもは，減法の筆算を意識しつつ，次のように考えることが予想される。

◇　数え棒の束の図を使って考える

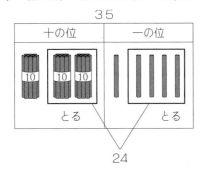

① 35は十の位3と一の位5, 24は十の位2と一の位4であることを確認する
② 十の位の10の束3つから2つとると，10の束1つになり，一の位のばら5つから4つとると，ばら1つになる
③ 答えは11となる

◇　十の位と一の位に分けて，それぞれひく

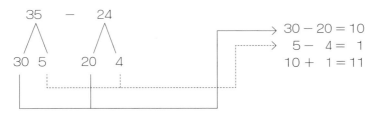

ここでも，具体物を操作する中で，加法のときと関連付けて考えられるようにし，「一の位」「十の位」「10のまとまり」などの言語を適切に表現できるようにして，操作と式を関連付けるようにする。そして，考えの共通点「位ごとにひいている」「どちらもたし算と同じ考え方」等を明らかにできるようにする。ここでは，統合的な見方・考え方が働かせている。その上で，減法の筆算の書き方，計算の仕方をまとめ，用語を知らせる。

　イ　繰り下がりのある場合の筆算の指導

繰り下がりのある場合の筆算の指導に当たっては，前述アの場面で，「なわとびで，Cさんは53回跳んだ。Aさんより何回多く跳んだか」という，Cさんを加えた場面を設定する。立式については「53－35」と容易にできる。

まず，見積もりを行うと，50－40の計算から「答えは10くらいになりそうだ」となり，「位ごとに計算しよう」と見通しをもつことができる。しかし，実際の計算「53－35」について，一の位はそのままではひくことができないので，それをどのように処理するかが求められる。そこで，被減数の分け方を考えることが必要になる。すなわち，隣の十の位から1繰り下げる。その十の位から繰り下げた1は，一の位では10を表すことを確認できるようにする。これは，既習の繰り下がりのある（2位数）－（1位数）の計算に帰着して考えることになる。つまり，類推的な見方・考え方を働かせて十進位取り記数法の考えを基に筋道立てて考え，説明することができるようにする。

ここでは，子どもは次のページのように考えることが予想される。

◇ 図を使って操作をして考える

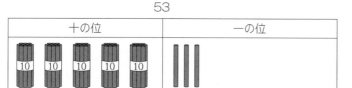

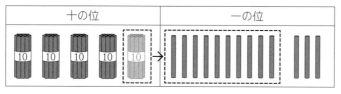

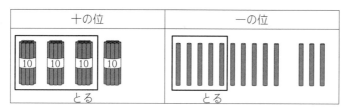

① 53が十の位5と一の位3,35が十の位3と一の位5である
② 一の位のばら3から,5はとれない
③ 十の位の10の束1つをばらにして一の位へ動かす
④ 十の位の10の束は4つ,一の位のばらは13になる
⑤ 一の位の13から5をとると8
⑥ 十の位の10の束4つから3つをとると1つになる
⑦ 答えは18となる

◇ 位ごとに分けて計算する

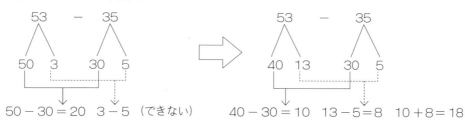

ここで,それぞれの考えの似ているところについて,「位ごとにひいているところが同じ」ことに気づくようにしてから,筆算の仕方をこれらの考えと関連付けながら統合的な見方・考え方を働かせてまとめることができる。

具体的には,次のような①から③の手順で進める。一の位の数字がひけないときは,十の位から10借りてきてひく(1繰り下げて計算する)こと,そうすると,十の位は1減ることを筋道立てて説明できるようにする。

```
         4 13        4 13
① 53   ② 5̶3̶     ③ 5̶3̶
  -35     -35         -35
           8           18
```

なお,減法の筆算では,右のような誤答がよく見られる。㋐や㋑は,一の位を0-7,2-8のように被減数から減数をひくことができないため,反対に減数から被減数をひいてしまった誤答である。㋒は十の位が繰り下がって1ひかれていることを忘れ,3-2をした誤答である。これらの誤りを,どのような計算をして誤った

```
㋐  40    ㋑  52    ㋒  32
   -27       -28       -28
    27        36        14
```

のか，子どもが考える活動を行うことで，誤答を分析して減法の筆算の仕方を確認することができる。ここでも基になるのは，十進位取り記数法の考えである。

　ウ　逆思考の指導

　ここでは，加法でも減法でも捉えることができる場面を取り上げ，減法は加法の逆算に当たることに気づき，これまで別々に指導してきた減法と加法の関係を理解できるようにする。これは，逆思考を伴う内容であり，減法の用いられる場面，テープ図などでの表現，言葉，式や数値を関連付けながら減法と加法の関係を捉えられるようにする。これを利用すると，減法の答えを加法で求められる見方ができるようになる。

　指導に当たっては，「43冊ある学級文庫の本が，今，16冊残っているときの貸し出し中の本は何冊か」という場面を設定する。ここでは，「43－16」と立式できる。しかし，テープ図などから「16＋□＝43」とする考えも見られ，次のようにいくつかの考えが予想される。

　　◇　テープ図などの図をかいて考える

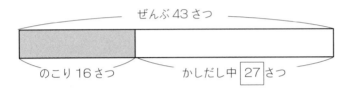

　　◇　図から，3つの数を使っていろいろな式で表す

　　　・43－16＝27　　43－27＝16
　　　・16＋27＝43　　27＋16＝43

　ここで，はじめにつくった式である「43－16」と他の式を比べることで，「43－16＝27」と「27＋16＝43」は数字が逆に並んでいて，減法が加法になっていることに気づくことができる。そのことから，「被減数－減数＝差」では，「差＋減数＝被減数」というように，減法と加法の関係を理解することができる。このことを通して，減法の計算の確かめを加法で行うことができるようにする。

③　たし算のひっ算（2）（2位数＋1，2位数＝3位数）

　この単元では，加数，被加数ともに2位数の加法計算で，繰り上がりが2回までの筆算についての理解を深めるとともに，計算技能を確実にすることがねらいである。ここでは，百の位への繰り上がりのある2位数どうしの加法の筆算も，これまでの筆算と同様に，位ごとに計算することによって和が求められることや，百の位への繰り上がりは十の位への繰り上がりと同様に十進位取り記数法の考えを基に行われている。ここでは類推的な見方・考え方を働かせている。

　指導に当たっては，ここでは百の位への繰り上がりのある筆算「56＋72」の計算の仕方を例にして考える。まず，見積もりを立てる中で，「答えが100より大きくなりそうだ」「50＋70で120ぐらいになりそうだ」と予想できる。十の位が12になることから，これまで

の計算との違いに気づくことができるようにする。

その計算の仕方は，次のようなものが考えられる。

◇　図を使って，位ごとに分けて計算する

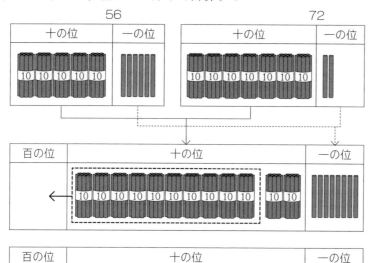

① 56が十の位5と一の位6，72が十の位7と一の位2であることを確認する

② 十の位で10のまとまり（100）が1つできたから百の位に1繰り上げる

③ 位ごとに見ると，答えは128となる

◇　筆算で位ごとに分けて考える

```
  56
 +72
 ───
   8 ………① 6＋2＝8
 120 ………② 50＋70＝120
 128 ………③ 8＋120＝128
```

これらの考えの似ている点を取り上げ，「十の位の計算が10を超えるときは，百の位に1繰り上がる」「百の位への繰り上がりの仕方は，十の位への繰り上がりの仕方と同じ」というように，十進位取りの考えを基にして，これまでの筆算の仕方から類推的な見方・考え方を働かせていることを理解できるようにする。

④　ひき算のひっ算（2）（3位数－1，2位数）

この単元では，3位数から1，2位数をひく減法の計算で，繰り下がりが2回までの筆算についての理解を深めたり，計算技能を確実にしたりすることがねらいである。ここでは，百の位から繰り下がりのある減法の筆算も，（2位数）－（1位数）の繰り下がりのある減法の計算に帰着できることを理解できるようにする。これまでの筆算と同様に，位ごとに計算することによって差が求められることや，百の位からの繰り下がりは十の位からの繰り下がりと同様に十進位取り記数法の考えを基に行われる。ここでは，類推的な見方・考え方を働かせている。

指導に当たっては，ここでは（3位数）－（2位数）の百の位から繰り下がりがある筆算「135－82」の計算の仕方を例にして考える。まず，これまでの計算との違い「ひかれる数が3桁」「十の位がひけない」ことを明らかにした後に見積もりを立てることができるようにする。そして，「130－80で50ぐらいになりそうである」ことが予想できる。

その計算の仕方は，次のようなものが考えられる。

◇ 図を使って，位ごとに分けて計算する。

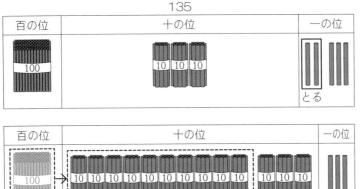

① 135は百の位1と十の位3と一の位5，82は十の位8と一の位2になる
② 一の位の5から2をとると，5－2＝3
③ 十の位について，3から8はとることができない
④ 百の位の100の束1つを十の位へ動かす
⑤ 十の位の10の束は13
⑥ 十の位の13から8をとると5
⑦ 答えは53となる

◇ 位ごとに分けて筆算で計算する

ここで，それぞれの考えの似ているところについて，「位ごとにひいているところが同じ」ことに気づくことができるようにしてから，筆算の仕方を，図を使った考えと関連付けながらまとめることができるようにする。

十の位の数字がひけないときは，百の位から1繰り下げて計算する。そうすると，百の位は1減ることを筋道立てて説明できるようにする。そして，百の位からの繰り下がりは，十の位からの繰り下がりの仕方と同様であることに気づくことができるようにする。ここでは，十進位取り記数法の考えを基に類推的な見方・考え方を働かせている。

（3）第3学年の整数の加法・減法

① たし算の筆算

この単元では，これまでの計算を基にして4位数までの加法の計算（繰り上がりが3回になる場合まで）の仕方を考えたり，それらの計算が確実にできるようにしたりすることがねらいである。数の範囲が拡張された加法の計算も，これまでの加法の計算と同様に，位ごとの計算を繰り返すことによって和が求められること，百や千の位への繰り上がりは，十の位への繰り上がりと同じ考えで処理することができることを理解できるようにする。ここには，十進位取り記数法の考えを基にして類推的な見方・考え方を働かせている。

指導に当たっては，十の位，百の位へ2回繰り上がる筆算について，「ドーナツ255円，ケーキ168円を買ったときの代金は何円になるか」という場面を設定する。まず，見積もりについて，低く考えると足りなくなることに気づくことができるようにして，「300円＋200円で500円」は準備しておくとよいことを確認できるようにする。

計算の仕方は，次のようなものが考えられる。

◇　図を使って位ごとに考える

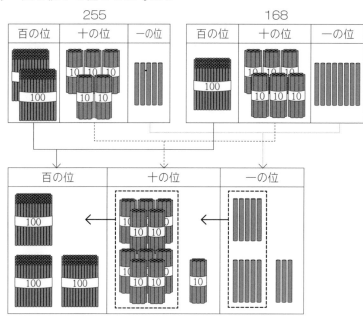

① 255は百の位2と十の位5と一の位5，168は百の位1と十の位6と一の位8である

② 一の位で10のまとまり（10）が1つできたから，十の位に1繰り上げる

③ 十の位で10のまとまり（100）が1つできたから，百の位に1繰り上げる

④ 位ごとに見ると，答えは423となる

◇ 筆算で考える

①
```
  1
 255
+168
───
   3
```
一の位をたすと13
十の位へ1を繰り上げる

②
```
 11
 255
+168
───
  23
```
十の位をたすと12
百の位へ1を繰り上げる

③
```
 11
 255
+168
───
 423
```
百の位をたすと4

　図の考えと筆算の考えを関連付けることで，これまでの2桁の加法と同じように，位ごとに分けて一の位から計算し，10のまとまりができるごとに繰り上げていくことができる。ここには，類推的な見方・考え方を働かせている。

② ひき算の筆算

　この単元では，これまでの基本的な計算を基にして4位数までの減法の計算（繰り下がりが3回になる場合まで）の仕方を考えたり，それらの計算が確実にできるようにしたりすることがねらいである。数の範囲が拡張された減法の計算も，これまでの減法の計算と同様に，位ごとの計算を繰り返すことによって差が求められること，千の位から百の位へ，百の位から十の位へなどの繰り下がりは，十の位から一の位への繰り下がりと同じ考えで処理することができることを理解できるようにする。ここに十進位取り記数法の考えを基にして，類推的な見方・考え方を働かせている。

　指導に当たっては，「303－166」のように，被減数の十の位が空位であるために，百の位から一の位へ連続的に繰り下がりのある場合の筆算の仕方を考える場面を設定する。まず，見積もりについて，「300－160＝140から140くらいになりそうだ」という予想を立てる。

　計算の仕方は，次のようなものが考えられる。

◇ 図を使って考える

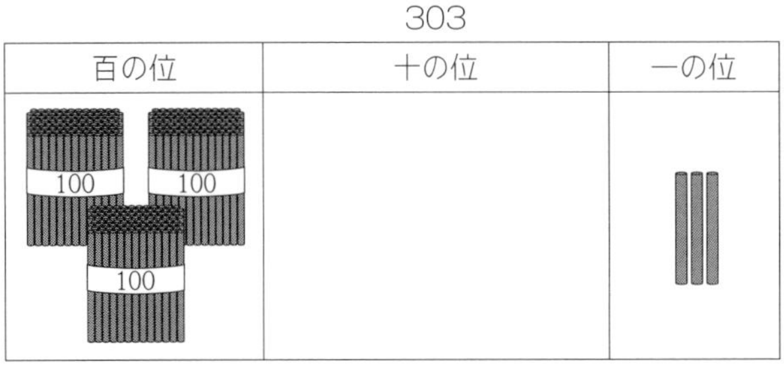

① 303が百の位3と十の位0と一の位3，166が百の位1と十の位6と一の位6である
② 一の位の3から6はとれない
③ 十の位は空位だから百の位から繰り下げる
④ 百の位の1（100）を，十の位へ繰り下げる 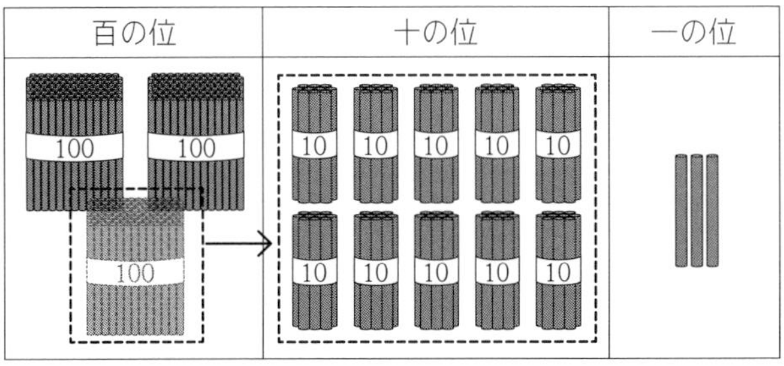
⑤ 百の位は2，十の位は10

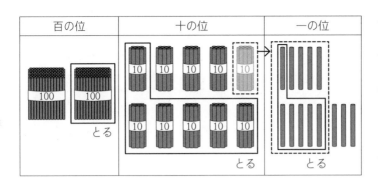

⑥ 十の位から一の位へ1
　（10）繰り下げる
⑦ 十の位は9，一の位は
　13
⑧ 位ごとに計算する
　一の位から6をとると7
　十の位から6をとると3
　百の位から1をとると1
⑨ 答えは137となる

◇　位ごとに分けて筆算で計算する

① 　　303
　　－166

② 　2̸1̸0
　　3̸0̸3̸
　　－166

③ 　　　9
　　2̸1̸0̸13
　　3̸0̸3̸
　　－166
　　　137

・一の位の3から6
　はひけない
・十の位は空位
・百の位から繰り下
　げる

・百の位の1を繰り
　下げる
・十の位は10
・百の位は2

・十の位から1繰り下
　げる
・一の位は13
・十の位は9
・位ごとに計算する

　ここで，それぞれの考えの似ているところについて，位ごとにひいているところが同じ点に気づくことができるようにしてから，筆算の仕方について図を使った考えと関連付けながらまとめることができるようにする。

　十の位から繰り下げられないときは，百の位から繰り下げて計算する。百の位は1減ることを筋道立てて説明できるようにし，十の位からの繰り下がりの仕方と同じであることに気づくことができるようにする。ここでは類推的な見方・考え方を働かせている。

　なお，右のような誤りがよくある。㋐は，被減数と減数の関係を無視して大きい数から小さい数をひく誤り，㋑は，（十

㋐　365
　－237
　　132

㋑　574
　－218
　　366

㋒　385
　－254
　　121

の位から）繰り下げたことを忘れて計算する誤り，㋒は，上の位（十の位）から繰り下げる必要はないのに繰り下げた誤りである。これらの誤りは，筆算のきまりや手順について理解が不十分な場合があることを表している。形式的な技能を習熟させるだけでなく，十進位取り記数法の仕組みに基づく筆算のきまりに戻り，もう一度，数え棒や図を用いて繰り下がりの仕組みを具体的に捉えることができるようにする。

3 整数の乗法・除法とその意味の指導

1 整数の乗法・除法とその意味の指導

　整数の乗法について，乗法が用いられるのは，1つ分の大きさが同じでそれがいくつ分かあるときに，その全体の大きさを求める場合である。ここでは，1つ分の大きさが同じか違うかが区別できること，つまり，「同じ数」の集合を捉えられるか，また，「その1つ分」を単位として「いくつ分」かという単位の考えを働かせることが必要である。

　乗法九九では，子どもが自ら構成したり，数の並び方のきまりを発見したりしながら身に付けることが大切である。例えば，「乗数が1増えれば積は被乗数分だけ増える」ことは，5の段や2の段で帰納的に見つけたきまりを他の段に類推的に適用することで，乗法の性質として一般化して捉えられる。また，乗法の交換法則や分配法則は，具体的な操作などの活動を基に図などで表現することにより，演繹的に説明でき，一般化できる。

　また，乗法が用いられる場合の拡張について，被乗数を2，3位数へ広げるときは，数の構成的性質（位取りの仕組み）や分配法則が用いられている。一方，乗数を2位数へ広げるときは，構成的性質の他，乗法の性質（乗数と積の増加の関係，結合法則，分配法則など）が用いられていることに気づくようにする。

　整数の除法について，数学的には乗法の逆算であるが，具体的な問題の解決のため，1つの独立した演算として捉える。除法には等分除と包含除があるので，まず除法が用いられる具体的な場面を想起できるようにし，「分ける」という意味やイメージから等分除を先に取り上げる。そして，除法の式と乗法九九を用いた商の求め方を学習した後，包含除に移る。

　除法の計算は，2位数でわる計算を困難に感じる子どもが多い。これには具体物を分配する操作と形式的な筆算の仕方とを対応させて，その意味が理解できるようにすることが大切である。そこで働くのが，数の相対的な大きさを考えること，つまりは単位の考えである。仮商を立てることとその修正については，被除数も除数も末尾部分を切り捨てて乗法九九に帰着できるようにするという一貫した考えで処理することができるようにする。

　このように，整数の乗法・除法の計算とその意味では，様々な数学的な見方・考え方を効果的に働かせることで，「深い学び」に迫っていくことができる。また，そのことを通して，数学的な見方・考え方を育てることができ，より豊かにすることにもつながる。そこで，その具体的な指導はどのようにあるべきかについて考える。

2　整数の乗法・除法とその意味の指導上の問題点

(1) 計算の意味が明確に把握されていないので，その活用が十分にされていない

　乗法が用いられるのは，1つ分の大きさが同じで，それがいくつ分かあるときに，その全体の大きさを求める場合である。それには，同じ数を何回も加える加法，すなわち同数累加の簡潔な表現として乗法が用いられるが，そこでは，単位の考えを働かせている。また，同数累加としての乗法の意味は「いくつ分」を「何倍」とみることができ，1つ分の大きさの何倍かに当たる大きさを求めることにつながる。つまり，第2学年で整数の乗法の意味を考える指導の段階で，既に第5学年の「単位量当たり」を考える素地づくりがされている。

　しかし，この一連の乗法の意味を明らかにして，関連付けて考えることができるような指導が十分に把握されていないので，演算決定に関わって小数や分数の乗法・除法，割合，速さなどの関連する学習内容に十分に活用されていない。そのため，このような上位学年の学習内容は，その意味の理解について不十分な点があり，一般に子どもにとって分かりづらく難しい内容と感じられている。

　また，演算決定の根拠とすることができる数直線の利用なども大切になる。整数の乗法について数直線を使って演算決定ができれば，それを活用して乗数が小数，分数に拡張してもその計算の仕方と意味の説明はできるようになる。

(2) 乗法・除法の筆算の意味が十分に理解されていない

　乗法・除法の筆算では，形式的な手続きのよさに気づき，その方法で計算できることが問われるが，それを裏付ける数の構成や，計算の意味と関係付けられていないことがある。これらの計算の意味は難易度が増すこともあり，指導として計算結果のみが重視され，筆算の仕方を形式的に教え込んでしまうことがある。そのため，計算の意味を考えていないような誤答が見られる。

　例えば，2位数どうしの乗法において，右の①の計算で，形式的な計算の仕方のみを覚えているので，乗数を分解して13×3と13×2の計算の組み合わせとして構成され，分配法則が利用されていることに気づかないでいることがある。乗数の十の位との部分積は実際には13×30で390となるが，筆算形式として一の位の0を書かないため39の意味を単なる2桁の数として捉え，26＋39を求めて答えとしている誤答が見られる。

　また，2位数でわる除法において，②の計算で，仮商を立てることとその修正は，まず250÷30とし，さらに25÷3として仮商を立てる。しかし，ここで被除数，除数の末位を切り捨てて乗法九九に帰着させるのであるが，この操作が単位の考えを表していることを理解していないため，商の位を誤る誤答が見られる。

```
①      13
      ×32
      ───
       26
       39
      ───
       65

②        8
      36)252
```

[主な誤答例]

3 整数の乗法・除法の計算とその意味の指導に関連する指導学年

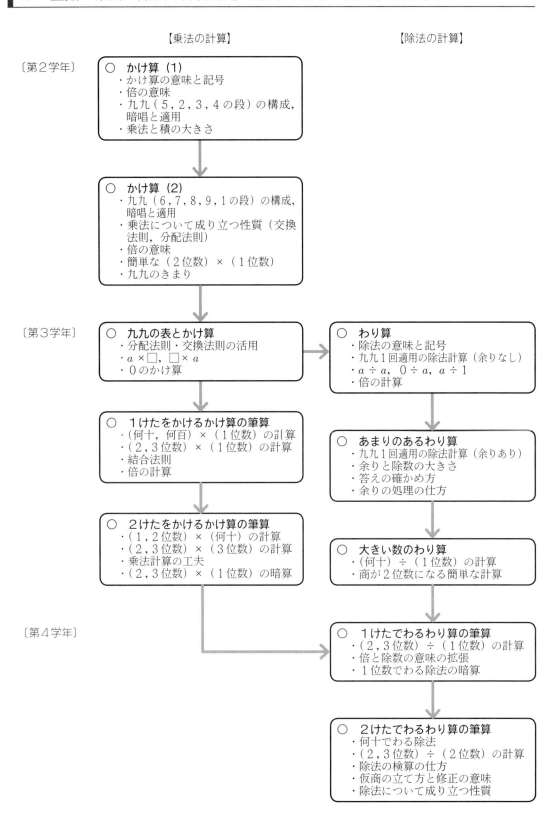

4　整数の乗法・除法の計算とその意味の指導と数学的な見方・考え方

（1）整数の乗法
① 第2学年「かけ算（1）（2）」
　ア 「乗法の意味」の指導

　乗法が用いられる場合は，ある数量を単位として，それをいくつか集めたとき，「単位とする大きさのいくつ分」から全体の数量を求める場合が多く挙げられる。この単元では，そのことを基にして，乗法の意味と計算について理解できるようにすることがねらいである。

　ここでは，どの数量を「単位とする大きさ」として捉えるかという集合の考えや，さらに，その単位とする大きさが「いくつ分」あるのかという単位の考えをはっきりと理解できるようにすることが大切である。そして，それらを明確にして，全体の大きさを「単位とする大きさのいくつ分」と捉えることができるようにする。しかし，第2学年の子どもにとっては，次のような難しさをもっている。

　（ア）　何を「単位とする大きさ」として捉えたらよいかを判断すること
　（イ）　「単位とする大きさのいくつ分」として捉えた大きさが，「全体」の大きさであると
　　　　 理解すること

　そこで，次の絵のような，遊園地でいろいろな乗り物に乗って遊んでいる子どもの人数を調べる場面を設定する。

　ここでは，これまでの数を数える経験などから，ものの数を数えるときは，同じ数のまとまりをつくり，「そのまとまりのいくつ分」と数えると数えやすいことが実感できるようにする。そこで，何を「1つ分の数」とするのか，その数量が「いくつ分」あるのか，そのと

き「全体の数量」はどれだけになるのかということを視点として考え，そのことから，「（1つ分の数）×（いくつ分）＝（全体の数量）」という式を導くことができるようにする。

ここで，（ア）の解決のため，1台に同じ人数ずつ乗っている子どもの数を「1台ごと」に着目することにより，「単位とする大きさ」の考え方を捉えやすくする。また，ジェットコースターも飛行機も全体の人数は同じ8人であるが，1台に乗る人数とその台数がそれぞれ違うことから，何を「単位とする大きさ」とすればよいか，そして，「単位とする大きさ」は「いくつ分」あるかを意識できるようにする。

さらに，観覧車はゴンドラ1台ごとに乗っている子どもの人数が違うため，このままでは「単位とする大きさ」が捉えられないことから，4人乗っているゴンドラからその1人を2人乗っているゴンドラへ移動させることにより，「単位とする大きさ」をすべて同じ数の3人にして，「3人の4つ分」と乗法で捉えることができるようにする。このような同じ数のまとまりを意識して数える活動を通して，集合の考えや単位の考えを働かせることができる。

（イ）の解決として，まず，1台に乗っている子どもの人数が何人であるかを考える場面を設定する。そこで，例えば，「コーヒーカップに乗っている子どもの人数は，1台に3人ずつの5台分で15人」であることを具体物などを使って理解できるようにする。そして，次の図のように「1台に3人ずつの5台分」であることと，全体の人数は「15人」であることが，同一であることを理解できるようにする。

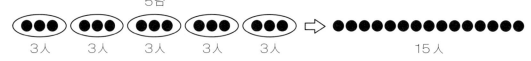

このようなことを基にして，乗法の式表現として，「5人の3台分」は「5×3」と書くこと，等号を用いて「5×3＝15」と表されることを理解できるようにする。

次に，乗法が用いられる場面を具体物や式で表し，乗法の意味を理解できるようにする。そこで，乗法の式になるように数図ブロックを並べたり，逆に並べた数図ブロックを見て乗法の式に表したりして，（1つ分の数）×（いくつ分）＝（全体の数）という乗法の式の意味を確かにすることができる。ここでは，式を読む，式に表すという活動を通して，式と数図ブロックの並び方を対応させることで，「1つ分の数」と「いくつ分」の区別をはっきりと捉えられるようにすることが大切である。

例えば，次の図ように「4×3」や「3×4」の式になるように数図ブロックを並べるときには，「4個のまとまりが3つ分」と「3個のまとまりが4つ分」がはっきり区別できるようにする。なお，数図ブロックの並べ方については，子どもが「1つ分の数」と「いくつ

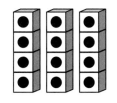
・4個の3つ分
・式は4×3
・答えは12

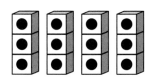
・3個の4つ分
・式は3×4
・答えは12

分」を明確に説明できれば，いろいろな並べ方を認めることができる。

　また，友達の並べた数図ブロックを見て式に表す活動も大切で，前ページの図のように「〇個の□つ分だから，式は〇×□で，答えは〜」というように言語化して表現できるようにする。ここでの「同じ数のまとまり」を「1つ分」とみる見方は，第5学年での「ある数量を1とみる」見方につながるもので，割合の考えに関連していくことになる。

イ 「乗法九九」の指導順序

　乗法九九の指導順序は，いろいろな考え方があるが，次の順序が適当と考えられる。

5の段→2の段→3の段→4の段→6の段→7の段→8の段→9の段→1の段

　これは，乗法九九を子どもが自ら構成したり，数の並び方のきまりを見つけたりするのに有効な順序と考えられるからである。それは，第1学年から5とび，2とびの数の唱え方から，経験的に5の段，2の段は捉えやすい。そして，5の段，2の段の構成を通して，乗法の意味を理解でき，その過程で，乗数が1増えると積は被乗数分だけ増えるという乗法の性質を見つけることができる。このようにして，被乗数を徐々に大きくしていくと，乗法九九についてスムーズな理解を図ることができる。なお，この一連の活動では，乗法九九の各段を類推的な見方・考え方を働かせることにより，関連付け，構成することができるようにする。

ウ 5の段（2の段）の構成

　5の段，2の段の構成については5の段での指導を述べる。ここでは，5の段の構成の仕方が分かり，子ども自らが5の段の九九を構成できるようにすることがねらいである。

　指導に当たっては，例えば，1箱に5個ずつ入るお菓子の箱の2箱分を求める場面を設定し，関連付けながら5の段の九九を構成できるようにする。

　子どもは，右のように5×1から5×4までは5とびに数えたり，同数累加で考えたりするが，5×4＝20までの式を見て，5×5の答えの求め方をどうするか考えることができるようにする。そこでは，これまでの方法で考える子どももいるが，1箱増えるごとにお菓子が5個ずつ増えていることに気づく子どももいると考えられる。

1箱の お菓子の数		箱の数		全体の数
5	×	1	=	5
5	×	2	=	10
5	×	3	=	15
5	×	4	=	20
5	×	5	=	?

それを利用して，5×5から5×9までの答えを求めることができるようにする。この過程では，5×1から5×4までの答えから帰納的な見方・考え方を働かせて「乗数が1増えると積が被乗数分だけ増える」という乗法の性質を見つけることができる。これは，どの段にも共通した性質であり，乗法九九をつながりをもって捉えることができるので，乗法九九を忘れたときには再構成できる手がかりともなる。

　なお，お菓子の絵を見て考えるだけでなく，

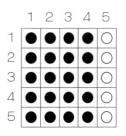

第2章—3　整数の乗法・除法とその意味の指導

例えば，数図ブロックなどの具体物を操作したり，前ページの図のようなアレイ図で考えたりしながら，子どもが九九を構成できるようにする。

次に，5の段をすべて書き出し，数の並び方のきまりを見つけることができるようにする。例えば，次のようなきまりが挙げられる。

　　◇　答えが5ずつ増えている。
　　◇　一の位が，5，0，5，0，……の繰り返しになっている。
　　◇　針の時計の分の読み方と一緒になっている。　　　　　など

このようにして5の段の特徴をそのきまりと関連させて捉えられるようにする。

エ　3の段（4の段）の構成

3の段，4の段の構成については3の段での指導を述べる。ここでは，5の段，2の段で見つけた乗法の性質を使って，より効率的に積を求めていくことができるようにする。この過程では，類推的な見方・考え方を働かせることになる。手順としては，3×9までの九九を構成していくのであるが，特に，次のように数図ブロックなどの半具体物やアレイ図を用いて乗法の性質である「乗数が1増えると，積は被乗数分だけ増える」ことを理解できるようにする。

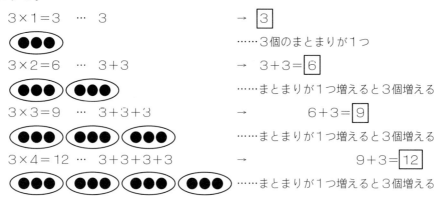

また，アレイ図を用いると，乗法に関するいろいろな性質やきまりを見つけることができる。例えば，右の図の●の並べ方を観察し，●の数を実際に数える活動を通して「4×3と3×4が等しくなる」ことを演繹的な見方・考え方を働かせて気づくと，「6×5と5×6」「7×9と9×7」

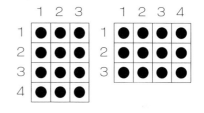

などというように，「乗数と被乗数を交換しても積は同じになる」という乗法のきまり（乗法の交換法則）を見つけることができる。ここでは，類推的な見方・考え方や一般化の考えなどを働かせている。

ここで，乗法における被乗数と乗数の意味について，被乗数は「1つ分の数（単位とする数）」であり，乗数はその「いくつ分」であることを表す数であることは，これまでも確認できている。この両者は加法・減法と違って，全く意味が異なるものである。例えば，「み

かんが1列に4個ずつ3列に並んでいる。みかんは全部で何個あるか」というときの「3」は，みかんの数に目を向けると，4個の3つ分の「3」，すなわち4個の3倍を表す「3」であり，その意味では，ただ単なる3列に並んでいる「3」ではないことが理解できる。しかし，このように「はたらきを表す数」としての乗数の意味を捉え，「3列」から「3つ分」のように数をみるようにすることは，子どもにとってとても難しいことである。そのため，具体的な場面から「1つ分の数」と「いくつ分」を捉えた上で，乗法の式を立式できるようにして，被乗数と乗数の意味の違いに気づき，乗数を「はたらきを表す数」として理解できるようにすることが大切である。

オ 6, 7, 8, 9, 1の段の構成

6, 7, 8, 9, 1の段についても，これまで見つけ活用してきた「乗数が1増えると積は被乗数分だけ増える」という乗法の性質や，「被乗数と乗数を交換しても積は変わらない」というきまりなどを用いることによって，子ども自らが構成できるようにする。

6の段では，2から5の段での学習を基にして類推的な見方・考え方を働かせて，同数累加の結果と乗数の積の変化の仕方を見比べ，乗数が1増えると積は6増えることを捉えて構成できるようにする。また，構成した6の段の九九を見直して，被乗数と乗数を入れ替えても積は変わらないこと（乗法の交換法則）や，7×3の答えは5×3の答えと2×3の答えを合わせたものであること（分配法則）に気づき，右の図のようにアレイ図等で説明できるようにする。

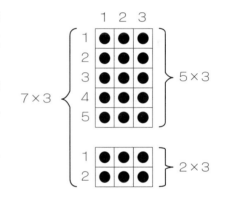

さらに，7, 8, 9, 1の段についても，これまでに見つけた乗法の性質やきまりを活用して，類推的な見方・考え方を働かせて，子ども自らが構成できるようにする。

その過程で，乗数が1ずつ増加するとき，積は被乗数分ずつ増加することについて，関数の考えが働いていることに気づく子どもがいれば，それを取り上げるようにする。例えば，8の段について次のことがいえる。

◇ 乗数が決まれば積も決まり，積が分かれば乗数も分かる。つまり，乗数と積は1対1対応の関係になっている。（例）乗数が4 ⟷ 積が32

◇ そのときの対応には，「8に乗数をかける」という操作がなされている。

◇ 乗数が1増えたり減ったりすると，積は被乗数分の8だけ増えたり減ったりする。

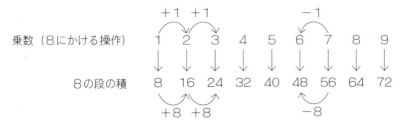

カ 「倍の意味」の指導

　ここでは，整数倍の意味について，例えば「12は3の4倍である」ということを理解できるようにすることがねらいである。しかし，2つの量を対比して一方の量を1とみて，他方の量がそのいくつ分であるかを考えることは，第2学年の子どもにとって捉えにくい内容である。そこで，ひとまとまりの量として捉えやすい連続量を取り上げる。

　例えば，3つ分，4つ分のことをそれぞれ3倍，4倍ということや，1倍は1つ分のことを表すということ，さらには，基準量の〇倍の長さを乗法で求めることが理解できるようにする。

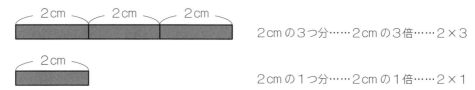

　また，基準量が異なる場合の〇倍の長さを求める際には，次の図のように同じ〇倍でも比較量が異なることを理解できるようにする。なお，この「倍」という概念に含まれている「基準量のいくつ分」という見方が，比の考えにつながっていくことになる。

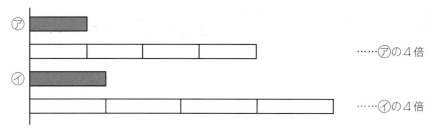

② 第3学年「九九の表とかけ算」

ア 乗法に関して成り立つ性質

　この単元では，これまでに見つけたきまりを乗法に関していつでも成り立つ法則としてまとめて，乗法についての理解をより確かなものにすることができるようにすることがねらいである。例えば，8×7 の答えを被乗数の8を5と3に分けたり，乗数の7を2と5に分けたりして求めることで，$(a + b) \times c = a \times c + b \times c$，または $a \times (b + c) = a \times b + a \times c$ という一般的な分配法則まで理解できるようにする。ここでは，前述4（1）①オのように，式をアレイ図などを用いて示すと，視覚的に理解しやすくなる。

　このことにより，被乗数や乗数が10以上の数であっても，数を構成的にみることで，乗法九九や10の段などの基本的な計算で解決できることのよさに気づく。例えば，次のように，14×6 の答えを，被乗数の「14」を「10 + 4」とみることで，既習の10の倍数などの基本的な計算で処理することができる。これは，（2，3位数）×（1位数）や（2，3位数）×（2位数）の計算方法に活用できるアイデアとなる。

$$14 \times 6 \begin{cases} 10 \times 6 = 60 \\ 4 \times 6 = 24 \end{cases}$$
あわせて84

イ　0を含む乗法

　被乗数，乗数の一方または両方が0のときの乗法は，例えば，0×5と5×0の場合がある。0×5の場合は，0がいくつあっても0になることや乗法の意味から演繹的な見方・考え方を働かせて，0＋0＋0＋0＋0＝0と理解することができる。一方，5×0の場合には，答えを5とするような誤りが見られる。乗法の式を「（1つ分の数）×（いくつ分）」とするとき，「×0」の意味が「1つもない」と具体的な場面で考えることができる。例えば，「おはじき入れゲーム」という具体的な場面を取り上げて，「（点数）×（入った個数）＝（得点）」であることから，5×0については，入った個数が「1つもない」と考えられ，積が0となることを導くことができる。また，乗数と積の関係から「5×1＝5」から乗数を0にすると，積は5小さくなるから0になることを導くことができる。ここでは，帰納的な見方・考え方を働かせることで，0を含む乗法の答えは0になることを理解できるようにする。

ウ　かけ算の筆算（1）

㋐　（何十，何百）×（1位数）の計算

　まず，被乗数が何十，何百の乗法，例えば，30×2や400×3などの計算は，それぞれ10や100のまとまりを1つのまとまりとして捉える単位の考えを働かせれば，類推的な見方・考え方を働かせて1位数どうしの乗法に帰着して理解することができる。その考えを活用すれば，30×2の計算では，「30は10のまとまりが3つ分。積はその2倍だから10のまとまりが3×2＝6つ分になる。すなわち，10が6つ分で60」と考えることができる。また，被乗数が10倍になると積も10倍になるという考えから，「30は10の3つ分だから3×2＝6，この式の3と6を10倍して30×2＝60」と考えることもできる。ここでは，テープ図やアレイ図などを用いて自分の考えを説明する活動によって演繹的な見方・考え方を働かせたり，単位を決めてそのいくつ分する単位の考えのよさを感じたりすることにつながるようにする。

㋑　（2位数）×（1位数）の計算

　㋐を基に（2，3位数）×（1位数）の計算について，乗法の筆算形式とともに，その計算のきまりや手順について理解を図ることがねらいである。ここでは，乗法の意味である（1つ分の数）×（いくつ分）＝（全体の数）を理解できるようにするとともに，子どもが乗法九九で見つけた分配法則を活用して計算の仕方をつくり出すことができるようにする。そのため，次のページの図のように部分積を省略しない形の筆算を筆算形式と結び付けると，子どもの考えを生かした展開とすることができる。

```
23×3            23                  23
 ↓             ×  3                ×  3
20×3            9  …… 3×3           69
3×3            60  …… 20×3
               69
```

ここで，筆算の理解を図るために，（2位数）×（1位数）の計算の型を分類し，難易度順に配列すると，次のような段階が考えられる。

① 部分積がすべて
　　1桁になるもの
　　　23
　×　 3
　―――

② 十の位の数との部分積が
　　2桁になるもの
　　　32
　×　 4
　―――

③ 一の位の数との部分積が
　　2桁になるもの
　　　17
　×　 3
　―――

④ 部分積がすべて
　　2桁になるもの
　　　58
　×　 3
　―――

⑤ 部分積を加えたとき
　　百の位へと繰り上がるもの
　　　38
　×　 3
　―――

　部分積が繰り上がる場合には，前述の場合と同様に，部分積を省略しない筆算を書き，その計算の仕方を理解できるようにして，一般的な形式に移行できるようにする。特に，次のような図を用いてその意味を明らかにしながら理解できるようにする。

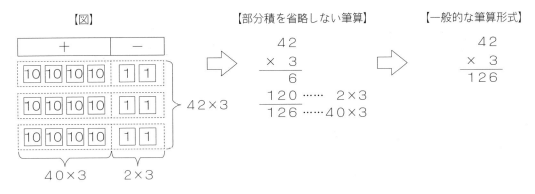

㋒ （3位数）×（1位数）の筆算

　（3位数）×（1位数）の計算の筆算の仕方について，（2位数）×（1位数）の計算を基に類推的な見方・考え方を働かせることができるようにする。

　指導に当たっては，例えば「432×2」において，被乗数432を400, 30, 2に分けて，それぞれに2をかけた部分積を求め，（2位数）×（1位数）と同様に図と関連付けながら説明できるようにする。このように，分配法則を活用して類推的な見方・考え方を働かせることで，部分積を省略しない筆算から一般的な筆算形式へと，子どもが自ら筆算の方法をつくり出すことができるようにする。

　（3位数）×（1位数）の計算については，次のような形式上の段階がある。なお，部分積の和について，②，③については繰り上がりのあるものがある。

① 部分積がすべて1桁になるもの

② 部分積が1桁と2桁になるもの

③ 部分積がすべて2桁になるもの

　ここで，①から③の中で子どもの誤答の多いものは，②の部分積が1桁と2桁になる型である。具体例としては，右のようなものが挙げられる。②－1の筆算は，部分積どうしを加えずにそのまま並べた誤答であり，②－2の筆算は，十の位の部分積8を，百の位の部分積6×4＝24に加えたものである。これは，部分積の位取りについての理解や，部分積の加え方についての理解が十分にできていないものである。このような誤りには，p.81の「23×3」の計算方法のように，位ごとの

②-1　317
　　×　　4
　　12428

②-2　623
　　×　　4
　　3212

④　　125
　　×　　9

乗法と部分積を1つずつ書き，そのつど確認できるようにする指導が必要になる。なお，子どもが難しいと感じるものは，④のように部分積の和が2回にわたって繰り上がるものである。一方で，上記の③の部分積がすべて2桁になる計算では，部分積の位取りの誤りは比較的少なくなる。これは部分積がすべて2桁になるので，加え方も理解しやすいためと考えられる。

㋓　乗法の結合法則

　ここでは，具体的な場面を背景として，結合法則が成り立っていること，そしてそのよさに気づくようにすることがねらいである。

　指導に当たっては，「1個85円のお菓子が，1箱に6個入っている。5箱買うと代金はいくらか」という場面を設定する。ここでは，「1

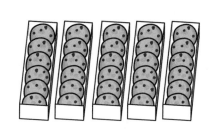

箱分を単位」とするか，「1個分を単位」とするかという，「1当たりの量」をどう捉えるかによって2通りの式を考えるようにする。そして，その2つの考えが同じものを表していることから，結合法則が成り立っているという理解に結び付けられるようにする。

　つまり，「（1箱分の値段）×（何箱分）」と「（1個分の値段）×（何個分）」が次のような式で表されるのである。

（1箱分の値段）×（何箱分）……（85×6）×5　＝510×5　＝2550

（1個分の値段）×（何個分）……　85×（6×5）＝　85×30＝2550

ここでは，2段階の計算について，1つの式に簡潔にまとめられるよさや，結合法則を用いてその式の順序を工夫することにより計算がしやすくなることに気づくことができるようにする。

エ　かけ算の筆算（2）
⑦　2位数をかける乗法

この単元では，乗数が1位数の場合の乗法の筆算を，乗数が2位数の場合へと発展的な見方・考え方を働かせることができるようにする。また，2位数と1位数の乗法が暗算でもできるようにすることがねらいである。

まず，2位数をかける計算の前段階として何十となる2位数をかける計算を行う。乗数の十の位の数と被乗数との部分積（実質的には2位数×1位数）を考えたり，答えの大きさの見積もりをしたりする上でも，この計算は必要な内容である。

その上で，2位数をかける計算を導入する。これは，1位数をかける計算を基礎とするが，その違いは，乗数を十の位，一の位ごとに分解して部分積を求め，それをたして積を求めるという点にある。特に，乗数の十の位の部分積をどの位置から書き始めるかといった形式的な手続きの困難さからの誤りが見られる。すなわち，一の位に何も書かずに計算した結果を書く意味が理解されていないということである。ここでは，数の構成を基に計算の意味について丁寧に理解できるようにすることが必要である。

指導に当たっては「1個23円のみかんを34個買う。代金はいくらか」で，「23 × 34」の計算を考える。ここでは，次のように，23 × 34 の乗数を分解して，23 × 30，23 × 4 の計算を組み合わせて行うことに気づくことができるようにする。

はじめは，部分積を省略しない筆算に表し，一般的な筆算形式へと導くが，この段階で子どもに両者の表現の違いに注目できるようにする。そこでは，一般的な筆算形式では，十の位の数との部分積は69であるが，実際の意味では690であることに気づく。このことなどから，筆算形式では一の位は書かないこと，2段目の部分積の＋の記号も書かないが，積を求めるにはたし算をすることなど，形式的な計算方法の背後にある数の構成と関連付けて理解できるようにする。

なお，（2位数）×（2位数）の計算で子どもが誤りやすいものには次のようなものがある。

○ 加法・減法と混同しているための誤り

```
  27
× 32
─────
 614
```
加法・減法の計算と同様に，桁ごとにかけ算 7×2，2×3 をして，数字を書く位置を注意せずに書いたもの

○ 部分積を書く位置の誤り

```
   72
 × 26
─────
14832
```
乗法九九の順序に誤りはないが，一の位と十の位の数の部分積を1つ左にずらしながら一列にまとめて書いたもの

```
  32
× 21
────
  32
  64
────
  96
```
十の位の数の部分積を書く位置を誤ったもので，64が640であることを理解していないもの

```
  46
× 23
────
 138
 92
────
9338
```
十の位にかけた部分積の書き始めの位置を誤ったもの（筆算の2段目の左側の数字はいつも1段目より1つ左にずれているという形式的な誤り）

　前述した（3位数）×（1位数）での誤りと関連するものがあるので注意できるようにする。子どもの誤りはうっかり間違いもあるが，多くは計算の意味を理解していないことが原因で，それらは数の構成において関連性のあるものである。

（2）整数の除法

① 第3学年「わり算」

ア　等分除と包含除

　第2学年では，倍の概念や乗法九九とその基本的な性質について理解できるようにし，第3学年では，除法の素地ともいえる，交換法則を用いた $a×□=b$，$□×a=b$ の□に当てはまる数の見つけ方を理解している。これらは，除法の前提条件となるものである。

　除法は，ものを分ける際の操作の違いから「等分除」と「包含除」に分けられる。例えば，12÷3については，具体的な場面として「12個のみかんを3人に同じ数ずつ分ける」（等分除）と「12個のみかんを1人に3個ずつ分ける」（包含除）とを考えることができる。

　この単元では，これまでの経験を基にして，分けることの必然性から，はじめに等分除を導入し包含除へと進めるようにする。まず，次ページの図のような等分除の操作を数図ブロック等で表すことを通して場面の理解を図ったり，乗法九九に関連付けて，その計算のきまりを基に，除数の段の九九で求められることを理解できるようにしたりする。また，包含除の場合も同様に，乗法九九と関連付けて答えの見つけ方を考えることができるようにする。

　等分除を先に導入するのは，日常生活でよく出合う除法であり，子どもに受け入れられやすい面をもっているからである。その反面，数図ブロックなどで等分除の場面を操作すると，「1つ分」が明らかではないため戸惑うことがある。一方，包含除は，具体的な操作などの活動に置き換えると，順に取り去っていけば容易に結果が求められること，乗法九九を用い

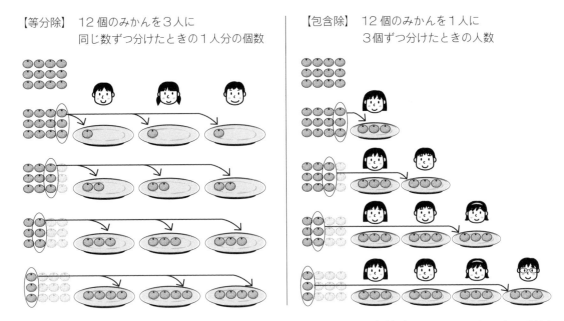

て商を求める場合に「1つ分」が明確なため，除数の九九が直接適用できることなど，理解しやすい面をもっている。

　なお，除法は乗法の逆算と捉えて指導することができるが，除法の場面を乗法の数量の関係に捉えなおして立式するという不自然さがある。また，具体的な問題の処理を通して計算を指導する上でも除法を独立した演算として扱うようにする。

　ここで，包含除を先に指導して，等分除を包含除として統合的な見方・考え方を働かせてまとめることができる。例えば，上の等分除「12個のみかんを3人に同じ数ずつ分けたときの1人分の個数を求める」場面で，次の図のように12個のみかんの個数は1回配るごと

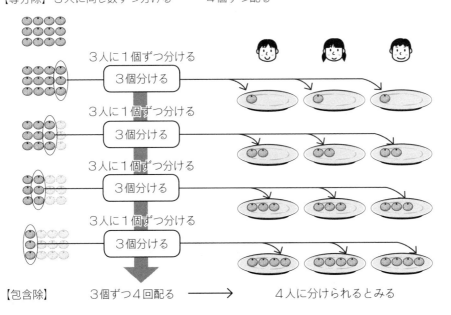

に3個ずつ減っていくことに気づくことができる。そうすると，みかんを3個ずつ何回配ることができるかということになり，4回配ることができることになるので，4人に分けられるとみることができると考えられる。つまり，包含除を使った解き方につなげて考えることができる。

　　イ　除法の立式

　除法の式は，単位の付いていない無名数が用いられている。しかし，等分除の場合，「12÷3＝4」の式は，「12個のみかんを3人で同じ数ずつ分けると1人分は4個になる」というように，「12」「÷」「3」「4」に具体的な意味付けがなされている。全くの無名数の式の「12÷3＝4」ではない。包含除の場合も同様である。

　指導に当たっては，除法の立式について，次のように，等分除では除数を，包含除では商を無名数に表すのがこれまでの方法である。

　　［等分除］　12個÷3＝4個　　　［包含除］　12個÷3個＝4

　導入段階で単位の付いた名数の式を取り扱った場合は，順次，他の演算と同様に無名数による立式ができるようにすることが必要である。

　　ウ　$a÷a＝1, 0÷a＝0, a÷1＝a$の指導

　$a÷a＝1, 0÷a＝0, a÷1＝a$の計算は，除法の計算としては特別な場合である。それは，具体的な場面として子どもがなかなかイメージしにくいからである。計算自体はそれほど難しくはないが，その意味を具体的な場面に即して理解できるようにすることがやや難しい。その具体的な指導として，次のように帰納的な見方・考え方を働かせることができるようにする。

　　　　［$a÷a＝1, 0÷a＝0$の指導］　　　　　［$a÷1＝a$の指導］

　　　　　　　12÷4＝3　　　　　　　　　　　　12÷3＝4
　4減る　　　 8÷4＝2　　1減る　　　　　　　　 8÷2＝4
　　　　　　　 4÷4＝1　　　　　　　　　　　　 4÷1＝4
　　　　　　　 0÷4＝0

　これらの計算と関連して，「$a÷0＝0$」「$0÷0＝0$」など「÷0」の計算を考える子どももいる。0でわることはできず，商が存在しないということの理解は大変難しいが，「÷0」の除法は存在しないことを指導する。

② 第3学年「あまりのあるわり算」

　　ア　余りのある除法の意味

　この単元では，乗法九九を1回適用してできる除法で，余りのある場合の計算の意味と計算方法について理解できるようにすることがねらいである。

　具体的な除法の事例として，「23個のプリンを4個ずつ分けると，5人に分けられて3個余る」というような，商と余りを求める計算を挙げることができる。これは，「23＝4×5

＋3」のように，ある整数を「○×□＋△」の形に表すという点において，除法とは言いながら整数の表し方の学習と同じとも言える。

指導に当たっては，具体的な事実を背景とした文脈の中で，「23÷4」について，4×□が23以下で，23に最も近くなるときの整数□と余りを求めることであることを理解できるようにする。さらに，余りは除数より小さい整数になることに気づくようにすることが大切である。そうしないと，「23÷4」＝4余り7というような誤りをすることになる。また，なぜそれが誤りなのかも分からなくなる。このように，余りの意味を商と除数とを関連付けて理解できるようにする。

イ　余りのある除法の答えの確かめ

除法の答えの確かめは乗法を用いるが，等分除の場合と包含除の場合とでは，確かめにおける乗法の適用が次のように違ってくる。前述した23個のプリンを分ける場面については，次のように表すことができる。

[包含除] 23個のプリンを4個ずつ分けると，5人に分けられて3個余る場合

　　　　23（個）÷4（個）＝5余り3（個）

　　確かめ　4（個）×5＋3（個）＝23（個）　　……①

[等分除] 23個のプリンを4人に同じ数ずつ分けると，5個ずつ分けられて3個余る場合

　　　　23（個）÷4＝5（個）余り3（個）

　　確かめ　5（個）×4＋3（個）＝23（個）　　……②

これらについては，除法の計算結果を確かめるために行うものであるので，子どもの理解の混乱をなくすためにも，「除数×商＋余り＝被除数」の①の形にまとめて捉えることができるようにする。ただし，それは，除法について等分除と包含除の意味とは関係なくなる段階から指導をするのが適切であると考えられる。①と②との統合を図る上では，乗法の交換法則を用いると同じ式になることに気づくことができるようにする。

ウ　「余り」に着目した除法の統合的な見方・考え方

「わり切れる」「わり切れない」という分け方は，除法を余りがあるかないかの観点から分類するときに関連して出される言葉である。つまり，「わり切れる」ということは，「余りがない」ということであり，「余りが0」ということである。逆に，「余りが0」のとき「わり切れる」というように見直すことができる。

このように統合的な見方・考え方を働かせれば，わり切れる場合を含めて「すべての除法を余りが何であるか」という視点で捉えることができる。これは，偶数や奇数など整数の性質を深めることにつながっていくことになる。

エ　「除数」と「余り」についての関数的な考え

前述ウにおいて，除法を余りに着目して統合的な見方・考え方を働かせることができれば，除数と余りについてのきまりを見つけることができる。つまり，関数の考えを働かせて除法をみることができるようにする。

例えば，除数を4とするとき，被除数を1つずつ大きくしていくと，右のように余りは0，1，2，3を規則正しく繰り返すきまりに気づく。つまり，被除数を決めれば，余りは決まることになる。ここでは，関数の考えを働かせることになる。このことを観察することにより，除数を4とするときの余りは0以上4未満であることであり，つまり，余りは除数以上にはならないことを実感的に理解できるようにする。

$4 \div 4 = 1$　（余り0）
$5 \div 4 = 1$　余り1
$6 \div 4 = 1$　余り2
$7 \div 4 = 1$　余り3
$8 \div 4 = 2$　（余り0）
$9 \div 4 = 2$　余り1
$10 \div 4 = 2$　余り2
$11 \div 4 = 2$　余り3
$12 \div 4 = 3$　（余り0）

オ　余りの意味を考える問題

除法について問題場面に応じた商や余りの処理の仕方が必要な場合がある。例えば「35人の子どもが，長いす1脚に4人ずつ座る。みんなが座るには長いすが何脚いるか」という問題は，「$35 \div 4 = 8$ 余り3」となるが，右の図aのように余りが3人のために，長いすはもう1脚必要になる。子どもは，このような問題をなかなか理解できないことがある。そこで，実際に問題場面を疑似体験させて，「除数」「被除数」「商」「余り」を具体的に確かめながら，問題場面に適用するためにはどうするかを考えることができるようにする。

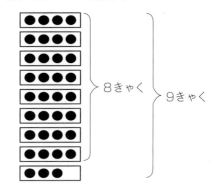

[a]　$35 \div 4 = 8$ 余り3

また，図bのように「幅が30cmの本立てに，厚さ4cmの本を立てていくと，何冊立てられるか」という問題は，「$30 \div 4 = 7$ 余り2」となる。余りの部分には本は1冊も入らないことから，この場合は逆に余りを切り捨てて，商がそのまま答えとなる。しかし，前述の長いすの問題の経験などから形式的に「商＋1」と答えてしまう子どももいる。

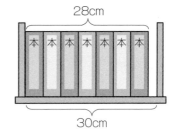

[b]　$30 \div 4 = 7$ 余り2

これらの両者を対比することにより，除法の問題では，余りの処理を考える必要があることに気づくようにすることが大切であり，そのことを通して，余りの意味の理解を図ることができる。

③　第4学年「1けたでわるわり算の筆算」

ア　10，100を単位にした数の除法

この単元では，被除数が乗法九九の適用範囲を超えて大きくなるときの除法を考える。まず，除法が1位数の場合において，10，100を単位にした数である何十，何百，何百何十を1位数でわる除法を理解できるようにする。ここでは，10，100を単位として被除数をみる

ことで，既習の乗法九九1回適用の除法に，類推的な見方・考え方を働かせて帰着することができる。すなわち，第1学年から大切にしてきた「10のかたまり」「100のかたまり」という単位の考えを働かせることができるようにする。

また，10や100を1とみる見方を図で表現できるようにすれば，たくさんの数を分ける場合には1ずつ配るのではなく，10ずつ，または100ずつ配る経験を引き出すことができる。さらに，120÷3の計算の仕方については，100が1個と，10が2個とみた場合は3等分できないが，10を単位として，10が12個とみれば既習の12÷3に帰着できる。そのようなときに，何を1とみるかについて考えることができるようにする。ここでは，単位の考えを働かせている。

　イ　2位数÷1位数，3位数÷1位数の筆算

この単元では，除数が1位数の場合の除法の筆算の意味について理解できるようにすることがねらいである。それは，除法の筆算は十進位取り記数法の考えに基づいている整数の構造と，乗法九九によって生み出されることを理解できるようにすることである。

除法の筆算形式による計算では，次の4つの操作段階がある。

　　ⓐ　上の位から着目し，商をたてる　　　（たてる）
　　ⓑ　除数と商の積を求める　　　　　　　（かける）
　　ⓒ　被除数からその積をひく　　　　　　（ひく）
　　ⓓ　その差の右に次の位の被除数をおろす（おろす）

このような操作を行い，次の位へと続けていくことによって，答えを求める。具体的には「72÷3」を例に挙げると，次のようになる。

【筆算形式】

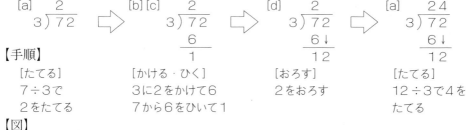

【図】

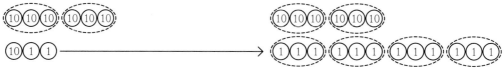

10が7個ある
　その7個を3個ずつに分けると2つに
　分けられて，10が1個余る

残った12の10をばらにして，
　3ずつに分ける

このような筆算形式の手順の意味を，具体的な操作などの活動を取り入れ，上のように図を表現して対応させて理解できるようにすることが大切である。特に，「おろす」という手

順は，操作上，まとまりをばらして位を下げるという意味がある。そして，整数の範囲では，「おろせなくなったら，計算は終わり」という意識をもつことができるようにする。

なお，この過程で働く数学的な見方・考え方は，次のようなものが考えられる。

○　10や100を単位とした考えを用いて既習の計算と結び付けることができる。
（単位の考え，類推的な見方・考え方）

○　十進位取り記数法の仕組みや数の見方を用いることができる。
（十進位取り記数法の考え）

○　形式的に処理するよさに気づくことができる。（一般化の考え方）

筆算は，形式的な処理の仕方であり，反復練習が必要である。しかし，子どもが自力解決を通して，簡潔で的確なものをまとめ，筆算形式をつくり上げ，そのよさに気づくようにすることが大切である。また，そのような指導により，上記の数学的な見方・考え方を働かせることができる。

次に，（3位数）÷（1位数）の除法の筆算は，商の立つ位置を見つけられるようにすることが大切である。除数と被除数の上位の数を比べて，被除数の上位が除数の上位より大きいか等しければ，商を最上位に立てることができる。また，次のように，被除数の上位が除数の上位より小さければ，商は被除数の上位から2桁目に立つ。このように，除法の筆算は，加法，減法，乗法に比べて手続きが複雑であり，商を立てる上で試行錯誤が伴うこともある。

$$
\begin{array}{r}
64 \\
4\,)\overline{256} \\
240 \\ \hline
16 \\
16 \\ \hline
0
\end{array}
\quad \cdots\cdots 4\times60 \quad \cdots\cdots 4\times4
\Rightarrow
\begin{array}{r}
64 \\
4\,)\overline{256} \\
24 \\ \hline
16 \\
16 \\ \hline
0
\end{array}
\quad \cdots\cdots 4\times6 \quad \cdots\cdots 4\times4
$$

④　第4学年「2けたでわるわり算の筆算」

　ア　除数が2桁の除法の筆算

この単元では，除数が2位数で，被除数が2，3位数の除法の筆算の意味を理解できるようにすることがねらいである。除数の桁数が増えても，商を求めるときの考え方や手順「たてる」「かける」「ひく」「おろす」の4段階を繰り返すことは同じである。しかし，除数が1位数の場合は，「たてる」段階は1回で決まるが，除数が2位数の場合は，仮商を立ててみて，「かける」「ひく」を何回か繰り返し仮商を修正して真商を求めることになるので困難さが増す。そのため，できるだけ真商に近い仮商の立て方が求められる。

仮商を見つけるときは2つの方法が考えられる。1つ目は，除数の1の位を「切り捨て」て0として既習の除法と結び付ける方法であり，2つ目は，除数が何十に近いかという「四捨五入に通じる考え」を用いる方法である。

指導に当たっては，除数を切り捨てて既習の除法と結び付ける方法の方が，仮商の修正の仕方が理解しやすく習熟もしやすいので，第4学年では適切である。具体的には，次のように「168 ÷ 28」について，除数の28を20とみて20と168に着目して仮商8と見当を付ける。しかし，この方法では，仮商は過大商が立つので，これを順次小さくして真商を求める修正の仕方だけを指導する。また，修正が必要な場合は，仮商と除数の積が被除数より大きくなり，ひくことができないので気づきやすい。そして，それがひけたときが真商になることが分かる。

```
      8   大きすぎる      7   大きすぎる      6
28)168         →    28)168        →    28)168
   224                  196                 168
                                              0
```

そして，習熟が進んできたところで，除数を何十にまとめるときには，近い数でみていくという「四捨五入」の方法にも気づくことができるようにする。このように数感覚を働かせて除数を見られるようにすると計算の精度が高まってくる。

イ　除法の性質

除法では，除数，被除数，それぞれに同じ数でわっても，同じ数をかけても商は変わらないことを理解できるようにする。

指導に当たっては，6÷2，60÷20，600÷200の計算について，答えが同じになる理由を考える場面を設定する。ここでは，次の図のように何を単位とするかという単位の考えや，帰納的な見方・考え方を働かせて，それぞれの共通点を探ることができれば，すべて「6÷2」に帰着して考えればよいことに気づくことができる。

すなわち，$a \div b = c$ のとき，
$(a \div m) \div (b \div m) = c \ (m \neq 0)$
$(a \times n) \div (b \times n) = c \ (n \neq 0)$

となることを理解できるようにする。そうなれば，除数，被除数に着目して商を考えることができ，6÷2と30÷10，900÷300の商も，実際に計算しなくても等しくなることを理解できる。

また，この除法の性質を活用すれば，例えば，6500÷250の計算について，次ページのように簡単に答えを求めることができる。

$$
\begin{aligned}
6500 \div 250 &= (6500 \div 10) \div (250 \div 10) \quad \text{……除数と被除数を10でわる} \\
&= 650 \div 25 \\
&= (650 \times 4) \div (25 \times 4) \quad \text{……除数と被除数に4をかける} \\
&= 2600 \div 100 \\
&= 26
\end{aligned}
$$

ここで，除数，被除数の末尾の0を処理して計算しても商は変わらないという除法の性質の理解は比較的容易にできるが，その計算の意味を理解できるようにする必要がある。例えば，余りの大きさについて，次の㋐の誤りをすることが多くある。なぜ，㋑のようになるのかを，図を用いて考えなおしながら除法の意味を理解できることが大切である。

㋐　3500÷400＝8あまり3　　……×
㋑　3500÷400＝8あまり300　……○

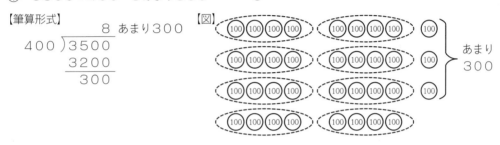

4 小数・分数の概念形成の指導

1 小数・分数の概念形成の指導

　長さや体積などの連続量をはかり取る場合，はしたが出るのが普通である。そのはしたを表現するには小数，分数が必要になる。すなわち，小数，分数は連続量を表すために，ある単位より小さい量をその単位で表す必要性から考えられた数と言える。

　小数は，はかる対象に関係なく，単位量を10等分，その10等分（100等分），……としてはしたの量を数値で表したものである。これは十進位取り記数法を下位に拡張したものである。分数は，はかる対象に依存して，単位量もはしたの量もはかり切れる小さな共通単位を考えて，単位量を任意に等分して単位をつくり，はしたの量を数値で表したものである。小数の意味について，第3学年で $\frac{1}{10}$ の位まで，第4学年で $\frac{1}{100}$ の位，$\frac{1}{1000}$ の位まで学習する。この過程で，整数と同様に，10等分（$\frac{1}{10}$ に）するごとに位が1つ右に移ること，また10倍するごとに位が左に1つ移ることから，小数点の位置を移せばさらに小さな位の数が表されることを理解できるようにする。そして，整数と同じ十進位取り記数法の考えで表されることを理解することで小数の概念を深めていくことができる。ここでは，統合的な見方・考え方を働かせている。

　分数の意味について，次の5つが挙げられる。例えば $\frac{2}{3}$ について，(1)3等分したものの2個分の大きさ，(2) $\frac{2}{3}$ cmや $\frac{2}{3}$ Lなど測定した量の大きさ，(3)1を3等分したものを単位として，その2倍の大きさ，(4)AはBの $\frac{2}{3}$ のようにBを1としたときのAの大きさの割合，(5)整数の除法 $2 \div 3 = \frac{2}{3}$ の商である。これらについて，第2学年で簡単な分数として(1)を，第3学年で(1)から(3)を，第5学年で(4)(5)を学習して分数の概念を深めていく。

　整数，小数，分数は，単位を基にそのいくつ分で表していることなど共通点が多く，単位の考えを基にして数として統合的な見方・考え方を働かせて捉えることができるようにする。

　このように，小数・分数の概念形成では，様々な数学的な見方・考え方を効果的に働かせることで，「深い学び」に迫っていくことができる。また，そのことを通して，数学的な見方・考え方を育てることができ，より豊かにすることにもつながる。そこで，その具体的な指導はどのようにあるべきかについて考える。

2　小数・分数の概念形成の指導上の問題点

(1) 小数，分数の意味を誤解している面がある

　小数は，第3学年で，$\frac{1}{10}$ を 0.1 と表すことから導入し，例えば，$\frac{3}{10}$ は 0.1 の 3 個分で 0.3 と表すことを学習する。第4学年では小数点以下の位が増えていくと，その大小比較において誤解を生じることがある。例えば，1.2, 1.15, 1.015 について，子どもは，1.2 よりも 1.15 の方が桁数が多いため，数が大きいとしてしまうのである。これは，整数では桁数が多いほど数の大きさも大きいことから考えるのであるが，小数では小数点以下の桁数が多い方が大きいとは必ずしも言えないという，十進位取り記数法の理解が十分にされていないことが原因の1つとして挙げられる。

　分数は，日常の中では，分割（割合）の意味で使われることが多い。分数を使って量の大小比較をする場合，その分数の大きさのみに注目してしまい，誤解を生じることがある。例えば，Aの $\frac{1}{2}$ とBの $\frac{1}{3}$ を比べる際に，$\frac{1}{2}$ と $\frac{1}{3}$ の大小比較でAの $\frac{1}{2}$ の方を大きいとしてしまう誤りである。しかし，それぞれの基になる大きさであるA，Bが異なれば，Bの $\frac{1}{3}$ の方が大きくなることもある。また，商分数について，分割分数から学習が始まることにより誤解を生じることもある。例えば，「3の $\frac{1}{4}$」は 3÷4 の答えとして $\frac{3}{4}$ となるが，$\frac{1}{4}$ という言葉から $\frac{1}{4}$ を答えとしてしまい，商分数と分割分数と混乱して答えてしまう場合が挙げられる。

(2) 整数，小数，分数を別のものと捉えている

　整数（1，2，3，……），小数（0.1，0.2，0.3 など），分数（$\frac{1}{2}$，$\frac{2}{3}$，$\frac{5}{4}$，$1\frac{2}{5}$ など）は，数としての表現の仕方，形式がそれぞれであることから，子どもは，それらの数の意味が違い，互いの関係もあまり意識されていないところがある。このように別々の数としてばらばらに捉えてしまいがちである。また，整数，小数は十進位取り記数法により数を表していることから，その共通点は捉えることができるが，分数は任意の単位分数のいくつ分で数を表していることから，整数，小数，分数は別のものとして当然のように捉えている。

　しかし，整数，小数，分数は，すべて数を表していること，一定の単位量を基にしてそのいくつ分で表すという単位の考えを働かせて数を表していることなど，共通する点はいくつか見つけることができる。また，特にばらばらに捉えがちである小数と分数は，整数の除法の商を小数や分数に表すことができたり，また分数を小数に表したりできる。さらに，分数と小数を同じ数直線上に表すことができ，その大小関係，相等関係は明らかにすることができる。そのようなことから，統合的な見方・考え方を働かせて，整数，小数，分数をまとめて捉えなおすことができる。

3 小数・分数の概念形成の指導に関連する指導学年

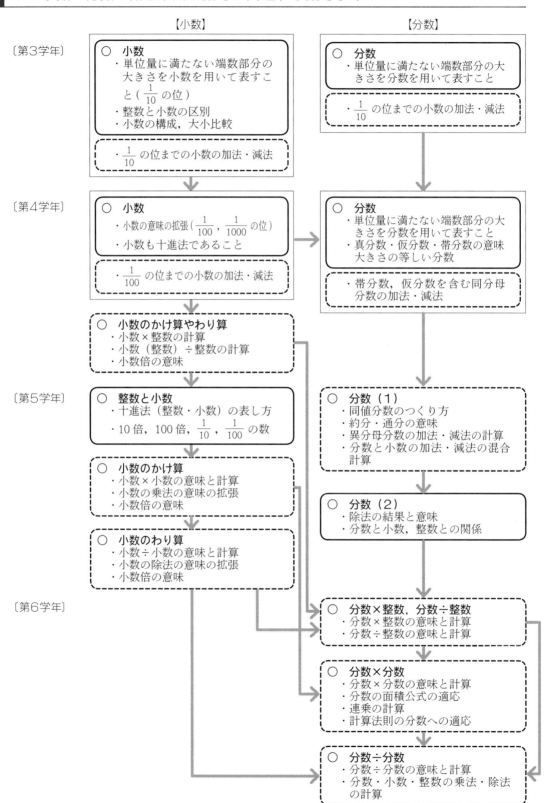

4　小数・分数の概念形成の指導と数学的な見方・考え方

（1）　小数の概念形成について
①　第3学年「小数の意味」

　小数は，1より小さい数に整数の十進位取り記数法の考えを基にして拡張したものであり，この単元では，小数を用いると1に満たないはしたの量を数値化できることを理解できるようにすることがねらいである。

　指導に当たっては，水筒に入っている水のかさをはかり，はしたの大きさの表し方を考える場面を設定する。ここでは，1Lより少ないかさをLの単位で表す方法を考え，小数で表すよさに気づくことができるようにする。この過程では，長さやかさの学習で，はしたが出るたびに単位を10等分して新しい単位をつくったことから，類推的な見方・考え方を働かせて，0.1という単位を導き出すことができる。つまり，1Lのますの図を10等分して$\frac{1}{10}$の大きさをつくり出す活動ができるようにする。

　右の図で，Aのようなますに方眼のますの目を使って目盛りを10等分して表し，Bのようにする活動が大切になる。例えば，ここでは，次のような考えが予想される。

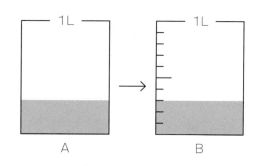

　◇　長さのときに，1cmを10個に分けて1mmをつくったことから，同様に1Lを10個に分けると，1目盛りの3個分になる。

　◇　1dLは1Lを10個に分けたものだから，長さのときと同様に目盛りを付けて考えられる。

　このように，10等分していることに着目できれば，その意味を確認し，次のように0.1の意味を理解できるようにする。

　○　0.1Lが10個で1Lになる。

　○　0.1Lが3個分だから0.3Lになる。

　ここでは，「0.1の何個分」という単位の考えを働かせて，単位量の何個分として整数と同様に表すことができるよさを感じられるようにする。

　次に，数直線に表された量（小数）を読んだり，数直線上に量（小数）を表したりする活動を行う。ここでは，数直線上に示された数の大きさを読む活動を例にすると，次のような考えを基に，アからエの数直線の目盛りを読むことができる。

◇ アは，1 L を 10 個に分けたうちの 1 個分だから 0.1 L になる。
◇ イは，0.1 L の 8 個分になるので 0.8 L になる。
◇ ウは，2 L より 0.4 L 分大きくなっているから 2.4 L になる。
◇ エは，3 L と 0.6 L をあわせて 3.6 L になる。

また，数直線上に具体的な小数を位置付けられるようにもする。

次に，小数の構成について，例えば，3.6 について「1 が 3 個と 0.1 が 6 個ある」ということを理解できるようにする。ここでは，整数の 36 を例として数直線や位取り表を基に，類推的な見方・考え方を働かせられるようにし，次のように整数の間をそれぞれ 10 等分して目盛りを付け，単位なしで数直線上に小数を表す活動ができるようにする。

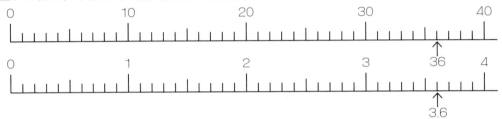

このように，単位なしで数直線上に小数を表すことで，小数を量としてではなく，数としてみることができるようにする。そして，「小数第 1 位」を用語として知らせる。また，小数と整数について「同じ数を 10 集めると 1 つ大きな位になる」という共通性に気づき，小数は整数と同じように，十進位取りの構造になっていることを理解できるようにする。ここでは，整数と小数が数の表し方について十進位取り記数法の考えを基に統合的な見方・考え方を働かせていることが理解できる。

② 第 4 学年「小数のしくみ」

この単元では，小数を $\frac{1}{100}$ の位まで拡げて学習する。第 3 学年での小数の学習成果「1 L ますに 10 等分の目盛りを付けてはかれば，はしたの量を表すことができる」ことを基にして，例えば，「1.6 L とあと少し」のかさを L 単位で表すことを理解できるようにすることがねらいである。ここでは，「ぴったり測れない」「1.6 L とあと少し」などという言葉を大切にして，0.1 L をさらに 10 等分した目盛りをつくる必要を感じられるようにする。そのために，0.1 L に満たないはしたの表し方を考える際には，はじめから 0.01 L の目盛りのあるますを提示しないようにする。

指導に当たっては，次ページの図のように水のかさについて，L を単位にして表す場面を設定する。実際には，リットルますの図を用いて，小数第 1 位を見つけたときと同様に新しい単位をつくるというアイデアにより，10 等分した目盛りをかく活動ができるようにする。水のかさは 1.6 L と 1.7 L の間の量であることは分かり，そこからはしたの部分の目盛りは 0.07 であることを視覚的に読み取ることができるようにする。そして，0.01 の意味と用語「小

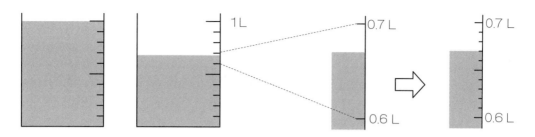

数第2位」を理解できるようにする。また，長さでも同様に展開した経験から，$\frac{1}{100}$の位までの表し方の一般化を図ることができる。ここでは，類推的な見方・考え方を働かせている。さらに，同様な考えで，小数第3位へと小数を拡張していくことができる。そして，はしたを含め，Lを単位にしてどう正確に表すかを考え，「1Lが1個，0.1Lが6個，0.01Lが7個だから，全部で1.67L」となることに気づくことができるようにする。

次に，$\frac{1}{100}$の位までの小数を多様な見方で捉えることで，小数の構成・相対的な大きさについての意味を理解できるようにし，数感覚を育てることをねらいとする。例えば，次のように2.65を数直線上に表し，2.65についていろいろな表現の仕方ができることについて考える場面を設定する。

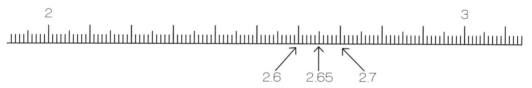

子どもは数直線上に表された2.65の構成について次のように考えることが予想される。
- ◇ 2.65は，2と0.65を合わせた数
- ◇ 2.65は，1を2個，0.1を6個，0.01を5個合わせた数
- ◇ 2.65は，0.01を265個合わせた数
- ◇ 2.65は，2.7より0.05小さい数
- ◇ 2.65は，2.6より0.05大きい数
- ◇ 2.65は，2.6と0.05をあわせた数

ここで，◇から◇の表現の共通点に着目すると，次のような考えが挙げられる。
・◇と◇は，2.65との大小の違いを表している。
・◇と◇は，2.65をそれぞれの単位の大きさのいくつ分かで表している。
・◇と◇と◇は，2.65を何と何をあわせたかで表している。

特に，◇と◇については，単位の考えを働かせて，小数の相対的な大きさを表していることが分かる。ここで，小数の仕組み（位取り）について整数と同様に十進法の仕組みになっていることを理解できるようにする。一の位より大きい部分と同じように，一の位より小さい部分においても，十進位取り記数法の考えが生かされていることに気づくようにする。な

お，整数では 10 倍ごとに上の位に進んだのに対し，小数では $\frac{1}{10}$ ごとに下の位へと進むようになっていることに違和感をもつ子どもがいることが予想される。例えば，1.6 と 1.578 の大小関係を考える場面で，桁数が大きいことから 1.578 の方を大きい数と誤解する子どもがいる。この場合，次の図のように，小数を整数と関連付けて 10 倍ごとに，あるいは $\frac{1}{10}$ ごとに位が変わることに着目して，十進数としての理解ができるようにする。

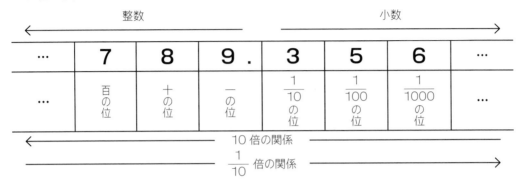

また，数の相対的な大きさを考えるとき，例えば，0.34 について，次の図のようになる。

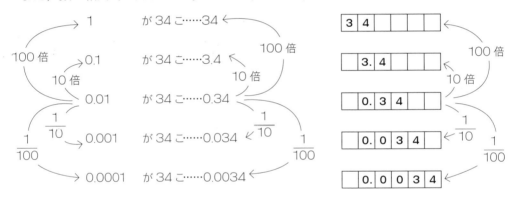

このとき，小数点の位置を右に 1 桁移すと 10 倍の数となり，小数点の位置を左に 1 桁移すと $\frac{1}{10}$ の数となる。これは，桁が 1 つ左に進むと単位が 10 倍になり，桁が 1 つ右に進むと単位が $\frac{1}{10}$ になるという十進位取り記数法の考えを生かして，位取りの関係を小数点の移動という観点から考えることができる。小数も整数と同じように，十進数と同じ構造であることを理解でき，統合的な見方・考え方を働かせて整理することができる。

③ 第5学年「整数と小数」

この単元では，これまでばらばらに学習してきた整数と小数について，ともに十進位取り記数法の考えで表されることを理解できるようにすることがねらいである。また，整数，小数を 10 倍，100 倍，……した数や，$\frac{1}{10}$，$\frac{1}{100}$，……した数の位の移り方や，これらの数が小数点の位置を移すことでつくられることを理解できるようにする。

まず，整数と小数を十進位取り記数法の仕組みから統合的な見方・考え方を働かせて捉えることについて，例えば，マラソンコース42.195(km)という数を取り上げ，それぞれの位の数の大きさについて考える場面を設定する。すると，次のような子どもの考えが予想できる。

㋐ 図で表す

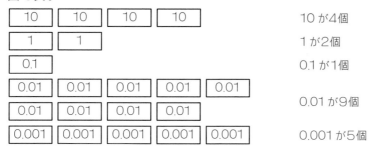

㋑ 「位の数×何個分」を位ごとにかけ算をする

10 × 4, 1 × 2, 0.1 × 1, 0.01 × 9, 0.001 × 5

㋒ かけ算とたし算を使って1つの式に表す

42.195 = 10 × 4 + 1 × 2 + 0.1 × 1 + 0.01 × 9 + 0.001 × 5

これらのように，十進位取り記数法の仕組みを式に整理しながらまとめることができる。その際，実態に応じて，次のような位取り板などを用いて数の構成を視覚化することで，各位の数字が表している大きさを理解することができる。

十の位	一の位	$\frac{1}{10}$ の位	$\frac{1}{100}$ の位	$\frac{1}{1000}$ の位
4	2.	1	9	5

ここでは，それぞれの位の数字を「単位量の何個分」と単位の考えを働かせて捉えることや，このことが整数と小数に共通したものであることを理解できるようにする。すなわち，整数や小数は十進位取り記数法で表されている数として，統合的な見方・考え方を働かせて理解することができるようにする。具体的な共通点は次のようである。

○ それぞれの位の数が10個集まると，新しい位になる。　　　（十進法の考え）
○ 位の数を単なる記号で表すことはしないで，位置の違いで表す。（位取りの考え）

次に，整数部分と小数部分を含む数の場合では，10倍，100倍，……した数や，$\frac{1}{10}$，$\frac{1}{100}$，……にした数の位の移り方を理解し，これらの数を小数点の位置を移すことによってつくることができるようにする。

指導に当たっては，42.195を10倍，100倍，……した数について考える場面を設定すると，次のように容易に求めることができる。

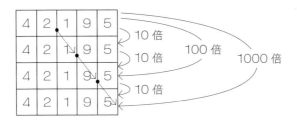

そこで，数の変化から気づくことについて，次のように挙げられることが予想できる。
◇ 42.195を10倍すると位が1桁上がる。100倍すると位が2桁上がる。
◇ 42.195を10倍すると小数点の位置が右へ1桁，100倍すると右へ2桁移る。

また，次のように，243.7を $\frac{1}{10}$，$\frac{1}{100}$，……した数を考えると，同様なことに気づくことができる。

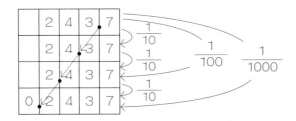

ここでは，整数，小数の10倍，100倍，1000倍，$\frac{1}{10}$，$\frac{1}{100}$，……などの大きさの数は，計算で求めることはできる。しかし，10倍ごとに位をつくって大きさを表す十進位取り記数法の考えに基づいて，その数の並びは変わることなく，位の移動によってつくられている。そして，小数点の移動と捉えることができるようにする。

このことは，統合的な見方・考え方を働かせて，整数と小数とをまとめることができることを表している。このことの理解は小数の乗法・除法の計算において不可欠なものである。

(2) 分数の概念形成について
① 第2学年「簡単な分数」

これまでの学習で，ものの個数などを表すことはできるが，ものを半分にした大きさを表すことはしていない。そこで，この単元で分数を用いると，ものを半分にした大きさや，半分の半分にした大きさを分割分数として，$\frac{1}{2}$，$\frac{1}{4}$と表すことを理解できるようにすることがねらいである。

まず，「半分にする」という言葉から「同じ大きさに2つに分ける」ということが「$\frac{1}{2}$」という分数で表されることを理解できるようにする。ここでは，次ページのように，紙などの具体物を半分に折って切る活動と，重ねることで同じ大きさに2つに分けたことを確認する活動ができるようにする。

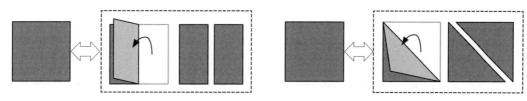

このことを通して,「同じ大きさに2つに分けた1つ分を,元の大きさの2分の1といい,$\frac{1}{2}$と書く」ということの意味を理解できるようにする。そして,「元の大きさ」のように,「何の$\frac{1}{2}$」なのか基になる量を明確にすることを大切にする。

次に,同じ大きさに2つに分けた1つ分を「$\frac{1}{2}$」としたのと同様に,同じ大きさに4つに分けた1つ分は「$\frac{1}{4}$」という分数で表されることを理解できるようにする。ここに,類推的な見方・考え方を働かせることになる。ここでも,$\frac{1}{2}$の学習を基にした具体的な操作などの活動が大切となる。実際に紙やテープなどを使って4半分に折ったり切ったりして,$\frac{1}{4}$を作る活動や,4半分に切った画用紙を4つ集めて元の形を作ったりする活動である。

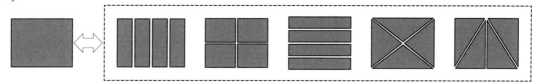

また,$\frac{1}{2}$,$\frac{1}{4}$以外にも,類推的な見方・考え方を働かせて,「同じ大きさにいくつかに分けた1つ分」は分数で表すことができそうだと考えられるようにする。

② 第3学年「分数の意味」

この単元は,第2学年での分数の意味を拡張し,単位量に満たないはしたの量が出たときに分数を用いれば,その単位量を任意に等分し数値化することができることを理解することがねらいである。そのために,次のような指導を行う。

(ア) 基準量(単位量)を等分した1つ分の大きさを,基準量全体と対比して分数で表すことができるようにする。

等分については,既習事項を基に,基準量を何等分するかという意識をもつことができるようにするために,基準量をテープ図などで表し,何個分になるか,折ったり,切ったり,重ねたりするような具体的な操作などの活動をする。

(イ) はしたの量を分数で表すことができるようにする。

連続量の場合,単位量に満たないはしたが出るとき,はしたと単位量を比較し,単位量を等分してはかりきれる数を見つける。このとき,単位量を何等分したかで分数表示できることを考える。

(ウ) 分数を数として認識できるようにする。

長さやかさなど単位が付いている分数は,具体的な大きさを示しているが,数と

して抽象化されていないので，数直線上に表して整数や小数と比較するなど，分数の構成についての理解を図るようにする。
(エ) 1より大きい数の場合でも分数で表すことができるようにする。
分数の構成から1より大きい数を分数に表すことについて，数直線上で帯分数や仮分数を使い1より大きい場合でも分数を使って表すことを理解できるようにする。

ここでは，(ア)から(ウ)を中心に具体的な指導について述べる。まず，(ア)について，第2学年の「半分にする」操作ではつくり出せない分数へと範囲を広げ，1mのテープを3等分したときの1個分の長さをどのように表したらよいかを考える場面を設定する。子どもは，$\frac{1}{2}$，$\frac{1}{4}$ 等の意味や表し方から類推的な見方・考え方を働かせて，次のように考えることが予想される。

◇ 1mを3等分した1つ分だから $\frac{1}{3}$ m
◇ 2等分した1つ分が $\frac{1}{2}$ で，4等分した1つ分が $\frac{1}{4}$ だから，3等分した1つ分は $\frac{1}{3}$ m になる。

ここで，「等分する」ことを意識できるようにするために「単位量を何等分するか」について，テープなどでの具体的な操作などの活動を取り入れることが大切である。そして，5等分，6等分，7等分の場合は，$\frac{1}{5}$ m，$\frac{1}{6}$ m，$\frac{1}{7}$ m になり，さらに数が大きくなっても同様に表すことができそうだというように一般化を図ることができるようにする。

次に，(イ)について，例えば，1mを3等分した2個分の長さの表し方について考える場面を設定する。

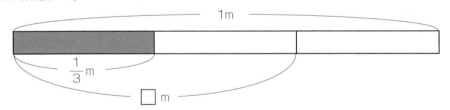

ここでは，$\frac{1}{3}$ の学習内容を基に類推的な見方・考え方を働かせることで，$\frac{1}{3}$ mの2つ分を「1mの $\frac{2}{3}$」といい，「$\frac{2}{3}$ m」になることを理解できるようにする。特に，単位分数の何個分に当たるかという単位の考えを働かせることが重要になる。具体的には，次のように分母の「3」が単位量を何等分しているかを表している数で，分子の「2」がその何個分に当たるかを表している数であることを，具体的な操作などの活動を通して理解できるようにする。

$\frac{2}{3}$ ……等分したものを2個集めたことを表す
……単位量を3等分したことを表す

このように,「単位分数の大きさ」と「単位分数の何個分」を意識できるようにすることで，分数の加法・減法の計算に活用することができる。

次に，p.103②（ウ）について，分数を数直線上に表す活動を通して，分数を数として捉えられるようにする。分数は単位として任意の大きさを選ぶことができるよさがあるが，数直線に表すことは難しい。そこで，例えば，$\frac{1}{6}$mのテープを1個分，2個分，……とつないでいき，それを数直線上に対応させていく活動をすると，次のような図をつくることができ，分数を数として捉えられることを理解できる。

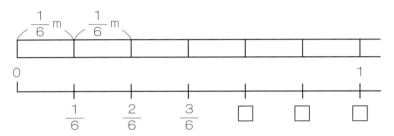

ここでは，単位分数の何個分という見方で分数を捉えられるようにする。これは，数直線への表示にも使われ，分数の大小を考える根拠にもなる。具体的には，$\frac{3}{6}$mと$\frac{4}{6}$mの比較について，$\frac{1}{6}$mを基にすると，3個分が$\frac{3}{6}$m，4個分が$\frac{4}{6}$mだから，$\frac{4}{6}$mの方が長いと捉えられるようにする。さらに，分子が単位分数の個数を表していることに気づけば，同分母分数の大小は分子の大きさで判断できることに気づく。

なお，（エ）については第4学年で学習する。

③　第4学年「分数の仕組み」

この単元では，1より大きい分数を仮分数や帯分数を用いて表すとともに，分数を数直線上に表したり，同じ大きさの分数，分数の大小関係の考察をしたりする。そのことを通して，分数を数として抽象化し，統合的な見方・考え方を働かせ，整数，小数と同じ数として捉えられるようにすることがねらいである。さらに，仮分数を帯分数に，帯分数を仮分数になおす方法を理解できるようにする。

まず，真分数と仮分数の意味を知り，それらがともに単位分数の何個分の大きさで表されるかを捉えられるようにする。指導に当たっては，例えば$\frac{1}{5}$mを単位分数とするテープ図を並べながら，量を視覚的に捉えられるようにし，単位分数の何個分かを数えることで，分数を量で表すことができるようにする。そして，次ページの図のように，1を5等分した1個分の大きさが$\frac{1}{5}$，2個分の大きさが$\frac{2}{5}$，……，7個分の大きさが$\frac{7}{5}$というように数として捉えられるようにする。このことを通して，分数を整数や小数と同じ仲間として統合的な見方・考え方を働かせて捉えられるようにする。

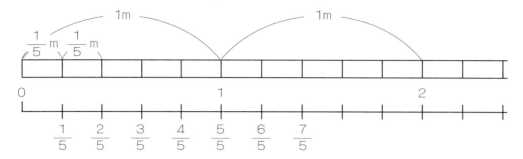

次に，整数と分数の大小比較を通して，仮分数を帯分数になおすことを考える。数直線上に分数を位置付けていくことで，大小比較はできる。さらに仮分数を計算で帯分数になおす方法を考えることを通して，帯分数は大きさが分かりやすいというよさを感じることができるようにする。

指導に当たっては，$\frac{11}{4}$を帯分数になおす方法を考える場面を設定すると，子どもは次のように考えることが予想される。

◇ 数直線上に分数を位置付けて仮分数を帯分数になおす

◇ $\frac{11}{4}$の中に$\frac{4}{4}$が何個入っているか考える

- $\frac{4}{4} + \frac{4}{4} + \frac{3}{4} = \frac{11}{4}$　　　$1 + 1 + \frac{3}{4} = 2\frac{3}{4}$
- $\frac{11}{4} - \frac{4}{4} - \frac{4}{4} = \frac{3}{4}$　　　$\frac{4}{4}$を2回ひき，$\frac{3}{4}$が残ったから，$2\frac{3}{4}$
- $11 \div 4 = 2$あまり3　　　余り3は$\frac{3}{4}$だから$2\frac{3}{4}$

このことから，仮分数を帯分数になおすには，分子÷分母をすればできることが分かり，商の2は$\frac{4}{4}$が2個分あること，余りの3は$\frac{1}{4}$が3個余ることを数直線での表現と関連付けて理解できるようにする。

次に，分数の特徴として，大きさの等しい分数があることを数直線等を使って理解できるようにする。ここでは，折り紙やテープを折る具体的な操作などの活動を通して，同じ大きさの分数をつくることができることを確認し，数直線を使って同じ大きさの分数を見つけたり，大小の比較をしたりする。

まず，次ページの図のように，折り紙の大きさを1として，等分割して大きさの等しい分数を見つける活動を行う。例えば，折り紙を半分に折ると$\frac{1}{2}$をつくることができる。半分の半分にすると$\frac{1}{2}$だったところが$\frac{2}{4}$になり，半分にする操作を繰り返すと$\frac{1}{2}$だったとこ

ろが $\frac{4}{8}$ になり，大きさの等しい分数を確認できるようにする。

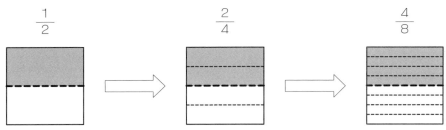

その後，数直線を使って大きさの等しい分数を見つける活動を行うと，次のような図をつくることができる。

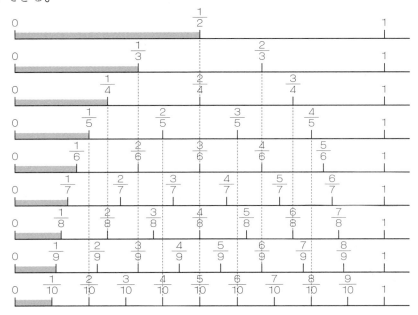

この活動を通して，数直線に頼らなくても分母と分子に同じ数をかければ大きさが等しい分数をつくることができる。また，分数の大小について，分子が等しければ，分母が大きい数の方が小さくなることに気づくことができる。

④ 第5学年「分数と小数，整数の関係」

この単元では，分数の意味として，2つの整数 a, b（$b \neq 0$）について $a \div b$ の商が $\frac{a}{b}$ という分数で表されること（商分数），また，$\frac{a}{b}$ が $a \div b$ の結果を表すことを理解できるようにする。それとともに，小数，分数，整数の相互の関係に着目できるようにすることにより，数の概念の理解を深められるようにすることがねらいである。

まず，除法においてわり切れない場合には商に分数を用いることについて，「ジュース2Lを3等分すると，1個分は何Lになるか」という，商を小数で正確に表すことができない場面を設定する。ここで，「1Lの3等分は $\frac{1}{3}$ Lになる」という既習事項を基に，ジュー

ス2Lの場合も分数を用いることによってできないかと類推的な見方・考え方を働かせて,見通しをもつことができる。そして,「2÷3」の商について,次のように考えることが予想される。

◇ 1Lを3等分した1個分は $\frac{1}{3}$ Lになる。2Lを3等分した1個分は $\frac{1}{3}$ Lの2個分になる。

◇ 1Lのますを2個つなげ,横に3等分して考える。

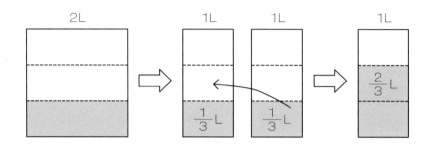

指導に当たっては,1Lを3等分した $\frac{1}{3}$ Lの量と,2Lを3等分した量とを比較し,同じではないことを確かめる活動が大切である。その際,2Lは1Lが2個だから1Lの $\frac{1}{3}$ を2個分合わせた量が,2Lを3等分した量と等しくなることを確かめられるようにする。

このようにして,2÷3の商が $\frac{2}{3}$ になることから,わられる数の2が分子になり,わる数の3が分母になることに気づくことができる。このことは,例えば,3÷5などの場合も同様になることから一般化を図ることができる。ここでは,集合の考えを働かせて,対象となる事柄がどのような集合の代表かということを意識できるようにすることが大切である。そのことができれば一般化して考えることができる。

また,これまでの分数の学習で,分割分数のイメージが強い子どもは,「2Lの3分の1は $\frac{1}{3}$ L」と誤解することが見られるが,ここで,そのような誤解を正すため,具体的な操作などの活動を丁寧に行い確認できるようにする。また,$a÷b$ の商 $\frac{a}{b}$ について,分母が a か b かのどちらになるか分からなくなる子どももいる。図などを活用して視覚的に理解できるようにする。

次に,除法の結果を分数で表すことの理解を基にして,小数倍の見方を分数倍の見方に拡張できるようにする。その中で,(比較量)÷(基準量)でわり切れない場合は,分数を用いれば商を正確に表すことに気づくようにする。ここでは,整数や小数と同様に分数で基準量の倍を表すことを理解できるようにするとともに,分数で表せば,正確に何倍かを表すことができるよさに気づくようにする。

指導に当たっては,次の図で「㋐,㋑,㋒のテープの長さについて,㋐を基にすると,㋑,㋒の長さはそれぞれ何倍か」を考える場面を設定する。このような何倍かを求める問題では,

何が基準量で，何が比較量かを明確に捉えることが大切になるので，基準量，比較量，倍の関係を図を使って視覚的に捉えられるようにする。また，整数倍，小数倍を求める学習でも使った数直線をここでも活用できるようにする。そして，「～を1とみたときに，□にあたる」という倍の意味を理解できるようにする。

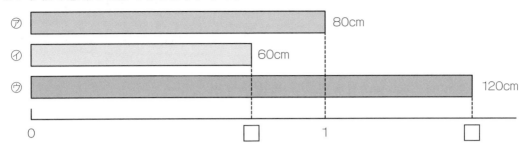

ここでは，例えば，㋑について「60÷80」か「80÷60」かを迷うときには，「㋑は㋐の何倍か」を求めることから，㋑が比較量で，㋐が基準量であることを確認できるようにする。また，㋐と㋑のテープの長さは㋑の方が短いことから，答えは1より小さくなるという結果の見通しをもって考えられることが大切である。このようなことを基に，何倍かを表す数が分数になることもあることを理解できるようにする。

次に，これまで，ばらばらに捉えがちであった小数と分数について，整数の除法の商を小数と分数に表したり，分数を小数に表したりすることを通して，統合的な見方・考え方を働かせてまとめられるようにする。ここでは，分数と小数を同じ数直線上に表し，例えば，次のように，$\frac{4}{5} = 0.8$ のように相等関係を確認できるようにする。

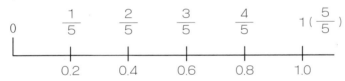

また，分数を小数になおすことについては，真分数・仮分数は分子を分母でわれば小数になること，帯分数も整数部分と分数部分を分ければ，同様に考えられることを気づくことができるようにする。

整数，小数は十進位取り記数法により数を表し，分数は任意の単位分数のいくつ分で数を表しているが，すべて数を表しているものであり，単位量を基にして，そのいくつ分で表していることなど共通点も多いことから，統合的な見方・考え方を働かせて捉えられるようにすることが大切である。

5 小数・分数の計算と その意味の指導

1 小数・分数の計算とその意味の指導

　連続量を表す小数・分数は，はしたが出ることから，そのはしたをある単位で表すことの必要性から生まれたものであり，整数を基礎として拡張された数である。そのようなことから，小数・分数の計算では，はしたを表すために単位をそろえるという単位の考えを働かせている。

　小数は，表現する対象に関係なく，それを10等分，100等分，……してはしたの量を3.14などのように数値で表現したものである。これは，十進位取り記数法を下位に拡張したものであり，その位が大きさの単位を表している。そのため，小数の加法・減法の計算において，「単位をそろえること」は，「位をそろえること」であり，「小数点の位置をそろえること」であることを理解できるようにする。

　分数は，表現する対象に依存して，はしたをはかり切れる小さな共通単位となる量を数値で表現したものである。この小さな共通単位ではかるとは分母をそろえることになる。分数の加法・減法の計算において，同分母分数の計算では共通単位は明らかであるが，異分母分数の計算では「共通単位にそろえる」ことは「分母をそろえること（通分）」であり，分母が大きさの単位であることを理解できるようにする。

　このように，小数・分数の加法・減法の計算では，単位の考えに基づいて考えることにより，整数の場合と同じように処理することができ，整数の加法・減法の計算に帰着するという類推的な見方・考え方を働かせて捉えなおすことができる。

　また，小数・分数の乗法・除法の計算でも，単位の考えを基にして乗法の性質（乗数をn倍しても積をnでわれば積は変わらない）や除法の性質（被除数，除数に同じ数をかけても商は変わらない）を用いることにより，類推的な見方・考え方を働かせて，整数の乗法・除法の計算に帰着して捉えなおすことができる。

　このように，小数・分数の計算について，様々な数学的な見方・考え方を効果的に働かせることで，「深い学び」に迫っていくことができる。また，そのことを通して，数学的な見方・考え方を育てることができ，より豊かにすることにもつながる。そこで，その具体的な指導はどのようにあるべきかについて考える。

2　小数・分数の計算とその意味の指導上の問題点

（1）計算の仕方は知っているが，その意味が曖昧である

　小数・分数の計算において，「小数÷小数」「分数÷分数」などの意味を理解できるようにすることは，算数科の指導の中で最も難しい内容の1つとされている。これは，答えを出せるようにする指導に重点が置かれ，計算の手順を技術的に教え込み，単に機械的な暗記をさせていることが見られる。それは，「分数×分数」「分数÷分数」のような計算より，整数と分数が混じった乗法・除法の計算，特に「分数÷整数」の方が正答率が低いことから推察される。分数に分数をかける計算は，「分母は分母どうし，分子は分子どうしをかける」，分数でわる場合は「ひっくり返してかける」という計算手順を覚えることで比較的正答率は高くなっている。しかし，そのことが，必ずしも計算の意味を理解しているということではない。すなわち，子どもは計算の意味の理解が不十分であるために，整数を分母にかけるのか分子にかけるのかで混乱しているのである。

　また，小数・分数の計算の仕方に加えて，演算決定の指導も曖昧になっている。すなわち，演算を決定する際に，文脈の意味を理解できていないために，例えば，乗法になるのか除法になるのか，また，与えられた数が，乗法であれば被乗数になるか乗数になるのか，除法であれば被除数になるのか除数になるのかが理解できていないことが見られる。

（2）整数の計算と小数・分数の計算のつながりを理解できていない

　小数・分数の計算の指導は第3学年に始まり，小数の加法・減法の計算は第4学年，乗法・除法の計算は第5学年，分数の加法・減法の計算については第5学年，乗法・除法の計算は第6学年で主に学習されている。これらは，整数の計算を基にして系統的に小数・分数の計算を指導することにより理解を図ることが求められている。しかし，それらがばらばらに捉えられ，指導する上で明らかにされていないことがある。

　例えば，分数の加法・減法の計算について，「通分して分母をそろえて分子どうしの加法・減法の計算をすること」が，「単位分数の何個分か」というように単位をそろえて計算をしている。整数や小数の加法・減法で「位をそろえて計算すること」や「小数点の位置をそろえて計算すること」と同じことを表している。しかし，そのように，整数，小数，分数の計算が同じ仕組みであることを統合的な見方・考え方を働かせて捉えられていないことがある。

　また，小数の乗法・除法の計算では，単位の考えにより，「×小数」「÷小数」をそれぞれ「×整数」「÷整数」に帰着したり，また，分数の乗法・除法の計算では，乗法の性質や除法の性質を用いて，「×分数」「÷分数」をそれぞれ「×整数」「÷整数」に帰着したりして考えるようにする指導が十分ではないことがある。そのため，子どもが小数・分数の計算をどのように計算したらよいか困った場合，類推的な見方・考え方を働かせて整数の計算に帰着して，小数・分数を整数になおす方法を考えることができないことがある。

3 小数・分数の計算とその意味の指導に関連する指導学年

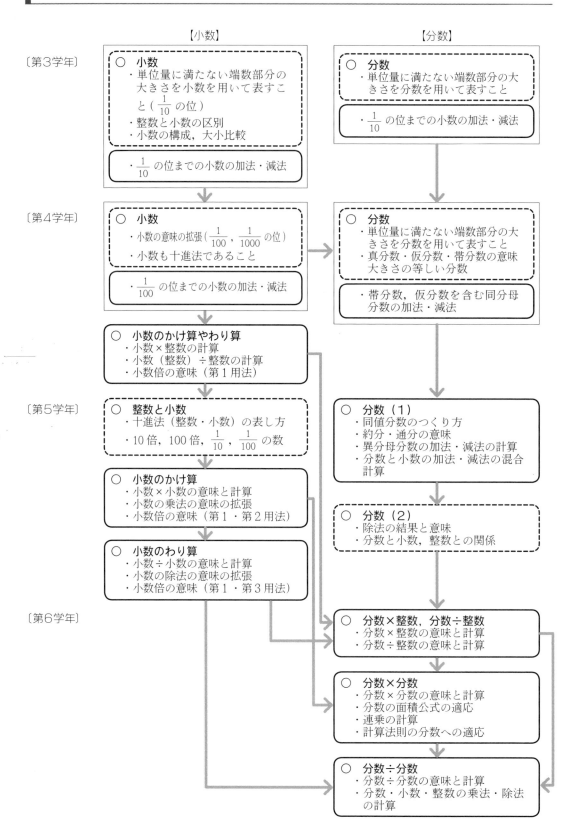

4 小数・分数の計算とその意味の指導と数学的な見方・考え方

(1) 小数・分数の加法・減法の計算
① 小数の加法・減法の計算
ア 第3学年「小数の加法・減法の計算」

この単元では，小数についての加法・減法の計算ができることを理解し，簡単な場合について計算の仕方を考えることができるようにする。そのことを通して，小数の概念を理解できるようにすることがねらいである。

小数は整数と同じ十進位取り記数法で表されることから，小数に拡張しても加法や減法が適用でき，計算が可能である。このことから，具体的な指導では，その計算の仕方を説明する活動を丁寧に行うようにする。例えば，「0.6 + 0.2」について，その式や「0.8」という答えを安易に導きがちである。そこで，次の1Lますの図を基に考えるようにすれば，あわせて0.8Lと答えが正しいことを確かめることができる。

ここで，その計算の仕方について，次のように㋐から㋓のように考えることが予想される。

㋐ 1Lますの図から考える方法

　1Lますの図の0.1の目盛りを数えれば，0.6 + 0.2 = 0.8になる。

㋑ L単位をdL単位になおして考える方法

　0.6 L = 6 dL，0.2 L = 2 dL，6 dL + 2 dL = 8 dL

となり，8 dL = 0.8 Lであることから，0.6 L + 0.2 L = 0.8 Lとする。

㋒ 0.1を単位にして，それが何個分と考える方法

　0.6は0.1の6個分，0.2は0.1の2個分ということから，6 + 2 = 8で，0.1が8個分だから0.8になる。これは，0.1を基にして「0.1の何個分」とみて，整数の計算に帰着して考えている。

㋓ 数直線などの図を使って操作して求める方法

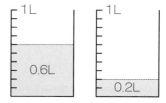

指導に当たっては，㋐の考えを認めつつ，㋑と㋒の考え方を関連付け，㋓の数直線の考え方と照らし合わせることが大切である。このように，計算の形式的な指導に陥るのではなく，図や具体的な量，既習の考えなどと関連付けて丁寧な指導を行うようにする。ここでは，「0.1の何個分」かという単位の考えを働かせている。

減法においても，加法と同様に，「0.1の何個分」かという単位の考えを働かせるような指導を行う。

イ 第4学年「$\frac{1}{100}$ までの位の小数の加法・減法の計算」

　ここでは，$\frac{1}{100}$ の位の小数の場合にも，$\frac{1}{10}$ の位や整数の場合と同じように加法や減法が適用できることを，立式の根拠などから確認し，筆算の仕方を理解できるようにすることがねらいである。

　その際，計算の仕方を $\frac{1}{10}$ の位の小数や整数の場合と比較できるようにすることが大切である。例えば，「1.75 + 2.64」の計算の仕方を考える場合，次のような方法が考えられる。

　⑦　1，$\frac{1}{10}$，$\frac{1}{100}$ の位ごとに分けて考える方法

　　1.75 は，1 が 1 個，0.1 が 7 個，0.01 が 5 個の集まり，2.64 は，1 が 2 個，0.1 が 6 個，0.01 が 4 個の集まりとみることができる。これをあわせると，1 が 3 個で 3，0.1 が 13 個分で 1.3，0.01 が 9 個分で 0.09 となる。だから，1.75 + 2.64 = 4.39 となる。

　④　0.01 を単位とすることで整数に置き換えて考える方法

　　1.75 は，0.01 が 175 個，2.64 は，0.01 が 264 個集まっているとみることができる。これをあわせると，0.01 が 175 + 264 = 439 個となる。だから，1.75 + 2.64 = 4.39 となる。

　指導に当たっては，⑦の考えを基に，1 は 0.1 の 10 個分，0.1 は 0.01 の 10 個分ということから，④の考えと関連付けて考えることができるようにする。そうすれば，類推的な見方・考え方を働かせて，整数の加法の計算に帰着していることを明らかにできる。

　このような計算の仕方を説明する活動を重視することにより，単位の考えを働かせて位をそろえることや，位ごとに計算するという筆算の仕方に結び付けることができ，小数の十進数の仕組みや位取りの考えを深めることができる。

② 分数の加法・減法の計算

ア 第3学年「真分数のみの同分母分数の加法・減法の計算」

　子どもは，分数と小数，整数との関連付けにおいて，分数を単位分数の何個分として捉えることを学習してきている。また，分数を数直線上に表すことで，整数や小数との関係を理解している。

　ここでは，このような学習を踏まえて，同分母分数の加法・減法の計算の仕方を理解できるようにすることがねらいである。例えば，右の図のように「$\frac{4}{10}$ L のジュースと $\frac{3}{10}$ L のジュースをあわせると何 L になるか」という

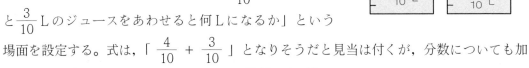

場面を設定する。式は，「$\frac{4}{10} + \frac{3}{10}$」となりそうだと見当は付くが，分数についても加法や減法が適用できるかどうかについては検証が必要となる。

　ここでは，次ページのように，子どもは計算の仕方について考えることが予想される。

◇ 1Lますの図から考える方法

　1Lますの $\frac{1}{10}$ の目盛りを数えれば，$\frac{4}{10} + \frac{3}{10} = \frac{7}{10}$ になる。

◇ $\frac{1}{10}$ を単位にして，それが何個分と考える方法

　$\frac{4}{10}$ は $\frac{1}{10}$ の4個分，$\frac{3}{10}$ は $\frac{1}{10}$ の3個分ということから，4 + 3 = 7で，$\frac{1}{10}$ の7個分だから $\frac{7}{10}$ になる。

◇ 数直線などの図を使って操作して求める方法

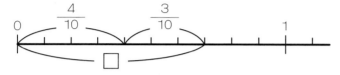

◇ 分数を小数になおす方法

　$\frac{4}{10}$，$\frac{3}{10}$ をそれぞれ小数になおして考えると，0.4 + 0.3 = 0.7で，0.7 は $\frac{7}{10}$ だから $\frac{4}{10} + \frac{3}{10} = \frac{7}{10}$ になる。

　指導に当たっては，◇と◇の考えを関連付けながら，◇の考えと照らし合わせていくことが大切である。そして，量の操作などの具体的な場面と結び付けて，加法の計算の意味を説明できることや，「$\frac{1}{10}$ の何個分」とみる考え方や数直線を用いるなどして，計算の仕方を説明できることが大切である。ここでは，「$\frac{1}{10}$ の何個分」という単位の考えを働かせている。◇の方法については，分数を小数になおすことは，第3学年の分数の学習後に小数の単元で扱うため，ここで取り上げる必要はない。

　子どもの誤答として，分数の加法・減法の計算の場合，分母どうし，分子どうしをそれぞれたしたり，ひいたりすることが考えられる。例えば，$\frac{4}{10} + \frac{3}{10}$ を $\frac{7}{20}$ とする誤答である。この場合は，次のようなことを確認できるようにする。

○ 図や数直線の目盛りは $\frac{1}{10}$ で，たしてもひいても1目盛りの大きさは変わらない。

○ $\frac{1}{10}$ を基にして考えると，4 + 3になるから，分母は変わらない。

　このように，この場合も計算の形式的な指導のみに陥るのではなく，図や具体的な量，既習の考えなどと関連付けて丁寧な指導を行うようにする。

　なお，減法の計算においても，加法と同様に $\frac{1}{10}$ を基にする単位の考えを働かせて指導を行う。

　イ　第4学年「帯分数・仮分数を含む同分母分数の加法・減法の計算」

　帯分数・仮分数を含む同分母分数の加法・減法の計算については，単位の考えを働かせれば，既習の整数や小数，分数の計算と同じように考えられることに気づく。例えば，「1$\frac{2}{5}$ mと

$\frac{4}{5}$mの長さのテープをあわせると何mになるか」という場面を設定する。ここでは，図や式などを用いて，主に次の2通りの解決方法が予想される。

◇ 帯分数を仮分数に変換して，分子どうしを計算する方法

$1\frac{2}{5}$ は $\frac{7}{5}$ だから，$1\frac{2}{5} + \frac{4}{5} = \frac{7}{5} + \frac{4}{5} = \frac{11}{5}$ になる。

◇ 帯分数の整数部分と分数部分は単位が違うことに気づくようにして，整数部分と分数部分を分けて計算する方法

$1\frac{2}{5}$ は $1 + \frac{2}{5}$ だから，$1\frac{2}{5} + \frac{4}{5} = 1 + \frac{2}{5} + \frac{4}{5} = 1 + \frac{6}{5} = 1 + 1 + \frac{1}{5} = 2\frac{1}{5}$ になる。

この両方の考えで解決できるようにする。また，結果が仮分数の場合，その分数の大きさを具体的に把握できるようにするために，帯分数になおす必要性にも気づくことができるようにする。

ウ 第5学年「異分母分数の加法・減法の計算」

異分母分数の加法・減法については，既習の同分母分数の加法・減法に帰着すれば計算ができることを理解できるようにする。異分母分数では，分母を表す数，すなわち単位が違うことからそのままでは計算できないので，同じ単位になおせばよいことに気づくようにする。さらに単位の考えに着目することで，基になる単位の何個分かで計算の仕方を考えられるようにする。

指導に当たっては，例えば「ジュースが入れ物にそれぞれ $\frac{1}{2}$L，$\frac{1}{3}$L入っている。あわせて何Lになるか」という場面を設定すると，式は「$\frac{1}{2} + \frac{1}{3}$」と立てることはできる。しかし，分母が違うことからこのままでは計算できないので，手が止まってしまう子どもが見られる。そこで，同分母であれば計算できたという既習内容を想起できるようにして，類推的な見方・考え方を働かせて，「分母をそろえるにはどうすればよいか」について考えられるようにする。

子どもは，分母が同じであれば計算できることから，大きさの等しい分母の違う分数を見つけ，次のように通分して分母を同じ数にすることが考えられる。

◇ 分母の2と3の公倍数6を分母にすると，$\frac{1}{2} = \frac{3}{6}$，$\frac{1}{3} = \frac{2}{6}$ だから，

$\frac{1}{2} + \frac{1}{3} = \frac{3}{6} + \frac{2}{6} = \frac{5}{6}$

この式については，右の図により，容器のそれぞれの目盛りを6等分に細分しても中身の量は変わらないこと，すなわち，分母をそろえて通分することは，2つの容器の目盛りをあわせることと同じであることを理解することができる。ここには，「単位分数の何個分」

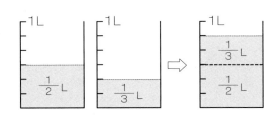

という単位の考えを働かせている。

　このことから，異分母分数の加法・減法の計算は，次のことが加わるだけで，計算を進める手順は同分母分数の場合と同じであることに気づくことができるようにする。
○　計算に先立って通分すること
○　計算の結果が約分できる場合は約分すること

　ここで，通分して分母をそろえて分子どうしの加法・減法をすることは，単位をそろえてから計算するという意味であり，次のように，整数や小数の場合の「位をそろえること」や「小数点の位置をそろえること」と同じであることに気づくことができるようにする。ここには，統合的な見方・考え方を働かせている。

[整数]　300＋200	→100 が（3+2）個分	→100 が5個分
[小数]　0.3＋0.2	→0.1 が（3+2）個分	→0.1 が5個分
[分数]　$\frac{1}{2}+\frac{1}{3}=\frac{3}{6}+\frac{2}{6}$	→$\frac{1}{6}$ が（3+2）個分	→$\frac{1}{6}$ が5個分

　また，異分母分数の減法においても，同様に通分することによって，単位分数の何個分であるかという単位の考えを働かせて計算できるようにする。

　さらに，異分母の帯分数を含む加法・減法の計算も，異分母の真分数や仮分数の計算や，同分母の帯分数を含む計算と同様にすれば，計算できることを理解できるようにする。そのことを通して，帯分数の構造を改めて見直し，それを基に計算の仕方を考えることができる。

（2）小数・分数の乗法・除法の計算
①　小数の乗法・除法の計算
ア　第4学年「小数×整数の計算」

　小数に整数をかける場合の導入は，右の図のように「1本0.6 Lのジュースが4本ある。全部で何Lになるか」という場面を設定し，整数の場合と同じように数直線や言葉の式などを用い

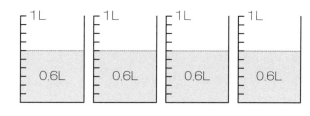

て，「（1個分の量）×（何個分）＝（全体の量）」という乗法の意味に当てはまることを確認できるようにする。そして，図のように「0.6(L)×4(個分)」から「0.6×4」というように，基準量が小数の場合も乗法の関係が成り立つことを理解し，立式へと導くことができるようにする。

　大切となるのは，整数での乗法の計算方法や小数の仕組みの理解を基に，小数の計算の仕方を考えることである。具体的には，次のようである。

◇　0.6を4回たして求める
　　0.6＋0.6＋0.6＋0.6＝2.4　だから，0.6×4＝2.4

◇ 0.6 L を dL の単位になおして考える

　　0.6 L = 6 dL だから，6 × 4 = 24，24dL = 2.4 L だから，0.6 × 4 = 2.4

◇ 0.1 を単位として考える

　　0.6 は 0.1 が 6 個だから，6 × 4 = 24　これは 0.1 が 24 個だから，0.6 × 4 = 2.4

◇ 0.6 を 10 倍して，整数の計算に帰着して考える

　　0.6 を 10 倍して 6　6 × 4 = 24　これを 10 でわって 2.4 だから，0.6 × 4 = 2.4

　ここで，◇，◇，◇のように，被乗数の小数について，0.1 の何個分とみる単位の考えを基に整数化して考えている。ここには類推的な見方・考え方を働かせている。また，この考えはこれからの小数の計算を発展的に考えるための基本になる。

　次に，被乗数を $\frac{1}{100}$ の位まで拡張しても，0.01 を単位として考えて 0.01 の何個分とみる単位の考えを基に整数化して捉えることにより，既習の学習を基に類推的な見方・考え方を働かせることができるようにする。このような考え方を使えば，どんな小数の乗法でも計算できるという一般化の考えを働かせることにつなげることができる。

イ　第4学年「小数（整数）÷整数の計算」

　小数を整数でわる場合の導入も，整数の除法（等分除）と同様に考えればよいことに気づくようにする。指導に当たっては，「3.6 L のジュースを 3 人で同じように分けると，1 人分は何 L になるか」という場面を設定する。そして，そこに見られる数の関係を明らかにするために，次のような数直線から「（全体の量）÷（人数）＝（1 人分の量）」という言葉の式を考え，「3.6 ÷ 3」と立式へ導くことができるようにする。

　そして，その計算の仕方を考えるのであるが，（小数）×（整数）の学習や 0.1 や 0.01 を単位として計算したことを想起できるようにして，（小数）÷（整数）の計算も 0.1 や 0.01 を単位とした考えが使えないかどうかという見通しを立てる活動を大切にする。具体的には，次のような考えが予想される。

㋐ 3.6 L を dL になおして考える

　　3.6 L = 36dL，36 ÷ 3 = 12（dL），12dL = 1.2 L だから，3.6 ÷ 3 = 1.2

㋑ 0.1 L を基にして考える

　　0.1 L を基にして考えると，3.6 は 0.1 が 36 個分になる。
　　36 ÷ 3 = 12 だから，0.1 が 12 個分で 1.2 になる。だから，3.6 ÷ 3 = 1.2

㋒ 3.6 L を 3 L と 6 dL に分けて考える

　　3 ÷ 3 = 1（L）　6 ÷ 3 = 2（dL）
　　1 L + 2 dL = 1.2 L だから，3.6 ÷ 3 = 1.2

◇ 整数部分と小数部分を分けて考える
　　3÷3＝1　0.6÷3は0.1を基にすると，6÷3＝2となり，0.1が2個分だから0.2で，1＋0.2＝1.2

　ここでも，小数の乗法と同様に単位の考えを基にして，0.1を単位として被除数を整数化して考える類推的な見方・考え方を働かせている。そして，整数の計算と同じ手順で計算できるよさに気づくことができる。

ウ　第5学年「小数×小数の計算」

　「小数×整数」の意味は同数累加と捉えられたが，乗数が小数の場合，例えば「×2.3」の場合は2.3回加えることはできない。そこで，乗数が小数の場合でも，乗数が整数と同じように乗法が適用できるという乗法の意味を拡張することがねらいである。

　そのためには，まず，「×小数」を適用する「（1個分の量）×（何個分）＝（全体の量）」の場面を示し，その立式について考える活動を通して，「×整数」と対比できるようにする。その上で，乗数が小数の場合も整数と同じ構造であることを捉え「×小数」の立式へと導くようにする。

　指導に当たっては，「1m80円のリボン2.3mの代金は何円か」という場面を設定する。その解決の見通しを立てる過程で，「×整数」の場面を想起できるようにして，乗法の意味を捉えなおすようにする。

　具体的には，次の2つの場合を対比させながら考えることができるようにする。まず，下の図で「80×2」「80×3」のところが，それぞれ「1mの値段が80円のリボンの2mの代金」「1mの値段が80円のリボンの3mの代金」を表していることを捉えることができる。代金は「80×2＝160」「80×3＝240」とそれぞれ1mの代金の2倍，3倍を求める式を得られたので，代金は「（1mの値段）×（買った長さ）」で求められることを確認できるようにする。

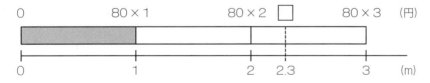

　次に，□（「×2.3」）のところが，「1mの値段が80円のリボン2.3m分の代金」を表していることに気づくことができるようにする。ここで，どちらも1m分の値段が80円のリボンを買った長さに当たる代金を求めているので，同じ構造になっていることが分かる。このことから，3m分の代金は「×3」，すなわち代金は3倍で求められたのと同じように，2.3m分の代金も2.3倍になることから「×2.3」と立式してよいことを理解できるようにする。このことを言葉の式に表すと，次のようになる。

　　　　（1mのリボンの値段）×（買った長さ）＝（代金）

　また，この学習を通して，乗法には「（1個分の量）×（何個分）＝（全体の量）」という

意味があることを改めて理解できるようにすることが大切である。

「×小数」の計算の仕方について，式化した後に，数直線に式や言葉，目盛りを書き込むことで，理由を分かりやすく視覚的に説明できるようにする。例えば，子どもは次のように考えることが予想される。

◇ 2.3mは0.1mの23個分，0.1mの値段を求めて23倍する
　　80 ÷ 10 × 23 = 184

◇ 2mの代金と0.3mの代金の和と考えて，2.3mの代金を求める
　　2mの代金は80 × 2 = 160，0.3mの代金は0.1mの3個分だから，0.1mの代金を求めて3倍する。80 ÷ 10 × 3 = 24だから160 + 24 = 184

◇ 2.3mを10倍して，23m分の代金を求めてから10でわる
　　(80 × 23) ÷ 10 = 184

◇，◇のように，どの考えも整数の乗法になおして考えることができる。ここでは，既習の「乗数を10倍すると積も10倍になる」という乗法の性質を用いて整数の乗法にし，乗数を10倍したから，積を$\frac{1}{10}$にして元の積の式に戻すようにする。このようにして，小数の乗法の計算の仕方を，類推的な見方・考え方を働かせて整数の乗法に帰着して導き出すことができるようにする。

このことにより，長方形や正方形の面積を求める公式，直方体の体積を求める公式が，辺の長さが小数で表されていても成り立つことが明らかにできる。例えば，縦2.3cm，横3.4cmの長方形の面積を考えるとき，右図のように下位単位の「mm」で考えて整数化して既知の方法で求めた数値をcm単位に換算してcm²の単位で面積を求めることができる。具体的には，1辺が1mm（0.1cm）の正方形が縦に23個，横に34個あるから，全体で23 × 34 = 782（個）ある。1辺が1mm（0.1cm）の正方形が100個で1cm²であることから，面積は7.82cm²となる。

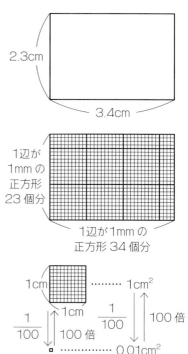

このように，乗法の基本的な意味に戻って考えることにより，辺の長さがどんな小数であっても求積公式が一般的に成り立つことを理解できる。体積でも，単位の考えに基づいて，類推的な見方・考え方を働かせて同様に考えることができる。

エ 第5学年「小数÷小数の計算」

「÷小数」の意味（除法の意味の拡張）は，「×小数」の意味と関連している内容であるので，指導の進め方等は共通するところが多い。除法としては，はじめに等分除を取り上げる。

それは，除法の意味を拡張する必然性の面から効果的に指導できる上に，筆算を進めるときに等分除の方が考えやすいからである。

等分除の除法について，「等分した結果を求める計算」と捉える傾向が強いようであるが，それでは「÷小数」の意味は理解できない。例えば，「÷2」は2等分と考えることができるが，「÷2.5」は2.5等分とは考えられないからである。そこで，除数が小数の場合でも，除数が整数と同じように除法が適用できるという除法の意味を拡張することをねらいとする。

そのためには，まず「÷小数」を適用する「（全体の量）÷（何個分）＝（1個分の量）」について場面を設定し，その立式について考える活動を通して，「÷整数」と対比できるようにする。その上で，除数が小数の場合も整数と同じ構造であることから，「÷小数」の立式へと導くようにする。

指導に当たっては，「2.5mの代金が300円のリボン1mの値段は何円か」という場面を設定する。その解決の見通しを考える過程において，「÷整数」の場面を想起できるようにして，除法の意味を捉えなおすようにする。

具体的には，次の2つの場合を対比させながら考えることができるようにする。まず，右の図aは，「÷整数」について，「2mの代金が300円のリボン1mの値段」を表している。そして，1mの値段は「300÷2」で求められたので，1mの値段は，「（代金）÷（買った長さ）」で求められることを理解できるようにする。

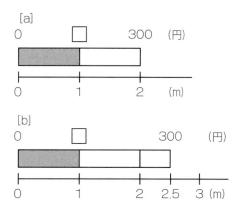

次に，図bは，「÷小数」について，「2.5mの代金が300円のリボン1mの値段」を表している。この2つの場合を対比すると，どちらも買った長さとその代金から，1m分の値段を求めているので，同じ構造になっていることが分かる。このことから2m買ったときの1mの値段は「÷2」で求められたのと同様に，2.5m買ったときの1mの値段も「÷2.5」と立式してよいことを理解できるようにする。

このことを言葉の式に表すと，次のようになる。

　　　　（代金）÷（買った長さ）＝（1mの値段）

この過程を踏まえて，等分除の意味を一般化し，基本的に「（全体の量）÷（何個分）＝（1個分の量）」という意味があることを理解できるようにする。

「÷小数」の計算の仕方について，式化した後に，数直線に式や言葉，目盛りを書き込む活動を通して，理由を分かりやすく視覚化して説明できるようにする。例えば，子どもは次のように考えることが予想される。

　　◇　0.1m分の値段を求めて10倍する

　　　　2.5mは0.1mの25個分だから，300÷25＝12，12×10＝120

◇ 25mの代金を求めて25でわる

2.5mは300円だから，25mは 300 × 10 = 3000，3000 ÷ 25 = 120

◇ 2.5を10倍して，300も10倍して商を求める

2.5 × 10 = 25，300 × 10 = 3000，3000 ÷ 25 = 120

◇ 2.5を4倍して，300も4倍して商を求める

2.5 × 4 = 10，300 × 4 = 1200，1200 ÷ 10 = 120

◇は2.5の数が変わると使えないことから一般的に言えるのは，◇，◇，◇になり，類推的な見方・考え方を働かせて，整数の除法に帰着できるようにする。なお，乗法では，被乗数と乗数ともに10倍すると積が100倍になることから，除法も同様に考える子どもがいることが予想される。ここでは，◇と◇のように，除法は被除数と除数に同じ数をかけたり，同じ数でわったりしても商の大きさは変わらないことを確実に理解できるようにする。

② 分数の乗法・除法の計算

ア 第6学年「分数×整数の計算」

分数の乗法・除法は，整数の乗法・除法における考え方に帰着して考えることが大切であり，ここでは，被乗（除）数を分数に拡張したときの式の表している意味と計算の仕方を理解できるようにすることがねらいである。被乗（除）数を整数から小数や分数に拡張することは比較的容易である。その上に「小数×整数」を既に学習しているので，小数を分数に置き換えて「分数×整数」の意味を理解することも容易にできる。「分数÷整数」も乗法の場合と同様と考えられる。

指導に当たっては，「1dLで $\frac{2}{5}$ m² 塗れるペンキがある。このペンキ2dLでは何m²塗れるか」という場面を設定する。その立式について，右の図のように，数直線を用いたり，分数を小数に置き換えたりして考えることができるようにする。ここで，「基準量（1dLで塗れる面積）× 2dL = 比較量（2dLで塗れる面積）」を確認し，そのことを立式の根拠として「$\frac{2}{5}$ × 2」と考えることができるようにする。

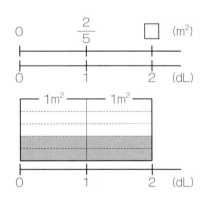

計算の仕方について，子どもは，面積図を用いて次のように考えることが予想される。

◇ 2dLで塗れる面積は，$\frac{1}{5}$を単位とすると，2 × 2 = 4で4個分になるから $\frac{4}{5}$ m²

◇ $\frac{2}{5}$ は，$\frac{1}{5}$ の2個分でその2倍だから，$\frac{2}{5} × 2 = \frac{1}{5} × (2 × 2)$，$\frac{1}{5}$ の4個分で $\frac{4}{5}$ m²

この両者ともに単位分数のいくつ分と捉え，整数の乗法に帰着して考えていることが分かる。つまり，$\frac{2}{5} × 2$ は $\frac{1}{5}$ の2個分の2倍であるから，$\frac{1}{5} × (2 × 2)$ と捉えることである。

ここでは，単位分数の何個分という考えを面積図で理解できるようにすることが大切である。その上で，「2×2」は，被乗数の分子に乗数をかけることであることを理解できるようにする。

イ　第6学年「分数÷整数の計算」

「分数÷整数」において，それまでの「分数×整数」の計算が分子に乗数をかけたことから，分子を除数でわればよいと考えるのが自然である。そこで，まずは，分子が除数でわり切れる場合について式の意味と計算の仕方を考えることができるようにする。その後，分子が除数でわり切れない場合について，計算の仕方を考えることで，分母に除数をかけるという一般的な計算方法を導くようにする。ここでは，後者の分子が除数でわり切れない場合である「$\frac{4}{5} \div 3$」の計算の仕方について事例を挙げる。

指導に当たっては，「3 dLで$\frac{4}{5}$ m² 塗れたときの1 dLで塗れる面積は何m²か」という場面を設定する。そして，この立式について「$\frac{4}{5} \div 3$」となる。この場合，分子÷除数がわり切れず，うまく計算できないことから，下の図のように面積図を提示して，$\frac{4}{5}$を3でわった部分がどこか色を塗らせて，単位分数が$\frac{1}{15}$であることに気づくようにする。そのことから，分子が3でわり切れるようにする工夫を考える。具体的には次のように考えることが予想される。

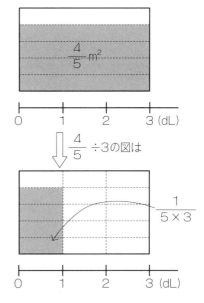

◇　右の面積図で考えると，$\frac{4}{5}$を3等分すると，一番小さなますが$\frac{1}{15}$になる。それが4個だから$\frac{4}{15}$となる。

◇　除法の性質を用いて「整数÷整数」の形になおして考える。
$$\frac{4}{5} \div 3 = (\frac{4}{5} \times 5) \div (3 \times 5) = 4 \div 15 = \frac{4}{15}$$

◇　分子が3でわれるように同じ大きさの分数を考える。
$\frac{4}{5} = \frac{8}{10} = \frac{12}{15}$だから，
$$\frac{4}{5} \div 3 = \frac{4 \times 3}{5 \times 3} \div 3 = \frac{4 \times 3 \div 3}{5 \times 3} = \frac{4}{5 \times 3}$$
$= \frac{4}{15}$となる。

◇について，式と面積図とを関連付けて考えることができるようにすると，分母の5×3が，面積図では一番小さなますの数を表していることが分かる。また，分子が除数でわり切れる「$\frac{4}{5} \div 2$」の計算も同様に，分子と分母に除数の2をかけても求めることができることから，計算方法の一般化を図り，分母に除数をかける方法は，分子がどんな数でも使えるということを理解できるようにする。

ウ 第6学年「分数×分数の計算」

「×分数」の計算は、これまで学習した整数や小数の乗法を基にして、乗数が分数の場合にも乗法の意味を理解できるようにすることがねらいである。整数の範囲では同数累加（同じ数を何回も加えること）であった乗法の意味を、第5学年の「×小数」の学習で、乗法の意味を「（1個分の量）×（何個分）＝（全体の量）」へ拡張した。そして、その乗法の意味は、「×分数」においても同様であることを理解できるようにする。

しかし、乗数を整数から分数に拡張することは、子どもにとって決して容易なものではない。そのため、「×整数」や「×小数」の場合を関連付けながら学習を進めることが大切である。そこでは、言葉の式や数直線、面積図、さらには乗法の性質も利用しながら、「×分数」においても被乗数、乗数と積の関係は、整数や小数の場合と同様であることと捉えることができるようにする。

指導に当たっては、「1dLで板を $\frac{4}{5}$ m² 塗れるペンキ $\frac{2}{3}$ dLの塗れる面積は何m²か」という場面を設定する。この演算について、「2dL分で塗れる面積」を求める場合は乗法であったことを想起できるようにして、「$\frac{2}{3}$ dL分の面積」を求める場合を考える。そうすると、子どもは、ペンキの量が「2dL」から「$\frac{2}{3}$ dL」に変わっただけで、塗れる面積を求めることは変わっていないことから、次のように考えて立式することが予想される。

◇㋐ 2dLならば $\frac{4}{5} \times 2$ になるので、$\frac{2}{3}$ dLならば $\frac{4}{5} \times \frac{2}{3}$

◇㋑ （1dLで塗れる面積）×（使う量）＝
（塗れる面積）だから、$\frac{4}{5} \times \frac{2}{3}$

◇㋒ 右の数直線で、$\frac{2}{3}$ dLで塗れる面積は、
1dLで塗れる面積の $\frac{2}{3}$ 倍だから、かけ
算になるので、$\frac{4}{5} \times \frac{2}{3}$

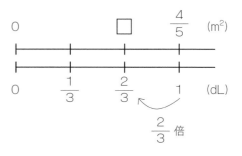

このように、乗法になる根拠を整数の乗法と関連付け、類推的な見方・考え方を働かせて言葉の式や数直線を用いて説明できるようにする。

次に、立式した「$\frac{4}{5} \times \frac{2}{3}$」の計算の仕方について、「×小数」の計算の仕方を想起できるようにして、「分数×整数」「分数÷整数」の形に式をなおせば計算できることを確認することで、解決への見通しをもちやすくなる。そうすると、次ページのように考えることが予想される。

㋐ 次の図 a から図 c の面積図と数直線を使って説明する。

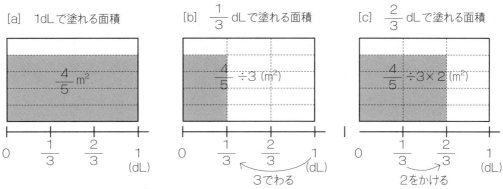

1dL で塗れる面積は $\frac{4}{5}$ m² (図 a) だから, $\frac{1}{3}$ dL で塗れる面積はそれを 3 でわる。(図 b)

$$\frac{4}{5} \div 3 = \frac{4}{5 \times 3}$$

$\frac{2}{3}$ dL で塗れる面積は, その 2 倍だから 2 をかける。(図 c)

$$\frac{4}{5 \times 3} \times 2 = \frac{4 \times 2}{5 \times 3}$$

だから, $\frac{4}{5} \times \frac{2}{3} = (\frac{4}{5} \div 3) \times 2 = \frac{4}{5 \times 3} \times 2 = \frac{4 \times 2}{5 \times 3} = \frac{8}{15}$

㋑ 乗数 $\frac{2}{3}$ を整数になおせば計算できる。乗法の性質を使い, 乗数を n 倍すれば積も n 倍になるので, $\frac{2}{3}$ を 3 倍して, 最後に積を 3 でわる。

$$\frac{4}{5} \times \frac{2}{3} = \frac{4}{5} \times (\frac{2}{3} \times 3) \div 3 = \frac{4}{5} \times 2 \div 3 = \frac{4 \times 2}{5 \times 3} = \frac{8}{15}$$

㋐は, 単位分数に当たる量に着目して, その何倍かに当たる量を求める方法で, 面積図と式とを照らし合わせることで理解することができる。㋑は, 乗数を整数になおすために乗法の性質を用いて, 乗数について分数×整数÷整数へと導く方法である。この方法は, 類推的な見方・考え方を働かせて, 既習の「分数×整数」の計算に帰着して考えている。

どちらの方法も, 式を見直すと「分数×分数の計算は, 分母どうし, 分子どうしをかける」とまとめることができ,「分数×分数」の計算の仕方について一般化を図ることができる。

エ　第6学年「分数÷分数の計算」

これまでの整数, 小数, 分数の乗法の学習の中で, 乗法の意味を「(1個分の量)×(何個分)＝(全体の量)」と捉えてきた。ここでは, 第5学年の小数の除法の意味を基に考え, 除法の意味を乗法の逆として捉え,「何個分」を求める場合と「1個分の量」を求める場合を理解できるようにすることが大切である。

「÷分数」の計算の仕方について, 第5学年で「÷小数」の計算の仕方を導き出した学習と同様に, 既習の「分数÷整数」の考え方を基にして導き出すことができるようにする。すなわち, 除数, 被除数に同じ数をかけても, 同じ数でわっても商は変わらないという除法の性質を用いることで計算の仕方を説明できるようにする。

指導に当たっては「$\frac{3}{4}$dLのペンキで板を$\frac{2}{5}$m²塗れた。このペンキ１dLでは板を何m²塗れるか」という場面を設定する。この演算について，「２dLのペンキで板を$\frac{2}{5}$m²塗ったときの１dLで塗れる面積」を求める場合は「$\frac{2}{5}$÷２」になったことを想起できるようにすると，子どもはペンキの量が「２dL」から「$\frac{3}{4}$dL」に変わっただけで，１dLで塗れる面積を求めることは変わっていないことから，次のように考えることが予想される。

◇ ペンキ２dLで$\frac{2}{5}$m²を塗ったとしたら，１dLで塗れる面積を求めるには，$\frac{2}{5}$m²を２でわればよい。２dLが$\frac{3}{4}$dLになっただけだから，同様にわり算の式になる。

◇ 言葉の式で表すと，(塗った面積)÷(使った量)＝(１dLで塗れる面積)だから，$\frac{2}{5}÷\frac{3}{4}$になる。

◇ 右の数直線を使って，１dLで塗れる面積を□m²とすると，$□×\frac{3}{4}=\frac{2}{5}$だから，□を求める式は，$\frac{2}{5}÷\frac{3}{4}$になる。

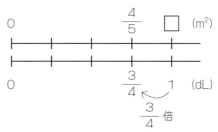

このように，除法になる根拠を◇のように「÷整数」の除法と関連付けたり，◇のように言葉の式や数直線を用いたりして説明できるようにする。ここで，改めて◇の数直線を見ると，２などの整数でわる除法でも，$\frac{3}{4}$などの分数でわる除法でも，「１に当たる大きさ」を求めていることが分かる。このことは，除法が「１個分の量」を求めている演算であることを十分に理解できるようにする。

次に，立式した「$\frac{2}{5}÷\frac{3}{4}$」の計算については，単位分数に着目したり，除法の性質を基にしたりして考え，類推的な見方・考え方を働かせて既習の計算に帰着することで計算方法を導き出していくことができる。これは，分数の乗法と同様である。そして，次のように考えることが予想される。

◇ 次の図ａから図ｃの面積図と数直線を使って説明する。

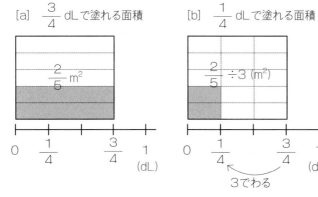
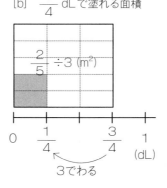
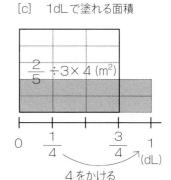

$\dfrac{3}{4}$ dL で塗れる面積は $\dfrac{2}{5}$ m² （図 a ）だから，$\dfrac{1}{4}$ dL で塗れる面積は，それを 3 でわればよい。（図 b ）

$$\dfrac{2}{5} \div 3 = \dfrac{2}{5 \times 3}$$

1 dL で塗れる面積は，その 4 倍だから 4 をかける。（図 c ）

$$\dfrac{2}{5 \times 3} \times 4 = \dfrac{2 \times 4}{5 \times 3}$$

だから，$\dfrac{2}{5} \div \dfrac{3}{4} = \left(\dfrac{2}{5} \div 3 \right) \times 4 = \dfrac{2}{5 \times 3} \times 4 = \dfrac{2 \times 4}{5 \times 3} = \dfrac{8}{15}$

◇ 「÷小数」の計算の仕方を考えたときと同様に，除法は，被除数と除数に同じ数をかけても商は変わらない（除法の性質）から，除数 $\dfrac{3}{4}$ を整数になおすために，被除数と除数に 4 をかける。

$$\dfrac{2}{5} \div \dfrac{3}{4} = \left(\dfrac{2}{5} \times 4 \right) \div \left(\dfrac{3}{4} \times 4 \right) = \left(\dfrac{2}{5} \times 4 \right) \div 3$$
$$= \dfrac{2 \times 4}{5} \div 3 = \dfrac{2 \times 4}{5 \times 3} = \dfrac{8}{15}$$

◇ 除数を整数になおすためには，除数を 1 にするとわり算は最も簡単になるから，除数の逆数を，被除数と除数にかける。

$$\dfrac{2}{5} \div \dfrac{3}{4} = \left(\dfrac{2}{5} \times \dfrac{4}{3} \right) \div \left(\dfrac{3}{4} \times \dfrac{4}{3} \right) = \left(\dfrac{2}{5} \times \dfrac{4}{3} \right) \div 1$$
$$= \dfrac{2}{5} \times \dfrac{4}{3} = \dfrac{2 \times 4}{5 \times 3} = \dfrac{8}{15}$$

◇は，単位分数に当たる量に着目して，その何倍かに当たる量を求める方法で，面積図と式とを照らし合わせることで理解できるようにする。◇は，除法の性質を基にして，除数を整数に直すために除数の分母の数を，被除数，除数それぞれにかける方法である。◇は，◇のより簡単な方法を考え，除数の逆数を，被除数，除数それぞれにかけ，一般化を図る方法である。これらの共通点である最後の式が $\dfrac{2 \times 4}{5 \times 3}$ になっていることから，分数でわる計算は，除数の逆数をかけることに気づくことができるようにする。

なお，分数と整数の乗法・除法の計算については，分数×整数，整数×分数，分数×分数，分数÷整数，整数÷分数，分数÷分数である。これらの計算について，次のように捉えなおすことができる。

・整数は，分母が 1 の分数と捉えて分数になおす

・「÷分数」は，逆数のかけ算になおす

このことから，6 つの計算はすべて「分数×分数」に統合的な見方・考え方を働かせて捉えなおすことにより理解を深めることができる。

6 図形の概念形成（第1〜3学年）の指導

1　図形の概念形成（第1〜3学年）の指導

　図形の学習では、まず、図形の構成要素に着目して、共通な性質を取り出して定義を明確にする。次に、その定義に基づいて図形を弁別したり、構成したり、図形の性質を見いだしたりする。このような過程を通して、図形の理解を深め、図形の概念形成は図られていく。

　その過程では、具体的な操作などの活動により、図形に興味・関心をもって親しむ中で、その特徴に気づき、仲間分けをしていく。そして、その図形に名称が付けられる。そこでは、いくつかの具体的な図形について、共通する一般的な事柄を見いだす帰納的な見方・考え方や、共通する特徴を基にして仲間づくりをする集合の考えを働かせている。

　特に、集合の考えについて、観点とされるのは主に図形の構成要素である。第1学年では、「しかく」「さんかく」等から「しかくい箱」「さんかくの山」のように、ものの形を捉える程度のことであるが、第2学年では、図形の構成要素に基づいた概念形成が図られる。そこでは、図形の構成要素の数（辺の数）に着目して「三角形」「四角形」が定義される。その後、「直角」の要素が加わり、図形の構成要素の大きさ（辺の長さ、辺の相等）に着目して「長方形」「正方形」が定義される。また、第3学年では、円の性質と関連を図りながら、辺の相等に着目して「二等辺三角形」「正三角形」が定義される。そして、第4学年では、図形の構成要素の位置関係（平行）に着目して「平行四辺形」「台形」等へと概念形成され、深められていく。

　また、第2学年での長方形や正方形について、折り紙等で作る活動や、第3学年での二等辺三角形や正三角形の作図において、その根拠を明確にして説明する活動が求められる。そこでは、構成の仕方を筋道立てて考える演繹的な見方・考え方を働かせている。

　その他、ものの色、大きさ、材質や置かれた位置などの属性を徐々に捨象し、形のみを認め、形の特徴について捉える一般化の考えも、第1学年から第3学年における図形の概念形成を図る上で働かせている。

　このように、第1学年から第3学年における図形の概念形成では、様々な数学的な見方・考え方を効果的に働かせることで、「深い学び」に迫っていくことができる。また、そのことを通して、数学的な見方・考え方を育てることができ、より豊かにすることにもつながる。そこで、その具体的な指導はどのようにあるべきかについて考える。

2　図形の概念形成（第1〜3学年）の指導上の問題点

（1）図形の名称は言えるが，構成要素に着目した説明ができない

　第1学年では，図形に興味・関心をもち図形に親しみながら，その特徴をつかみ図形の仲間分けをし，その図形に名称を付ける。例えば，「しかくいけしごむ」「さんかくおにぎり」「まるいかお」などの形を表現する日常の言葉を使って，ものの形を捉えていく。そして，第2学年では，直線を学習して，その構成要素となる直線に囲まれた図形として，様々な形や大きさの三角形や四角形を仲間分けすることを通して，三角形や四角形を定義していく。そして，いろいろな図形を三角形や四角形に弁別することで概念形成を図っていく。また，直角に着目して正方形や長方形，直角三角形も定義される。

　特に，この第2学年では「かたち」から「図形」へと概念形成が図られる。そのため，辺はまっすぐでなければならなく，頂点もとがっていなければならない。もちろん直線で囲まれていなければならないことからも，図形としての厳密性が問われる。つまり，日常的なものから次第に数学的なものになっていく。また，用語が代表する条件に，個々の図形が適合するかしないかも判断できることや，その適合する理由をはっきり説明できること等が求められる。しかし，このような図形の概念を形成する数学化の過程で，戸惑う子どもがいることは確かである。それは，これまで形を漠然としか捉えていなかったものを，弁別をする観点として，辺や頂点の数，また辺の長さ，角の大きさになかなか着目できないからである。そのため，用語の条件に適合しているかどうかについて説明できないことがある。

（2）コンパスの使い方とその意味が理解できていない

　第3学年では，コンパスを使って円をかいたり，二等辺三角形，正三角形をかいたりする。しかし，コンパスを使って円をかくことは簡単なようであるが，子どもにとっては中心をあわせることや，軸を回してかくことなどは技術的な難しさを感じるものである。

　また，コンパスは円をかく道具として理解されているが，子どもは，円といっても丸い形として捉えがちであり，丸い形の模様をかくときに用いるものという印象が強い。そのため，円は「ある定点から等しい距離にある点の集合」として捉えることができているとは言えないことがある。また，コンパスで中心や半径を視覚的に分かるようにするには困難さがあり，子どもにとって半径を意識してから作図することは難しくなっている。そのため，円や半径の概念が理解されにくい状態にあると言える。指導としては，中心を指定して半径を意識して丸い形をかく活動や，簡易コンパスを使った活動に取り組むことが求められる。

　また，二等辺三角形や正三角形の作図には，コンパスで辺の長さを移す働きがあることも理解されていないこともあり，辺を移すとき，少しの円弧をかけばよいところを全円をかいている子どもも見かける。それらは，教師の示す作図の手順を模倣して作図し，それを覚えているだけの指導が要因となっていることがある。

3 図形の概念形成（第1～3学年）の指導に関連する指導学年

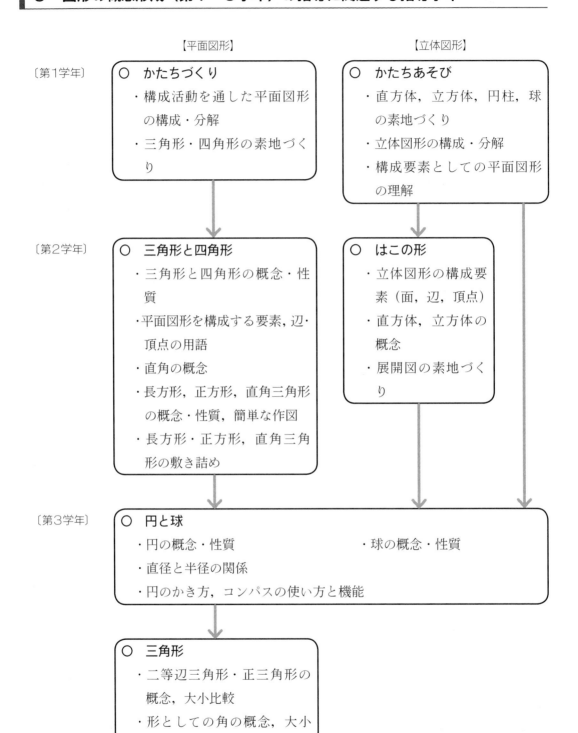

4　図形の概念形成（第1～3学年）の指導と数学的な見方・考え方

（1）図形の概念形成について

　図形の概念形成については、まず、ものの色、大きさ、材質や置かれた位置に関係なく、形を認め、形の特徴について捉えていくことから始まる。そして、学年が上がり、学習が進む中で、図形の構成要素に着目したり、図形を分析し考察するための着眼点が広がったりするなど、数学的な見方・考え方を働かせて次第に深まっていく。その過程では、平面図形や立体図形について具体的な操作などの活動を通して、集合の考えを働かせて、次の①、②のように図形の定義と性質を考察する学習が進められる。

　①　ある図形がどのような約束（定義）によって名称が付けられているのかを理解できるようにする。
　②　定義された図形が、どのような性質をもっているのかを調べて理解できるようにする。

　①については、いくつかの具体的な図形について、共通する一般的な事柄を見いだすという帰納的な見方・考え方を働かせることが大切になる。例えば、第1学年で、身の回りにあるいろいろなものの形を観察したり、色板や数え棒を使ったりしていろいろな形を構成したりする具体的な操作などの活動を行う。第2学年で、直線の数に着目して、三角形や四角形の形をした具体物の特徴を基に仲間分けをする活動を通して、三角形や四角形の名称を付けて定義する。そして、第3学年で、円の性質と関連を図りながら、辺の相等に着目して、二等辺三角形と正三角形を定義する。ここでは、この①の過程を中心に述べる。

　②については、既に正しいことが明らかになっている事柄を基にして、別の新しい事柄が正しいことを説明するという演繹的な見方・考え方を働かせることが大切になる。例えば、平行四辺形を定義した後に、向かい合う辺の長さや向かい合う角の大きさについて調べる学習をする。そのことを通して、平行四辺形の性質である、向かい合う辺や角の相等を理解できる。これについては、本書第2章「7　図形の概念形成（第4～6学年）の指導」で中心に述べる。

（2）第1学年「かたちあそび」（立体図形）

　子どもは、身の回りの形について、これまでの生活経験からある程度の認識をもっている。例えば、遊びの経験から、折り紙を「ましかくなかみ」とか、山を「さんかくのやま」と言うなど、「さんかく」「しかく」「まる」などの形を言葉で表現できる。しかし、その認識は漠然としていて、大きさや色、材質などが混在したものになっていることがあり、一般化して図形を捉えているとは言えない。

　この単元では、そのような実態を踏まえつつ、具体的な操作などの活動を通して、図形を弁別する力と直観力を伸ばし、図形の概念形成を進める認識の芽を育てていくことがねらいである。

指導に当たっては，まず身の回りの中から集めたいろいろな箱や容器などを使って，子どものイメージを大切にして好きなものを作る場面を設定する。例えば，右の絵のように「東京スカイツリーみたいな塔を作るには，高く積み上げられるものがよいから，どんな形の箱を使おうか」などと考えながら形を組み立てる活動を大切にする。さらに，「すべり台でものをすべらせるには，どんな形がすべりやすいか」など，形のもつ機能の違いを明確にできるようにする。

そのような活動を通して，使ったものの形の特徴や機能に焦点を当てて形を弁別すると，次のように，いろいろな観点で仲間分けをして整理できる。つまり，具体的な操作などの活動を通して立体図形に対して集合の考えを働かせることができる。

- ◇ 転がるものと，転がらないもの
- ◇ 積むことができるものと，積むことができないもの
- ◇ 細長いものと，そうでないもの
- ◇ ボール（球）のような形と，さいころ（立方体）のような形と，長四角の箱（直方体）のような形
- ◇ ボール（球）のような形と，筒（円柱）のような形と，箱（直方体）のような形

ここでは，子どもがどのようなものを使って何を作ったかを話し合うことができるようにする。その際に，図形をどのような見方をして仲間分けしたかを表現する言葉を引き出すようにする。なお，仲間分けの仕方，仲間分けしたものに付ける名称は，子どもが根拠をもって説明できるものは認め，できる限り子ども自身で表現できるようにする。

次に，立体の面を写し取って絵をかく活動を行うことにより，立体図形の中に平面図形があること，立体図形は平面図形で構成されていることを理解できるようにする。例えば，右のような長方形や円を組み合わせて，子どもがバスの絵をかいたとすれば，バスの車体の一側面を抽象化して長方形として捉えていることが分かる。このときに，逆に長方形を見てバスの車体の一面として捉えることもできるようになる。こうした活動を通して，平面図形を立体図形の一側面として捉える素地づくりをすることができる。

このような活動を通して，ものの色，大きさ，材質や置かれた位置などの属性を徐々に捨象し，形のみに意識を向けることができるようにする。また，立体図形の名称は，具体物に即して「はこのかたち」「さいころのかたち」「つつのかたち」，平面図形の名称は「しかく」「さんかく」「まる」などの日常語を用いるようにする。

（3）第1学年「かたちづくり」（平面図形）

　この単元では，色板や折り紙，数え棒やひごを用いたり，格子点を直線で結んで作図したりする中で，基本図形を基にいろいろな形が構成されることを理解できるようにする。ここでは，図形の定義や性質については直接触れないが，いろいろな活動を通して平面図形に親しむ中で，図形についての感覚を豊かにすることがねらいである。そして，板を面，棒を辺，格子点を頂点として捉えられるようにするなど，図形の基礎となる経験ができるようにする。

　図形の構成については，「色板を並べる，分解する」「紙を折る，切る」「数え棒やひごで形を作る」「格子点を結ぶ」などの活動が主なものである。これらの構成を通して，作った形の概形を観察したり，一部を移動したり，回転したりすることによって別の形ができることを経験したり，輪郭だけでできている形の観察を通して辺などの図形の要素にも徐々に着目したりすることができるようにする。そのような図形の基礎的な理解を深められるように，次のような点に留意する。

○　ただ単に好きな形を作るのではなく，色板の形や枚数を指定するなどの条件を与えてその中での活動が工夫できるようにする。

○　できあがった形を観察して，その概形やどのような図形で合成されてできているか，図形のつながり方はどのようになっているかなどを話し合う場を設定する。

　図形の操作については，「並べる」「分解する」「折る」「切る」「かく」「移動する」などを通した具体的な操作などの活動が中心となる。その中の「移動する」には，次の図のように，「ずらす（平行移動）」「回す（回転移動）」「裏返す（対称移動）」といった向きや位置を変えることで，新たな形が生み出される面白さを経験できるようにする。

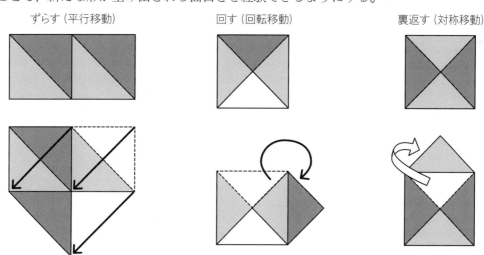

　また，ここでは，直線で構成された形を面で表された形と同様にみることが求められる。そのためには，例えば，色板で作った形と似た形を作る活動の中で，数え棒を用いて作ったのであれば，その囲みの中が詰まっていることを意識しながら構成する活動ができるようにすることが大切である。なお，数え棒で図形を構成する際には，その端と端をくっつけて閉

じた形とすることも意識できるようにする。

　これらについては，子ども自らが具体的な操作などの活動を通して気づくことができるようにする。このような経験は，図形の合同や対称，面積の学習における保存性や等積変形などにつながっていく。また，図形の概念形成の理解や，図形の論理的な考察にもつながる素地的な経験となる。

（4）第2学年「三角形と四角形」（平面図形）

　この単元では，図形を構成する要素に着目して，三角形，四角形などの図形について理解できるようにすることがねらいである。平面図形としては，三角形，四角形，長方形，正方形，直角三角形について学習する。

　ここでは，格子状に並んだ点を使って，図形の頂点となる点と点を結んで直線を引き，3本の直線で囲まれている形を「三角形」，4本の直線で囲まれている形を「四角形」というように，図形を構成する要素である「辺」の数によって定義する。そして，いろいろな図形を三角形や四角形に弁別していく。

　しかし，子どもは，「さんかく」と「三角形」の違い，「しかく」と「四角形」の違い，すなわち「形」と「図形」の違いについて読み方が変わった程度しか感じていないことが多い。

　この状態で，教師が形式的に定義を言葉で伝えるのみでは子どもの理解につながらないことは予想できる。

　そこで，右の図のような様々な形の中から，類似点や相違点を見つける場面を設定する。ここでは，辺に当たる部分が直線であるか，直線の本数がいくつか，直線によって囲まれている閉じた状態であるかなどを判

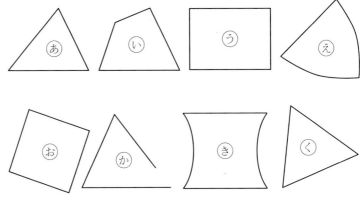

断し，あくが「三角形」，いうおが「四角形」であることを理解できるようにする。

　また，図形の構成要素である「頂点」にも着目して，三角形や四角形で辺の数と頂点の数は同じになることを捉えられるようにする。例えば，おの場合は辺の数が4本であり，頂点の数が4つとなり，両者が同数になることから，いうと同じ「四角形」の仲間とすることができる。こうした段階を通して，次第に集合の考えを働かせることができるようにする。

　さらに，不定形の紙を2回折る活動を通して，平角（180度）を2等分したものを「直角」と定義し，具体的な操作などの活動を通して直角の概念が深まるようにする。その上で，直角や辺の長さという構成要素を視点に四角形について弁別する。具体的には，4つのかどが直角である四角形を「長方形」と定義する。この場合も，不定形の紙を折って直角のかどが

4つある四角形（長方形）を作る活動により，実感を伴って理解できるようにする。そのことで，もう1つの構成要素である辺の長さにも気づきやすくなる。その上で，4つのかどが直角で4つの辺の長さが同じ四角形を「正方形」と定義する。

次の図は，不定形の紙を使った直角，長方形の作り方と，長方形の紙を使った正方形の作り方である。

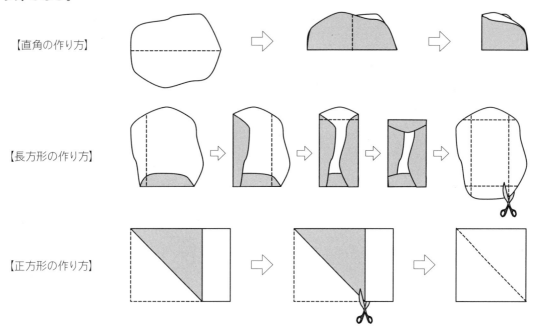

そして，でき上がった長方形や正方形のかどの形を調べたり，辺の長さを比べたりすることで，それぞれの図形の性質を理解できるようにする。また，長方形や正方形を対角線で2つに切って三角形を作る具体的な操作などの活動により，直角のかどがある三角形を「直角三角形」と定義する。

ここで，学習する図形はどれも直角をもつことから，互いの関連性を意識できるようにする。例えば，正方形は長方形の辺がすべて同じ長さにしたものという見方や，合同な直角三角形を2つ組み合わせると正方形や長方形になるという見方ができるようにする。そのためにも，長方形から正方形を切り出したり，長方形や正方形を分解したり，直角三角形を使って長方形や正方形を構成したりする活動が大切になる。このような活動を通して，正方形から直角の条件を変えれば，ひし形になるという見方につながっていく。

この単元では，はじめて図形の名称について定義付けられる。定義と性質について，例えば，ここでは，長方形は「4つの角が直角になっている四角形を長方形という」が定義であり，「長方形は向かい合う辺の長さが等しい」が性質である。中学校では，定義から性質を論理的に導くが，小学校では，「長方形を折ると向かい合う辺がぴったり重なる」というように，主に具体的な操作などの活動を通して実測から性質を見いだすことを大切にする。そのため，定義と性質を明確に区別する意味は小学校の段階ではあまりない。このことから，子どもに

とって，定義については「長方形はどんな図形か」が言えればよく，性質については，実際に操作を通して実感的に理解できる程度で十分である。また，弁別についての根拠は，定義からでも性質からでもよいことになる。

図形の用語については，いろいろな図形を大きさ，位置，方向，色などを捨象して，図形の構成要素（辺，頂点，角）に着目し集合の考えを働かせて弁別できるようにする。そのためには，用語が示す条件に，個々の図形が適合するかどうかを判断できるようにすることが大切である。それは直観だけではなく，適合する理由を明確に述べられるようにすることであり，そのことで，図形の概念についての理解を深めることができる。

なお，弁別の観点は，図形の「構成要素の数」に着目することであったり，辺の長さや角の大きさなどの「構成要素の大きさ」であったり，辺の平行・垂直といった「構成要素の位置関係」であったりする。具体的には，三角形，四角形等の弁別の観点は辺や頂点の数であるが，長方形・正方形の向かい合う辺の長さや隣り合う辺の長さが等しいかどうかについては，辺の長さ（大きさ）に着目した弁別である。また，第4学年の平行四辺形や台形などは構成要素の位置関係（平行）による弁別となる。

（5）第2学年「はこの形」（立体図形）

この単元では，箱の形として，直方体や立方体の初歩的な概念，直方体や立方体の構成要素（面，辺，頂点），箱作りを通した平面図形と立体図形の関係を理解できるようにすることがねらいである。

指導に当たっては，身の回りにある箱を集めて，その特徴を調べて箱を作る具体的な操作などの活動を通して，実感を伴った理解を図ることができるようにする。具体的には次の①から④のような活動を展開する。

① 直方体や立方体の箱の面の形や数を観察する。
② 箱のすべての面の形を紙に写し取る。
③ 写し取った面を切り取り，それらをつなぎ合わせて箱を組み立てる。（面構成）
④ ひごと粘土玉を用いて箱の骨格模型を作る。（線構成，点構成）

ここで，②，③の活動では，平面図形と立体図形との関係について，立体図形の構成要素である面に着目して立体図形を捉えられるようにする。特に，②の活動では，用語として「面」を知らせ，次の図のように，紙に写し取り表現できるようにすることで，子どもは次の事柄に気づくことが予想される。

◇ 図 a の直方体には，面が6つあり，向かい合った2つの面は合同である。
◇ 図 b の立方体には，合同な正方形の面が6つある。

[a] 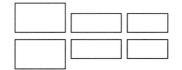 [b]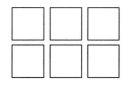

また、③の活動では、子どもが念頭でイメージして操作することができるようにする。切り取った面をどのように並べれば元の直方体になるか、どの辺とどの辺を組み合わせるとよいか、どの面とどの面を隣り合わせるとよいかなどを考えながら箱を組み立てることができるようにする。ただし、この第2学年では、試行錯誤して6つの面のつながりを見いだすことがねらいであり、第4学年で学習する展開図を指導する必要はない。

　④の活動では、次の図のように立体図形の構成要素の辺や頂点に着目して立体を捉えられるようにする。事前に「どのような長さのひごが必要か」「それが何本いるか」「粘土玉はいくつ必要か」について、見通しをもてるようにしてから活動することで、箱の形についての辺や頂点に対する理解を深めることができる。

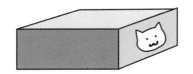
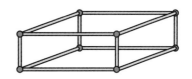

　具体的には、子どもは次のことに気づくことが予想される。
　◇　直方体や立方体には辺が12本、頂点が8つある。
　◇　直方体は、同じ長さの辺が4本ずつ3組ある。
　◇　立方体は、辺の長さがすべて等しい。

　このように、立体図形の概念は、具体物を直接取り扱ったり、絵や図などを用いたり、また、用語などの言葉を用いたりして、自分の考えを表現することを通して、次第に形成されていく。

(6) 第3学年「円と球」

　この単元では、これまで漠然とイメージしていた「まるい形」の概念をより明確にし、円の定義「円は定まった1点から等距離にある点の集合」が、具体的な操作などの活動を通して感覚的に理解できるようにすることがねらいである。

　指導に当たっては、「折り紙にできるだけ大きなきれいなまるい形（円）をかく」場面を設定する。子どもは、円をかくために次のような手順で活動することが予想される。

　①　フリーハンドでかく。
　②　まるい形が通る場所を予想して目印をいくつも付ける。
　③　まるいものの周囲をなぞる。
　④　ひもを使ってかく。
　⑤　コンパスを使ってかく。

　ここでは、すぐにコンパスを使うのではなく、①から⑤の活動をする中で、円の概念の理解を深めていくことができるようにする。特に、②の活動では、円の直径は円を作図す

る際に現れない概念であるため，折り紙を折って目印をどこに付けるかについて，折り目の交点（中心）から目印までの距離（半径）を意識できるようにする。そのようなことが，コンパスの機能のよさや有用性にも気づく要因につながる。なお，右のように，コンパスの操作の示範について，中心から円周までの長さ（半径）が視覚化できるように，教師用コンパスの針に当たる部分とチョークを付けた部分の間に細いひもなどを付けて，その長さを意識できるようにする。そのことで，円や半径の概念の理解はさらに深まっていく。

その後，中心，半径，直径の用語を知らせる。半径とは，円の中心から円周まで引いた直線であり，直径とは，中心を通り円周から円周まで引いた直線である。球の場合も，球を半分に切ったときの一番大きい切り口の円の中心，半径，直径が，球の中心，半径，直径である。したがって，長さは問題とされていないので，半径，直径と半径の長さ，直径の長さの用語を適切に使い分ける必要がある。

ここで，図示することにより半径や直径を説明するが，その一例を見て「半径は１つしかない」とか「図示された直径しかない」というような誤解を生むことがある。そのようなことを防ぐためにも，いろいろな方向に半径や直径を表す線分を引くことで，１つの円には半径や直径が無数にあることを理解できるようにする。

次に，円の中心の位置の見つけ方については，円周をきちんと重ね合わせて２つに折ると直径が現れる。さらに円周の別の位置でも重ね合わせて２つ折りにすると，その交点が円の中心になる。このことについては，円の中心をじっくり観察したり，長さを調べたりすることによって，折る前に中心の位置がどの当たりかを予想したり，見つけ方を考えたりするような活動を行うようにする。

また，次の図のように，例えば，正方形の紙を２つ折りにして，折った端をそろえて数回折った後，紙を開くとすべての折り目が１点を通ることが分かる。そのことを知っていれば，類推的な見方・考え方を働かせて，円の場合も２回折ることで円の中心を見つけることができ，数回折ることで，すべての直径が中心を通ることを理解することができる。

［正方形の端を合わせて，折り目の交点を見つける方法］

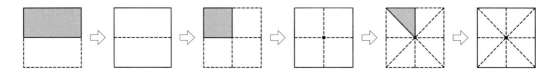

［円の端を合わせて，中心を見つける方法］

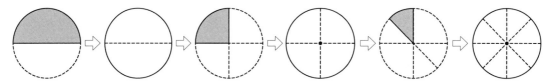

コンパスの使い方や機能について，コンパスは円をかくだけの道具ではなく，次のような機能ももっていることに気づくことができるようにする。
　① ある線分の長さをはかり取り，それを他の場所に移す。
　② 与えられた複数の点から等距離にある点を見つける。
　③ 正三角形や二等辺三角形，正方形，長方形，ひし形などの作図に用いる。
　ここで，①について，ものさしとコンパスに共通する点を見いだすことができるようにする。また，これらの機能が長さをはかり取るという同じ働きに基づいていることを，学年を追って明らかにすることにより理解は深まってくる。
　指導に当たっては，例えば，次の図のように，「aとbではどちらが長いか」という場面を設定する。

　子どもは，次のような比べ方を考えることが予想される。
　㋐ ものさしで長さをはかり，その折れ曲がる部分ごとの数値を合わせて比べる。
　㋑ 折れ曲がるかどまでの長さをコンパスではかり取って直線に印を付けて比べる。

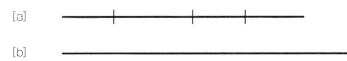

　㋐，㋑の方法を比較検討することにより，㋑の方法は，ものさしではかり取った数値をたさなくても，コンパスで長さをはかり取って直線に移して比べられることに気づくことができる。そのことから，コンパスのよさを感じ，理解を深められる。
　次に，球については，平面図形と立体図形の違いはあるが，円と同様に「まるい形」であり，中心と半径の長さによって決まる立体図形である。
　指導に当たっては，球は転がりやすいこと，どこから見ても円であること，平面で切ると切り口はどこも円であること，球をちょうど半分に切ったときの切り口が最大になることなどの特徴があることを理解できるようにする。そのために，右の図のように球の具体物を準備して，操作や観察ができるようにしてイメージ化を図ることが大切である。特に，球の切り口については，立体模型を用いて断面を平面に写し取って大きさを比べたりしながら，視覚的に理解ができるようにする。
　ここでは，円と関連できるようにして球を捉え

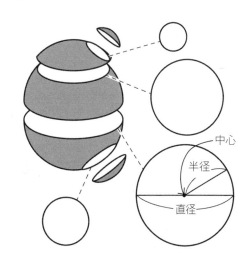

ていくことが大切であり，具体的な操作などの活動を通して，中心と半径の長さで決まるという共通する構成要素を体感できるようにする。

しかし，球の直径は，円の場合と違い，中心も半径も直接的に測定できないため，右の図のように球を直方体などで挟んでその幅を測り，直径の大きさを調べる工夫が必要である。また，球の向きを変えて，どの向きに置いても直径の長さが一定であることを確認することも大切である。

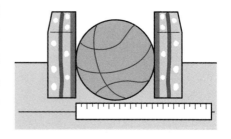

(7) 第3学年「三角形」

この単元では，三角形について辺の長さの相等に着目して，二等辺三角形，正三角形を学習し，二等辺三角形は2辺が等しい三角形，正三角形は3辺が等しい三角形とすることを，三角形の構成要素と関連付けて定義することがねらいである。

この三角形の学習を通して，次のような数学的な見方・考え方を働かせ，身に付けられるようにする。

① 三角形の構成要素である2つの辺，3つの辺が等しいという観点から，三角形を分類整理する。（集合の考え）
② 作図の根拠を明確にして，筋道立てて考える。（演繹的な見方・考え方）

二等辺三角形や正三角形の作図については，定義や性質の理解を深めることとともに，定規やコンパスを使ってきちんと作図することも大切である。作図する上で，コンパスを使う操作は見かけ上は円の一部をかいているのであるが，実際には等距離の点を条件に合うところまで移動させる操作をしている。そのため，ただ単にコンパスを使った作図の手順を覚えるのではなく，次の図のように，2つの辺を移して，交わるところにもう1つの頂点を見つけるというイメージをもった操作となるように理解できるようにする。そして，なぜその操作の手順で二等辺三角形や正三角形が作図できるのかを，根拠を明確にして説明できるようにする活動が大切になる。ここには，作図において演繹的な見方・考え方を働かせている。

同じ長さのひごで，
2本の辺を合わせる操作をする。

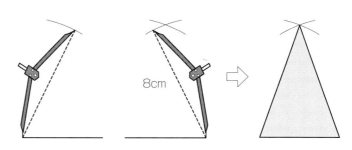
底辺の両端から等しい長さにある点を
コンパスを使って移動させる操作をする。

しかし，コンパスは円をかく道具という印象があまりにも強いため，三角形の作図において必要な円弧だけでなく，全円をかいてしまう子どもが見られる。そのため，コンパスを使う前に，頂点のおよその位置がどのあたりになるかを見当付けられるようにすることが大切である。

なお，作図が完成しても作図の跡である円弧は消さずに残しておくようにする。それは，後で作図を見直したときに自分の考えの過程を振り返ることに役立つからである。また，作図されている三角形の辺の長さを比べる際には，ものさしを使って長さをはかって数値で表すのではなく，コンパスを使うことができるようにする。このような活動により，既習内容の理解を深めるとともに，図形についての見方・考え方を豊かにすることができる。

さらに，二等辺三角形や正三角形は辺の相等によって定義付けられているが，図形の構成要素としての角に着目して，次の図のように，二等辺三角形や正三角形の角の大きさの比較を通して，角の相等関係も見つけることができるようにする。

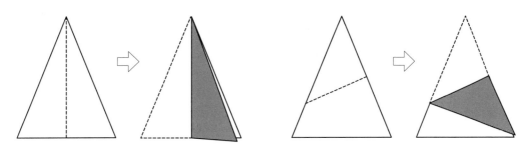

二等辺三角形と正三角形の関係については，二等辺三角形の等しい2辺でないもう1つの辺の長さが，他の2辺と等しい場合が正三角形であることに気づくことができるようにする。そうすれば，正三角形は二等辺三角形の特別な場合であることを理解できる。そのことについては，両者の作図法を関連付けながら，3つ目の辺の長さという条件が加わることで相違はあるものの，両者の作図法は基本的には同じであることに気づくことができるようにする。そして，作図を通して統合的な見方・考え方を働かせることができ，両者の相互関係を理解することができる。

7 図形の概念形成（第4〜6学年）の指導

1 図形の概念形成（第4〜6学年）の指導

　図形の学習では，まず，図形の構成要素等に着目して，共通な性質を取り出して定義を明確にする。次に，その定義に基づいて図形を弁別したり，構成したり，図形の性質を見いだしたりする。このような活動を通して，図形の理解を深め，図形の概念形成は図られていく。

　その過程では，具体的な操作などの活動により，図形に興味・関心をもち親しむ中で，その特徴に気づき，仲間分けをしていく。そして，その図形に名前が付けられる。そこでは，いくつかの具体的な図形について，共通する一般的な事柄を見いだす帰納的な見方・考え方や，共通する特徴を基にして仲間づくりをする集合の考えを働かせている。

　第1学年から第3学年では，集合の考えについて観点とされるのは主に図形の構成要素であった。第4学年から第6学年では，図形を構成する要素及びそれらの位置関係に着目し，構成の仕方を考察し図形の性質を見いだすとともに，その性質を基に既習の図形を捉えなおす。まず，第4学年では，直線の位置関係を表す平行・垂直の観点で考察する。平行に基づいて台形・平行四辺形の概念が形成される。ひし形は4辺の相等で定義され，対辺の平行関係は性質として取り扱う。また，正方形・長方形についても，平行の観点や対角線の特徴の観点で見直される。第5学年では，合同という観点から考察をする。合同の概念を「ぴったり重ね合わすことのできる2つの図形」から発展させて，対応する辺，対応する角に基づいて図形を捉えることにより，形も大きさも同じことについての理解を深める。第6学年では，対称性という観点から基本的な図形を見直す。対称な図形の性質を考察したり，その性質を活用して弁別や作図をしたりすることを通して，概念の明確化を図ることができる。

　ここでの図形の概念形成は，定義された図形が，どのような性質をもっているかをそれぞれの観点で調べて理解できるようにすることである。そこには，既に正しいことが明らかになっている事柄を基にして，別の新しい事柄が正しいことを説明するという演繹的な見方・考え方を働かせることが大切になる。

　このように，第4学年から第6学年における図形の概念形成では，様々な数学的な見方・考え方を効果的に働かせることで，「深い学び」に迫っていくことができる。また，そのことを通して，数学的な見方・考え方を育てることができ，より豊かにすることにもつながる。そこで，その具体的な指導はどのようにあるべきかについて考える。

2　図形の概念形成（第4～6学年）の指導上の問題点

（1）合同な四角形の作図において，三角形の作図の仕方を活用していない

　合同な四角形の作図において，子どもは，合同な三角形の作図はすべての辺の長さをはかって作図できることから，合同な四角形の作図もすべての辺（4つの辺）の長さをはかれば安易に作図ができると考えることがある。しかし，同じ方法で作図した事例をいくつか比較すれば，それぞれが合同でないことは一目瞭然である。つまり，合同な四角形は4辺が分かるだけでは，四角形は1つに決まらず，その条件で作図するには不十分であることに気づく。

　子どもは，合同な三角形の作図に必要とされる構成要素は何かについて，その3通りの条件は知っている。しかし，そのことを基にして合同な四角形の作図をしようとはほとんど考えないことが多い。そこでは，四角形は対角線で2つの三角形に分けられることや，右の図のように三角形の外にもう1点を決めることで四角形を構成できることに気づいていない。

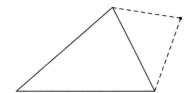

　つまり，合同な四角形の作図をする上では，合同な三角形の作図の方法を活用することが大切となり，そこに，四角形を三角形に区切り，1つの三角形を単位とする単位の考えを働かせることが必要になる。同様に，合同な五角形や六角形の作図においても，類推的な見方・考え方を働かせて作図することができる。

（2）四角形の内角の和が360度になることを，根拠を示して説明することができない

　子どもは，四角形の内角の和は360度であることを知っていても，その根拠となるとなかなか説明できないことがある。また，三角形の内角の和は180度であることも同様とすると，とても心配になる。つまり，1つ1つの知識が意味あるものと理解されず，ただ表面上のものとしてばらばらに獲得されているだけであり，三角形の内角の和と四角形の内角の和の関係性などは理解されているとは到底言えない。

　しかし，四角形の内角の和について，具体的な操作などの活動を通した指導はされている。また，帰納的な見方・考え方を働かせて，五角形，六角形等の内角の和も発展的な見方・考え方を働かせて求められている。ここに大きな問題はないが，教師の指示的な指導により子どもが図形の性質を自ら見つけ出す活動がされていないのであれば，子どもが知識を関連付けられない要因となっているとも言える。

　ここでの内角の和の求め方は，上の（1）と同様，右の図のように多角形を三角形に区切り，三角形を単位として考えると，その何個分で構成されるかという単位の考えを基にして，演繹的な見方・考え方を働かせて根拠立てた説明をすることができる。

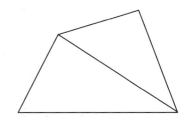

3　図形の概念形成（第4〜6学年）の指導に関連する指導学年

〔第4学年〕
- ○　角とその大きさ
  - ・角の概念，単位，度（°）
  - ・角のはかり方とかき方

- ○　垂直・平行と四角形
  - ・直線と直線の垂直と平行
  - ・垂直や平行な直線のかき方
  - ・台形，平行四辺形，ひし形の概念と性質
  - ・対角線の意味

〔第5学年〕
- ○　合同な図形
  - ・合同の意味とその弁別
  - ・合同な三角形・四角形のかき方

- ○　三角形・四角形の角
  - ・三角形・四角形の内角の和
  - ・多角形の定義
  - ・多角形の内角の和

- ○　円と多角形
  - ・正多角形と作図
  - ・円周率，円周÷直径＝円周率

〔第6学年〕
- ○　対称な図形
  - ・線対称な形の概念，性質
  - ・線対称な図形のかき方
  - ・点対称な形の概念，性質
  - ・点対称な図形のかき方
  - ・対称性に着目した平面図形の考察

- ○　図形の拡大と縮小
  - ・同じ形（相似形）の意味
  - ・拡大，縮小
  - ・縮図の利用

4　図形の概念形成（第4～6学年）の指導と数学的な見方・考え方

（1）図形の概念形成について

　図形の概念形成については，学年が上がり学習が進む中で，図形の構成要素に着目したり，図形を分析し考察する着眼点が広がったりするなど，数学的な見方・考え方を働かせて次第に深まっていく。その過程では，平面図形や立体図形について具体的な操作などの活動を通して集合の考えを働かせて，次のように図形の定義と性質を考察するという2面をもって学習が進められる。

　① ある図形がどのような約束（定義）によって名称が付けられているのかを理解できるようにする。
　② 定義された図形が，どのような性質をもっているのかを調べて理解できるようにする。

　①については，いくつかの具体的な図形について，共通する一般的な事柄を見いだすという帰納的な見方・考え方を働かせることが大切になる。例えば，第1学年で，身の回りにある様々なものの形を観察したり，色板やひごを使ったりして，様々な形を構成する具体的な操作などの活動を行う。その後，第2学年で，直線の数に着目して，三角形や四角形の形をした具体物の特徴を基に仲間分けをする活動を通して，三角形や四角形の名称を付け，定義していく。そして，第3学年で，円の性質と関連を図りながら辺の相等に着目して，二等辺三角形と正三角形を定義する。これについては，本書第2章「6　図形の概念形成（第1～3学年）の指導」で述べた。

　②については，既に正しいことが明らかになっている事柄を基にして，別の新しい事柄が正しいことを説明していくという演繹的な見方・考え方を働かせることが大切になる。例えば，第4学年で，平行四辺形を定義した後に，向かい合う辺の長さや向かい合う角の大きさについて調べる学習をする。そのことを通して，平行四辺形の性質である，辺の相等や角の相等などを理解することができる。また，第5学年では，基本的な図形の簡単な性質を見いだして，それを用いて他の図形の性質を論理的に調べる学習を行う。例えば，三角形の3つの角の大きさの和が180度であることを基に，四角形の4つの角の大きさの和は，四角形が2つの三角形に分割されることから，180度の2倍であると演繹的な見方・考え方を働かせることができる。ここでは，この②の過程を中心に述べる。

（2）第4学年「垂直と平行と四角形」

　これまで図形を捉える視点として，辺や頂点の数，辺の長さ，角の大きさという構成要素に着目していたが，この単元では，垂直や平行という位置関係，対角線の交わり方や長さの構成要素の関係を基に図形の性質を見いだすことがねらいである。
　直線の位置関係の指導について，「垂直と平行の指導」と「平行による台形と平行四辺形の弁別の指導」と「平行四辺形の作図の指導」の内容を挙げることができる。

① 垂直と平行の指導

垂直と平行の指導では，次のアやイに示すような指導の仕方が考えられる。

ア　長方形や正方形の辺などの観察から２本の直線の関係を調べて，垂直と平行を指導する

子どもが，方眼紙の格子点をつないで様々な図形を作り，その四角形の中に直角があるものとないものに弁別する活動を行う。右の図で直角のあるものは，図a，図c，図fである。例えば，図fの長方形の辺を観察することを通して，縦の

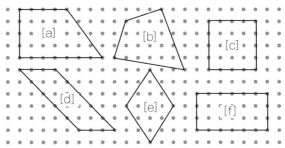

辺と横の辺が直角に交わることから，垂直を「２本の直線が交わってできる角が直角のとき，この２本の直線は垂直である」と定義する。この弁別は容易にできるが，直観で見当を付けるだけではなく，三角定規や分度器で確かめて根拠を示すことができるようにする。そして，垂直について，「２本の直線の関係であること」「直線が交わるときにできるもの」「垂直は特別な場合であり，垂直でない場合は無数にあること」を理解できるようにする。

また，四角形を観察し，直線の並び方の違いを基に弁別する活動を通して，平行を「１本の直線に垂直な２本の直線は平行である」と定義する。弁別については，垂直の指導と同様に，必ず三角定規の操作で平行を確かめることができるようにし，垂直との違いやつながりを明確にできるようにする。特に，直線の交わり方と並び方の違いから「垂直」を基にして「平行」が定義付けられることを理解できるようにする。さらに，平行は「特別な関係であり，平行でない場合も無数にあること」にも気づくことができるようにする。

イ　２本の直線の交わり方を変化させ，その中の特別な交わり方として，垂直と平行を指導する

２本の直線の交わり方を変化させる方法は，垂直や平行は２本の直線の交わり方の関係を表しているものであることを指導するには効果的であり，垂直と平行を混同しにくい。

具体的には，２本の直線を図aから図fのように交わり方を変化させると，図cのように２本の直線が直角に交わるときがある。このときが垂直である。そして，図fのように，２本の直線が交わらないときが平行となる。

なお，垂直や平行を水平や鉛直の位置に置かれた場合のイメージだけで理解する子どももいるため，直線が傾いている場合の垂直や平行，また直線が交わらない場合の垂直の場合も考えられるようにする。

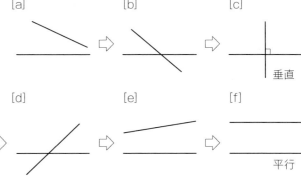

② 平行による台形と平行四辺形の弁別の指導

　台形と平行四辺形については，これまで辺の長さなど図形の構成要素に着目してきたが，それに加えて平行という位置関係を観点に加えて考えられるようにする。

　指導に当たっては，次の図aから図fのように，三角形と長方形の紙を重ねてできる図形を仲間分けする場面を設定する。例えば，三角形は平行な辺の組をもたないので，図aのように三角形を重ねると向かい合った辺が平行でない四角形ができる。次に，図bのように三角形と長方形を重ねてできる四角形は，長方形の向かい合う辺が平行であることから，1組の辺が平行な四角形（台形）の仲間に弁別することができる。また，長方形を2枚重ねてできる四角形図cから図fのように長方形のそれぞれの向かい合う辺が平行であることから，2組の辺が平行な四角形（平行四辺形）の仲間に弁別することができる。

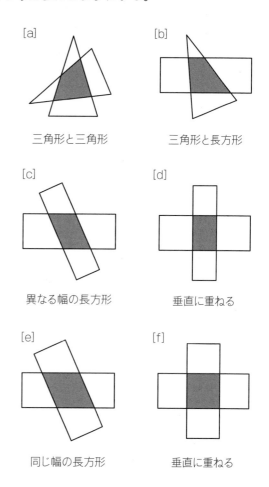

　このように，重ねる図形を変えたり，ずらしたりすることによってできる図形を平行の観点で弁別することができる。ここには平行という観点で演繹的な見方・考え方を働かせている。

　また，図dのように2つの異なる幅の長方形の辺の重ね方を垂直にしてできる四角形は，4つの角が直角になることから長方形になる。このことから，平行四辺形の特別な形が長方形であることに気づく。同様にして，図eのように重ねる長方形の幅を同じにしてできる四角形は，4つの辺が等しくなることからひし形になる。さらに，図fのように重ねる長方形の幅を同じにして，垂直に重ねるようにすれば，できる四角形は正方形になる。このようにして，平行という位置関係を含む2枚の長方形を重ねる活動を通して，長方形，ひし形，正方形の性質を帰納的な見方・考え方を働かせて考え出すことができる。そのことは，既習の図形を捉えなおすこととなり，図形についての感覚をより豊かにできる。

　このようにして，四角形を弁別する活動を通して，台形や平行四辺形の意味を理解することができる。そして，平行という位置関係を観点にすることによって，次のように弁別することができる。

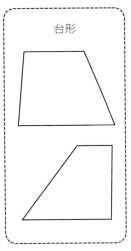
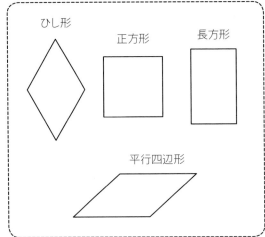
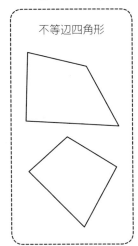

③ 対角線による四角形の弁別の指導

ここでは，対角線の意味と様々な四角形の対角線の特徴を理解できるようにすることがねらいである。既習の正方形，長方形，ひし形，平行四辺形，台形に対角線を引く活動を通して，対角線の長さや交わる角度などの特徴を調べ，次の表のようにまとめることができる。ここでは，集合の考えを基にして統合的な見方・考え方を働かせている。

	台形	平行四辺形	長方形	ひし形	正方形
対角線のまん中の点で交わる	×	○	○	○	○
対角線の長さが等しい	×	×	○	×	○
対角線が交わってできる角の大きさが同じで垂直	×	×	×	○	○

上の表について，台形，平行四辺形，長方形，ひし形，正方形へと図形を考え進める中で，○印が付けられる内容から，例えば，平行四辺形において，対角線の長さが等しくなる特徴を加えた図形が長方形であり，交わる角度が等しくなる特徴を加えた図形がひし形であることや，また，正方形はすべての四角形の対角線の特徴をもっていることにも気づくことができる。このように対角線による新たな図形の見方により，図形の概念形成は図られていく。

④ 平行四辺形の意味や性質を活用した作図の指導

ここでは，平行四辺形の意味や性質を活用して，平行四辺形の作図ができるようにすることがねらいである。子どもが平行四辺形を作図する場合，次のような方法でかくことが予想される。

㋐　三角定規2枚を用いて，向かい合う辺が平行になるようにかく

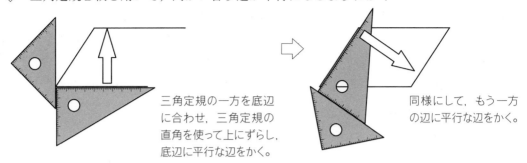

三角定規の一方を底辺に合わせ，三角定規の直角を使って上にずらし，底辺に平行な辺をかく。

同様にして，もう一方の辺に平行な辺をかく。

㋑　コンパスを用いて，向かい合う辺の長さが等しくなるようにかく

 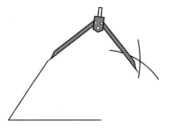

左側の辺の長さにコンパスを合わせて，その長さで底辺の右端から円弧をかく。

底辺の長さにコンパスを合わせて，左側の辺の上端から円弧をかく。2つの円弧が交わった点とそれぞれの辺の端を結ぶ。

㋒　分度器を用いて，向かい合う角の大きさが等しくなるようにかく

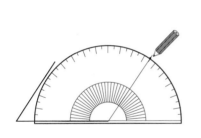 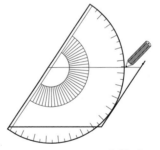

左側の辺と底辺のつくる角度をはかる。180度からその角度をひいた角度を底辺の右端から分度器ではかる。

左側の辺の上端から分度器で角度をはかる。交わった点とそれぞれの辺の端と結ぶ。

　ここで重視するのは，㋐から㋒のそれぞれの考えで平行四辺形がかける根拠を，演繹的な見方・考え方を働かせて説明できるようにすることである。例えば，㋐では，平行四辺形の定義「向かい合った辺は平行になっている」を使って説明できるようにする。そこでは，三角定規を用いて平行な直線を引いたことを説明するだけでなく，なぜそのかき方で平行四辺形がかけるかを明らかにできるようにする。つまり，平行線の定義「1本の直線に垂直な（同じ角度で交わる）2本の直線は平行である」を根拠とする。㋑では，平行四辺形の性質「向かい合った辺は等しくなっている」を使っていて，㋒では，平行四辺形の性質「向かい合った角は等しくなっている」を使って作図していることを説明できるようにする。このように，作図を通して，図形の定義や性質を再認識し，根拠を立てて説明することで，図形の理解を深めることができる。

（3）第5学年「合同な図形」

　合同な図形については，第5学年以前では明確に意識された指導はされていないが，折り紙を折ったり切ったりする中で，正方形や長方形，二等辺三角形の学習で，対角線や頂角の二等分線で2つに切ると，形も大きさも同じになる経験はしている。

　この単元では，そのようなことを踏まえて，合同という視点で図形を考察できるようにすることがねらいである。合同な図形について図形を重ね合わせたり，薄い紙に写し取って比べたりする具体的な操作などの活動を通して，2つの図形がぴったり重なるとき，つまり形も大きさも同じであるとき，この2つの図形は合同であることを定義する。また，合同な図形の弁別の際には，相似な図形を考察の対象として，その違いから意味を明確にできるようにする。また，裏返し（対称移動）した形も合同であることを操作等で理解できるようにする。そして，合同な図形を構成要素に着目して考察することにより，対応する辺の大きさや対応する角の大きさがそれぞれ等しいことを見つけ，「ぴったり重なる」ことを数学的に捉えられるようにする。

　このような「ぴったり重なる，重ねる」という具体的な操作などの活動を通して，その意味を理解できるようにするが，対応するすべての辺の長さや角の大きさが等しいことが示されれば，たとえ操作がなくても合同の認識ができるようにすることが大切である。

　次に，合同な三角形や平行四辺形のかき方について，それらの決定条件をまとめることが中心になるように考えて授業が進められがちであるが，どの辺の長さや角の大きさを使って作図をしていけばよいかを考えることができるようにすることが大切である。

　作図の指導に当たっては，はじめに底辺を決めて，その2つの頂点が決まったら，残りの頂点の位置をどのようにして決めればよいかを考え，順序立てて説明できるようにする。また，できるだけ少ない条件を使って合同な図形をかく活動を通して，すべての辺の長さや角の大きさを使わなくても，三角形の形や大きさが決定できることを理解できるようにする。

　そのために，右の三角形ABCと合同な三角形DEFを作図するとき，子どもは，次の㋐から㋒のような3つの方法を考えることが予想される。そして，それを説明する際には，どこの辺の長さや角の大きさを使ったのかを記号を使って表現できるようにする。

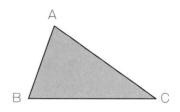

　㋐　3つの辺の長さを調べる

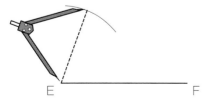
辺ABと等しい長さをコンパスでとり，点Eを中心にして円弧をかく。

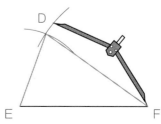
辺ACと等しい長さをコンパスでとり，点Fを中心にして円弧をかく。交わった点を頂点Dとする。

◇ 2つの辺の長さとその間の角の大きさを調べる

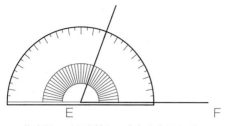

分度器で∠Bと等しい大きさをはかり，点Eからその角度をとる。

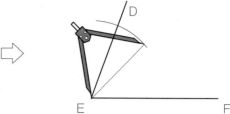

辺ABと等しい長さをコンパスでとり，点Eを中心に円弧をかく。交わった点を頂点Dとする。

◇ 1つの辺の長さとその両はしの角の大きさを調べる

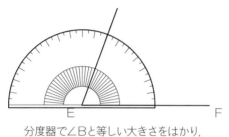

分度器で∠Bと等しい大きさをはかり，点Eからその角度をとる。

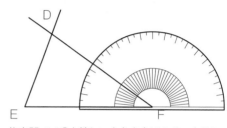

分度器で∠Cと等しい大きさをはかり，点Fからその角度をとる。2直線が交わった点を頂点Dとする。

　次に，合同な平行四辺形（または一般の四角形）の作図については，まず，右のように対角線等の情報がない図aを提示する。子どもは，合同な三角形のかき方は習得しているので，それを想起し活用できるようにする。その上で，対角線で2つの三角形に分割するようなアイデアを引き出すようにする。また，作図の方法の説明については，どの条件を使ったのかを明らかにしながら順序立てて説明できるようにする。

　そこでは，三角形が3つの辺の長さが分かれば形や大きさが決まったことから，四角形は4つの辺の長さが決まれば作図できると考える子どももいることが予想される。そのような場合，その発想を取り上げ，三角形との違いを明確にできる。その際には，図bのような模型の操作により，角度が変われば形が変わることを視覚的に理解できるようにし，角度が決まることが必要であることに気づくようにする。

　この四角形の作図については，合同な三角形の作図を活用し，対角線を引いて2つの三角形に分けて，それを単位として考えることができるようにする。ここでは，単位の考えを基にして演繹的な見方・考え方を働かせている。具体的には，合同な三角形の作図方法で三角形ACDの点Dを決める方法で作図する。子どもは主に次の

[a]

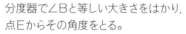

[b]

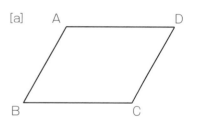

第2章—7　図形の概念形成（第4〜6学年）の指導　151

ように考えることが予想される。
◇ 図cのように，辺ＡＢ，辺ＢＣ，対角線ＡＣの長さを使って三角形ＡＢＣをかき，平行四辺形は向かい合う辺の長さが等しいので，残りの辺の長さをコンパスではかって頂点Ｄを決める。
◇ 図dのように，辺ＡＢ，辺ＢＣの長さ，角Ｂの大きさを使って三角形ＡＢＣをかき，対角線で分けた２つの三角形は合同になるので，図cと同様に三角形ＤＡＣをかき，頂点Ｄを決める。

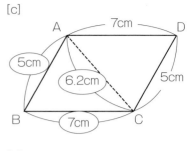

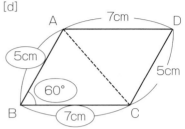

図形の決定条件は，一般の四角形では，例えば，４つの辺の長さと１つの角の大きさというように５つの条件が必要になる。台形は４つ（例：上底，下底，もう１辺の長さと１つの角の大きさ），平行四辺形は３つ（例：２辺の長さと１つの角の大きさ），ひし形は２つ（１辺の長さと１つの角の大きさ），長方形２つ（２辺の長さ），正方形１つ（１辺の長さ）となり，特殊な四角形ほど決定条件は少なくなることに気づくことができるようにする。

（４）第５学年「三角形・四角形の角」

この単元では，まず，三角形の内角の和が180度になることを，帰納的な見方・考え方を働かせて，三角形の性質として捉えることができるようにする。また，それを基に四角形や多角形の内角の和について，演繹的な見方・考え方を働かせて，それぞれの性質として捉えられるようにすることがねらいである。

子どもの中には，単なる知識として三角形の内角の和がその性質として180度ということを知っている子どもがいる。しかし，その理由をきちんと理解していないことが多い。また，指導も単なる知識を教え込むのではなく，具体的な操作などの活動を重視する。

指導に当たっては，次の図のように，合同な三角形の敷き詰めや三角定規の角の測定などから，「どんな三角形も３つの角の和が180度になりそうだ」という推論を立てられるようにする。そして，この図の観察を通して，三角形の１つの頂点に三角形の３つの角が集まり，それらの和が180度をつくっていることに気づくことができるようにする。

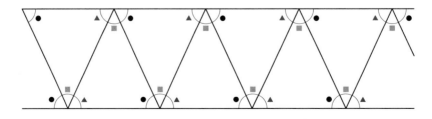

このことから，次のように1つの頂点に3つの角を折ったり，切り取って集めたり，分度器を使って三角形の3つの角をはかったりして，その和を求めることができるようにする。

三角形の紙を折って
3つの角を直線に並べる。

三角形の3つの角を切り取って直線に並べる。

分度器を使って三角形の3つの角をはかってたす。

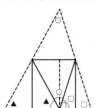 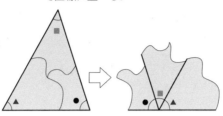 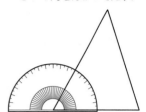

このようなことを基に，様々な三角形の内角の和を調べ，帰納的な見方・考え方を働かせて，その推論が正しいことを理解できるようにすることが大切である。また，一人一人の子どもが調べた三角形の内角の和が180度になることから，どんな三角形の内角の和も180度になることを見いだすことができる。

次に，四角形の内角の和を考える場面を設定する。ここでも，次の図のように，四角形の内角を分度器ではかって求めたり，四角形の角を切り取って集めたりして，帰納的な見方・考え方を働かせて「四角形の内角の和が360度になりそうだ」という推論を立てられるようにする。

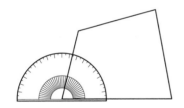 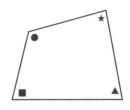 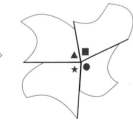

そして，既習の内容である「三角形の内角の和が180度」を基にして演繹的な見方・考え方を働かせて，その推論が正しいことを理解できるようにする。そのためには，三角形の内角の和の学習の成果を振り返り，四角形の対角線などで三角形に分ける方法に着目できるようにする。そして，次のような方法で四角形の内角の和を求めることができる。

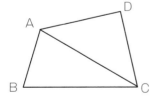 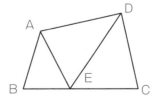 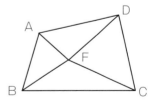

対角線を1つ引くと三角形が2つできる。三角形の内角の和は180度だから，180×2＝360で，360度になる。

BC上にEをとり，A，Dと結ぶと，三角形が3つできるから，180×3－180＝360で，360度になる。ひいている180度は，BC上の180度。

四角形の中にFをとり，A，B，C，Dと結ぶと三角形が4つできるから，180×4－360＝360で，360度になる。ひいている360度は，Fのまわりの360度。

ここで，これらの共通点を考えることで，どの考えも四角形の内角の和が360度になり，三角形の内角の和が180度になることを根拠にしていることに気づくことができる。ここには，四角形を三角形で区切り，1つの三角形の内角の和を単位とする単位の考えを基にして，演繹的な見方・考え方を働かせていることが分かる。

　さらに発展させて，多角形の内角の和を求める場面を設定する。ここでは，分度器等を使って求めることもできるが，四角形の内角の和を三角形の内角の和を根拠に考えるよさを活用できるようにする。そうすると，五角形，六角形などについても，いくつの三角形に分けられるかという単位の考えを働かせて調べていくことができる。

　子どもは，五角形，六角形の内角の和について，次のように考えることが予想される。なお，三角形と四角形に分けて解決する考えも認めるようにする。

　　◇　五角形の1つの頂点から対角線を2本引いて3つの三角形を基に考える。
　　　　180 × 3 = 540
　　◇　五角形の1つの頂点から対角線を1本引いて三角形と四角形を基に考える。
　　　　180 + 360 = 540
　　◇　六角形の1つの頂点から対角線を3本引いて4つの三角形を基に考える。
　　　　180 × 4 = 720
　　◇　六角形の1つの頂点から対角線を1本引いて2つの四角形を基に考える。
　　　　360 × 2 = 720

　これらの考えについて，多角形を分ける図形を三角形だけにして考えた方が，三角形の数だけに着目できることから簡単になることに気づく。すると，求めた内角の和と三角形の数を次のように表に整理することができる。

	三角形	四角形	五角形	六角形	七角形	八角形	……
三角形の数	1	2	3	4	5	6	……
内角の和	180度	360度	540度	720度	900度	1080度	……

　ここでは，三角形の内角の和を基にして，多角形の内角の和を三角形を単位として分けることによって演繹的な見方・考え方を働かせている。上の表を完成させることにより，三角形の数と内角の和の関係から規則性を見いだすことができ，さらに十角形の内角の和を求めるなどの発展的な見方・考え方を働かせた活動を期待できる。

(5) 第6学年「対称な図形」

　この単元は，対称な図形について観察したり，具体的な操作などの活動をしたりして，線対称や点対称な形の性質やかき方を学習する。それとともに，対称性という観点から基本的な図形を見直すこともねらいである。その際，対称な形の性質を考察したり，その性質を活用して弁別や作図を通して，図形の相互の関係に着目し，概念形成を図ることができる。そ

して，図形のもつ美しさを感じ取ることができるようにする。

指導に当たっては，アルファベットの文字を形として捉え，次のような２つのグループに仲間分けしたものを提示する。

① **A，M，E**
② **N，S，Z**

まず，①の「**A，M，E**」を取り上げ，共通する特徴を調べる場面を設定する。そこでは，次のような気づきが出されることが予想できる。

◇ **A，M，E**は２つ折りにするとぴったり重なる。
◇ 重なった辺の長さが等しく，重なった角の大きさが等しい。
◇ 図形が重なれば，左右の形が裏向きの合同である。
◇ 折り目の両側は向きが逆である。

これらを基にして，「１本の直線を折り目として折ったとき，折り目の両側がぴったり重なる図形は，線対称または直線について対称である」ことや，「その折り目にした直線を対称の軸という」ことを理解できるようにする。

ここでは，次の図のように，１つの形を２つ折りにして，図形がぴったり重なるかどうかを調べる具体的な操作などの活動を大切にする。

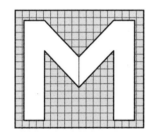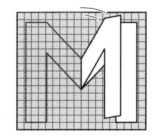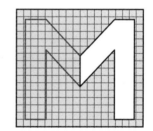

特に，実際に折って確かめる活動を通して，線対称な図形の概念を実感的に捉えることができたり，右の図のように「対応する２つの点を結ぶ直線は，対称の軸と垂直に交わる。その交わる点から，対応する２つの点までの長さは等しい」性質に気づいたりすることができる。また，２つ折りにするとぴったり重なることから，対称の軸で分けた２つの図形が合同であることにも気づくことができるようにする。線対称な図形を合同という視点で考えたり表現したりすることによって，その理解を深めることができる。

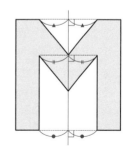

次に，②の「**N，S，Z**」を取り上げ，共通する特徴を調べる場面を設定する。２つ折りにしてもぴったり重ならないことから，ぴったり重ねようといろいろと工夫した操作をすることが予想される。その中から，図形を２つに切って一方を回転するともう一方にぴったり重なることに気づくことができるようにする。そして，薄い紙に図形全体を写し取り，どう

すると元の図形に重なるかを考えることができる。そこでは，次のような気づきが出されることが予想される。

　◇　上下または，左右２つに切って，一方を回すともう一方とぴったり重なる。
　　→２つの合同な図形に分けられる。
　◇　逆さになるように回すとぴったり重なる。
　　→逆さになるように回すということは，180度回すことである。

これらを基にして，「ある点のまわりに180度回すと，元の形にぴったり重なる図形は，点対称または点について対称である」ことや，「その点を対称の中心という」ことを理解できるようにする。

また，１つの形を180度回して，図形がぴったり重なるかどうかを調べる具体的な操作などの活動を大切にする。

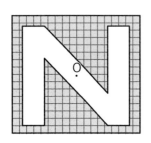 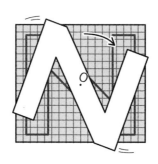 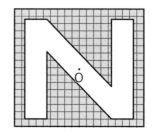

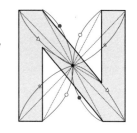

このようにして，点対称な図形の概念を実感的に捉えることから，右の図のように「対応する２つの点を結ぶ直線は，対称の中心を通り，対称の中心から対応する２つの点までの長さは等しい」性質に気づくことができる。

ここでは，ぴったり重なるようにするために回転させるという考えを大切にする。線対称な図形は空間における180度回転移動であるのに対して，点対称な図形は同一平面上での180度の回転移動である。このことについては，特別に子どもへ説明する必要はないが，具体的な操作などの活動により丁寧に操作を区別できるようにする。また，単に「回転させる」と表現するのではなく，「180度回転させる」というように明確な数値を用いた数学的な表現ができるようにする。

次に，既習の図形を対称という観点で見直し，図形を分類整理したり，性質を説明したりすることで，その理解を深めることができるようにする。四角形では，正方形，長方形，ひし形，平行四辺形，三角形では，正三角形，二等辺三角形，直角三角形について，線対称，点対称かどうかを調べる。また，正多角形でも，正五角形，正六角形，正八角形を調べ，それから分かることを探ることができる。次ページの表がそれをまとめたものである。なお，それぞれの図形の細線は，対称の軸を表している。

	線対称	対称の軸の数	点対称
平行四辺形	×	0	○
ひし形	○	2	○
長方形	○	2	○
正方形	○	4（図a）	○

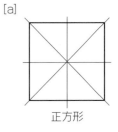
正方形

	線対称	対称の軸の数	点対称
直角三角形	×	0	×
二等辺三角形	○	1	×
正三角形	○	3（図b）	×

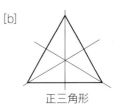
正三角形

	線対称	対称の軸の数	点対称
正五角形	○	5	×
正六角形	○	6	○
正八角形	○	8（図c）	○

正六角形

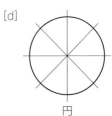
円

この他にも，台形の対称性を調べ，線対称な形になっている台形（等脚台形）を作図することができる。また，図dで円の対称性を調べ，円は線対称であり点対称な図形でもあることに気づくことができる。そして，対称の軸が直径であり無数にあり，対称の中心が円の中心であることを見いだすことができる。

8 図形の求積公式の指導

1　図形の求積公式の指導

　面積とは，一般に平面図形（線分で閉じた図形）に数を対応させたものとみることができる。また，「はかる」とは量に数を対応させたものとみることができるので，面積は図形から数への対応，つまりは図形から数への関数とみることができる。そのため，面積も長さや重さなどの量と同じように，面積における単位を決めて，それがいくつ分あるかを数えて表すことが求められる。この過程には，単位の考えを働かせている。

　ここでは，平面図形の面積の公式について，長方形，正方形，三角形，平行四辺形などと円の面積の公式を取り上げる。まず，長方形，正方形の面積の公式を導くには，長方形や正方形が1辺1cmの正方形を単位図形として，そのいくつ分になるかを求めること，すなわち面積の直接測定（単位図形による測定）をするという考えで一貫した指導が考えられる。そして，単位図形のいくつ分を求めるとき，手際よく数えるための計算により，面積の公式の意味を理解できるようにする。

　次に，三角形，平行四辺形などの面積の公式を導くには，既習内容である長方形を基に類推的な見方・考え方を働かせて，直角三角形，一般の三角形というように既習内容との関連を図ることが大切となる。三角形の面積の公式が理解できれば，すべての多角形は三角形に分割できるので，その面積を求められるという見通しをもつことができる。

　最後に，円の面積の公式を導くには，単位正方形の数から帰納的な見方・考え方を働かせたり，円をおうぎ形に分割し合成して円周率を前提として演繹的な見方・考え方を働かせたりして見いだすことができる。特に，両者を相補する関係として取り扱えば理解をさらに深めることができる。おうぎ形に分割し合成する指導については，円周の長さを正多角形の周りの長さで近似したアイデアを基に考えることができ，その図形を分割し合成して，長方形等に帰着して考えることができるようにする。その過程では極限の考えも働かせることになる。ここでは，帰納的な見方・考え方による発見と演繹的な見方・考え方による検証により理解を深めることができるようにする。

　このように，平面図形の面積の公式がつくり出される過程では，様々な数学的な見方・考え方が効果的に働くようにすることで，「深い学び」に迫っていくことができる。また，そのことを通して，数学的な見方・考え方を育てることができ，より豊かにすることにもつながる。そこで，その具体的な指導はどのようにあるべきかについて考える。

2 図形の求積公式の指導上の問題点

(1) 公式は知っているが,その意味は十分に理解できていない

　長方形,正方形の面積の公式を学習する第4学年で,初めて「公式」という言葉が取り扱われる。そこで,教師があまりに強く意識させようとすることから,子どもはその公式を記憶することはできるものの,その公式の意味を十分に理解できず,曖昧になりがちなことがある。それは,公式化の指導を急ぐあまりのことであり,形式的な公式の適用計算に偏った指導によるものとも考えられる。

　例えば,長方形,正方形の面積は,その公式により長さを基にした計算によって求められる。子どもに「長方形の面積とは何か」と問うと,よく「縦×横」というような答えが返ってくる。これは,面積を計算で求める意味とその手段とを混同しており,面積の概念がきちんと身に付いているとは言いがたいことがある。それは,長方形の面積の公式である「縦×横」について言えば,「(長さ)×(長さ)」,「$cm × cm = cm^2$」と勘違いをして安易に覚え込んで計算をしているからである。

　これらのことから,面積とは,長方形,正方形では,「二次元のある図形の大きさを,単位図形(正方形)のいくつ分かで表したもの」という基本的な意味,すなわち,面積の概念を明確に理解できるようにすることの必要性を感じる。これは,長方形,正方形の面積を求める場合に限ったことではなく,三角形,平行四辺形,台形,ひし形,円の面積にも共通して言えることである。

(2) 公式をつくり出す過程で働く数学的な見方・考え方が明確にされていない

　小学校で扱う平面図形の面積の公式は,与えられ,教えられ,暗記するだけでは確かな理解の定着は期待できない。そこでは,子どもが公式をつくり出すことができるようにする指導や,公式を指導した後,公式を十分に活用できるようにする指導が必要である。そのことを留意していれば,たとえ公式を忘れてしまったとしても,子どもは面積の公式をつくり出そうとすることができるのである。しかし,公式化の指導を急いでいたり,暗記に重点を置いての練習問題を中心とした授業展開がなされていたりすることがある。そのようであれば,公式をつくり出す過程で,数学的な見方・考え方を意識し,十分に働かせようとしていないことも推察される。そのため,当然のことながらその公式を活用することは到底難しいこととなる。

　公式をつくり出す過程で大切なことは,既習の内容に帰着して,単位図形のいくつ分かを調べ,筋道立てて考えるような数学的な見方・考え方を,教師がまず明確にし把握していなければならない。また,子どもにはその公式がつくられる過程で数学的な見方・考え方が生きて働いていることに気づくことができるような活動が求められる。そうすれば,数学的な見方・考え方はさらに働かせやすくなり,より豊かになると考えられる。

3 図形の求積公式の指導に関連する指導学年

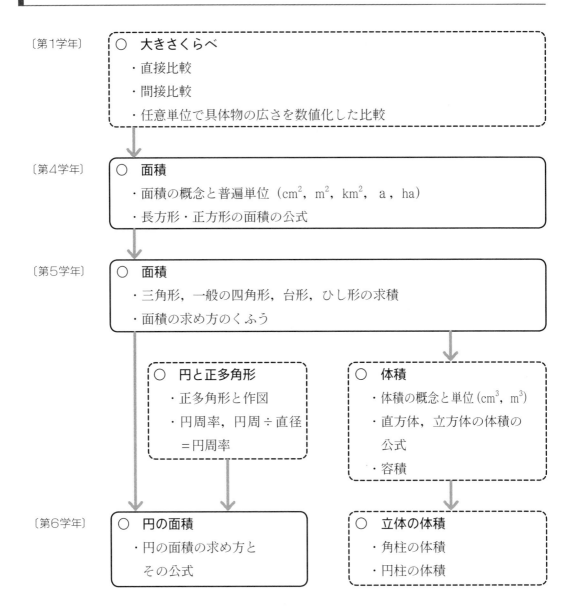

4 図形の求積公式の指導と数学的な見方・考え方

(1) 面積の公式の意味と関数の考え

　長さ，広さ，かさ，重さなどの量を測定する場合，単位とする量を決めて，そのいくつ分かで数値化する直接的な測定がされる。これに対して，長方形や三角形，円などの平面図形の面積の公式は，直接的に単位量を測って数値化するのではなく，その図形の構成要素，特に容易に求められる長さを基にして間接的に計算して面積を求めている。すなわち，図形を

決める辺などの要素が分かれば，その要素でその図形の面積が決まるということになる。そして，その決まる要素で，面積の公式を表現することができる。この過程では関数の考えを働かせていると言える。

関数の考えとは，捉えにくいものの集合Aがあるとき，それに関係のある捉えやすい集合Bで集合Aを捉えようとする考えである。「Aは何によって決まるか」を考えるとき，AとBとの対応関係fを見つけることにより，Bを捉えることでAを明らかにすることができる。だから，あるものが決まれば，もう一方が決まるというようなものがあれば，その関係を生かして問題解決をする上で役立てるという考えになる。そこでは，「何の関数とみるか」ということが大切である。

例えば，長方形の面積の場合，長方形の縦と横の長さが決まれば長方形が決まるので，容易にはかることができる縦と横の長さで長方形の面積を捉えるという考えである。そして，次のような関係になり長方形の面積の公式につながる。

f：（縦，横）──→ 長方形の面積

この考えを基にすれば，正方形の面積の公式が（縦）×（横）ではなく，（1辺）×（1辺）となる。それは，正方形は縦と横の2つを調べなくても1辺が分かれば面積が求められるからである。そして，次のような関係になり，正方形の面積の公式につながる。

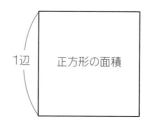

f：（1辺）──→ 正方形の面積

円の場合も全く同様に，円は半径が決まれば形（面積）が決まるので，半径を調べることによって円周の長さや面積を求めることができる。そして，次のような関係になり，円の面積の公式につながる。

f：（半径）──→ 円の面積

したがって，面積の公式をつくり出す過程では，公式化を急ぎ，公式を暗記しての適用練習中心のような指導をするのではなく，まずはこのような関数の考えを働かせて，何が決まれば面積が求められるかを考えることができるようにすることが大切である。

（2）第4学年「長方形・正方形の面積の公式」

長方形，正方形の面積の公式について，長方形を例にして，関数の考えを働かせて，面積の公式をつくり出す過程を考える。まず，はかりやすい辺の長さなどの要素を基にして長方形の面積を求めることができないかを考え，次ページの観点に着目できるようにする。このことは面積の公式をつくり出す上で大切になる。

○ 長方形の面積を求めるには，どのような要素を決める必要があるか。
○ 決めたもの（要素）と長方形の面積との関係について，どのようなきまりがあるか。

そこで，単位図形を探るのであるが，多くの場合は1辺が1cmの正方形を考えることが多い。これは，正方形が平面を規則正しく敷き詰められ，その中で一番単純な図形だからである。また，1辺が1cmであるのは，単位の長さを1cmにしておけば，長さをはかるだけで単位正方形がいくつあるかということが分かるからである。

例えば，縦4cm，横6cmの長方形の面積の公式を考えるとき，次の図aのように，単位図形（正方形）を敷き詰められることから順に数えることができる。これについて，図bのように，長方形の面積はすべての単位正方形の並び方からその個数をよりよく工夫して求めるようにするとき，（1列の数）×（列数）を計算すればよいことに気づくことができる。これは，単位の考えを働かせて既習内容のかけ算を基にして考えている。

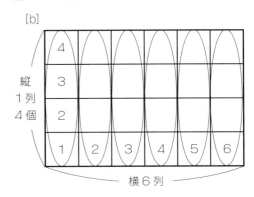

ここで，図bについて，その単位正方形の1列が4個，列数が6列となることから，長方形の面積は，

（1単位正方形の面積）×（縦の単位正方形の個数）×（横の単位正方形の列数）
＝（1cm²）× 4 × 6

となり，1cm²が24個で，24cm²になることが分かる。

長方形の面積を「（長さ）×（長さ）」と表現する子どもがいるが，この場合の「4×6」の「4」は4cmではなく単位正方形が縦に4個，「6」も6cmではなく単位正方形が横に6列という意味であることを理解できるようにする。また，一般に長方形の面積の公式は「縦×横」と言われているが，「（縦の長さ）×（横の長さ）」ではなく，正確に言えば，

長方形の面積＝（1単位正方形の面積）×（縦の長さを表す数）×（横の長さを表す数）

となる。単位正方形（1cm²）を1つ1つ数えれば24個あり24cm²と分かるが，かけ算をすることで，その手間を省き，よりよい求め方を追究し簡潔に表現している。これにより「長さ」に「長さ」をかけているのではないことを理解できるようにする。

このように，縦と横の長さを決めれば，面積が決まるという関数の考えを働かせて面積の公式をつくり上げる過程を経験することができる。この場合もこれまで学習した量（長さやかさ，重さなど）と同じように，単位となるものを見つけることにより数値化できることを

類推的な見方・考え方を働かせて理解することができる。そのために単位面積を必要とすることが感じられる学習指導を展開することが大切になる。

ここで，指導の順序は逆になるが，その指導に当たっては，例えば，次の図のように画用紙で作った3つの図形，図aの長方形（縦4cm，横12cm），図bの長方形（縦6cm，横8cm），図cの正方形（1辺7cm）の広さの大小を比較する場面を設定する。

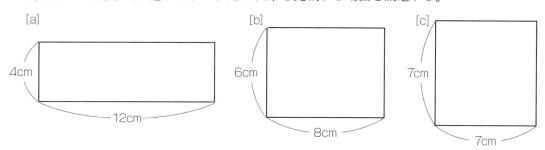

これらの測定について，一般的には次のような量の測定の4つの段階を踏まえて考えられるようにする。

（ア） ものを重ねるなどして量を比較する直接比較
（イ） 何か他の媒介物に置き換えて比較する間接比較
（ウ） ある単位を決めて，そのいくつ分かで比較する任意単位による比較
（エ） 共通の単位を用いて比較する普遍単位による比較

まず，子どもは見た目で図aが一番広いと直観的に広さを捉えたり，図cが大きいなどと周りの長さに着目して長いものが広いと考えたりする。それらの予想を確かめるために，（ア）の直接比較の操作（重ねる，はみ出した部分を切り取って重ねる等）をできるようにする。このとき，操作による面積の保存性は確認できるようにしておく。なお，切り取って直接重ね合わせることができない場合は，媒介物（例えば，トレーシングペーパーに写し取る）を活用する（イ）の間接比較の方法で面積を比較できるようにする。

このような具体的な操作などの活動によって，図a，図b，図cの広さの関係「a＝b＜c」を明らかにすることができる。さらに，このことから，図b，図cは周りの長さが等しいが広さが異なること，図a，図bは広さが等しいが周りの長さが異なることも分かる。これにより，「周りの長さでは面積は正確には分からない」ということを確認することができる。

次に，このように重ねないで面積が分かる方法がないか，また，広さの大小の違いを数で表す方法はないか，という観点で追究ができるようにする。つまり，類推的な見方・考え方を働かせて，長さ比べやかさ比べの学習に帰着し，広さを比べる場合にも単位を決めてそのいくつ分かで求められないかという考えを引き出すようにする。

その際，任意に決めたものの何個分かで表す場合には，そのものの大きさが違うときに不都合が生じることに気づくようにして，単位を統一することの必要性を感じられるようにする。そこでは，第2学年の「平面のしきつめ」の学習や方眼紙を重ねたり，数図ブロックを敷き詰めたりするなどのアイデアを活用して，単位面積として1辺1cmの正方形（1cm^2）

がよいことを見つけられるようにする。

そして、この単位面積として1cm²の正方形を使えば、図aが48 cm²、図bが48 cm²、図cが49 cm²とそれぞれの広さを数値化できる。

この過程では、図a、図b、図cのどの図でも共通して、（縦の長さを表す数）×（横の長さを表す数）となり、単位面積の正方形（1cm²）の数で求められることに気づくことができる。この過程では、帰納的な見方・考え方を働かせて面積の公式を導いている。すなわち、2次元の量（単位図形の面積）で直接測定することにより、測定しやすい2つの1次元の量（縦と横の長さ）に着目して、長方形の面積を間接的に計算して求めている。このことで、長方形の面積の公式の意味を明らかにすることができ、面積の概念は確かになっていく。

(3) 第5学年「三角形の面積の公式」
① 類推的な見方・考え方を働かせて既習内容に帰着する

長方形、正方形の面積の公式は、単位図形の面積の個数を求める方法によりつくり上げられることを経験することができた。それに対して、ここでの三角形、平行四辺形、台形などの面積の公式をつくり上げる過程では、面積の公式が分かっている長方形、正方形に類推的な見方・考え方を働かせて帰着させることにより、面積の公式を導くことがねらいである。このような類推的な見方・考え方を働かせて、既知の方法に帰着させることは、算数・数学の問題の解決においてとても大切である。

例えば、三角形や平行四辺形の面積の公式を導く場合、長方形の面積の公式が既習内容となる。長方形であればその面積は求められるので、与えられた三角形や平行四辺形を類推的な見方・考え方を働かせて既習の長方形に結び付けられないかという解決への見通しをもつことが大切となる。そうすれば、子どもが三角形や平行四辺形を長方形に関連付けて考えようと、その図形を分解したり合成したりする具体的な操作などの活動を工夫して考えることができる。

ここで三角形の面積の公式をつくり上げる指導に当たって、子どもは次のように多様な考え方をすることが予想される。

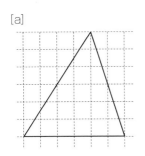 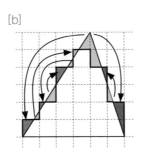 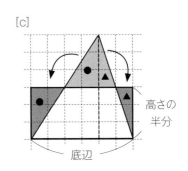

例えば、図aの三角形の面積について、図bのように単位正方形に着目して、半端になっているものを単位正方形1つになるように組み合わせて考えたり、単位正方形の半端部分

1個を0.5としたりして，それがいくつ分あるかを数えたりして面積を求めることができる。この方法で三角形や平行四辺形の面積は求めることができるが，三角形や平行四辺形の面積の公式を求めることにつながらないことがあるので留意する必要がある。このような場合には，いつでもこうすればよいという一般的な変形の仕方を考えることができるようにすることが大切である。

　すなわち，図bの単位正方形にできた半端部分を組み合わせて1つ1つの単位正方形の数を考えるよりも，図cのように，三角形の端を組み合わせることにより，縦が「三角形の高さの半分」，横が「三角形の底辺」の長方形に変形できることに気づくようにする。そうすれば，いつも既習の長方形に帰着して考えることができる。

　また，既習内容である長方形，正方形の面積から直角三角形の面積を利用して考える方法もある。直角三角形は，長方形を1本の対角線で分けてできることから，次の図dから図gのように，長方形の面積の公式を活用してその面積を半分にしたり（図d），等積変形をして長方形にしたり（図e）して直角三角形の面積を求めることができる。そして，一般の三角形の面積の場合には，直角三角形に分けることで，図f，図gのように，これまでの学習の成果（図d，図e）を使って既習内容と関連させて問題解決を図ることができる。

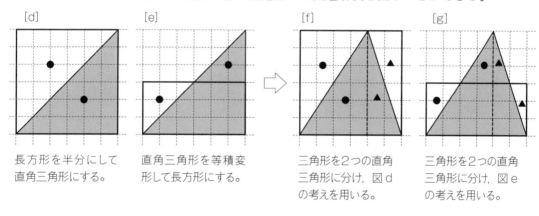

[d] 長方形を半分にして直角三角形にする。
[e] 直角三角形を等積変形して長方形にする。
[f] 三角形を2つの直角三角形に分け，図dの考えを用いる。
[g] 三角形を2つの直角三角形に分け，図eの考えを用いる。

　この過程では，具体的な操作などの活動を工夫することを通して，子どもが類推的な見方・考え方を働かせて長方形に帰着して考える方法を見つけ，面積の公式をつくり上げることができるようにする。このような学習により，既に求め方が分かっている図形にどのように帰着させて考えるか，そして，面積の公式がどのような過程で導き出されるかを多様に考えたり，筋道を立てて表現したりすることができるようになる。

　なお，どのような図形に帰着して考えるかについては，図形についての基本的な性質をよく理解できていることが求められる。特に，長方形，正方形の辺や角についての性質，三角形，平行四辺形などとの関係を確認した上で，それらの性質に着目して合成したり分解したりするなど，具体的な操作などの活動を通して表現できるようにすることが大切である。このような活動は，問題解決の中で類推的な見方・考え方を働かせる要因となる。

② 子どもの多様な考えから統合的な見方・考え方を働かせて面積の公式をつくる

　子どもは，三角形の面積について，様々な具体的な操作などの活動をその考えの根拠として，多様な方法で迫る。それには，図形の等積変形について適切な分解か合成かなどを，子どもどうしが確認し合い理解し合うことが必要である。そのことにより，どの方法も既習内容の長方形に帰着して考えていることや，それから得られた三角形の面積は，どのような場合も，

　　　（三角形の面積）＝（底辺）×（高さ）÷2

という式で表されることを明らかにできる。つまり，その過程で統合的な見方・考え方を働かせている。

　例えば，三角形の面積を求める場合に，子どもの多様な考えの中で，次の図aから図cのようなアイデアが見られる。

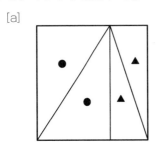 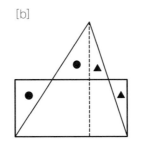 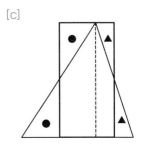

　これらの図a，図b，図cにおいて，三角形の面積を求める場合，得られる式は次のように表すことができる。

　図a　底辺を横，高さを縦とみた長方形の半分で，（底辺）×（高さ）÷2 …［式a］
　図b　高さを半分とみた長方形で，（底辺）×｛（高さ）÷2｝…［式b］
　図c　底辺を半分とみた長方形で，｛（底辺）÷2｝×（高さ）…［式c］

　これらの式を工夫して変形することによって，式b，式cの場合も式aの形にまとめることができる。つまり，上の図で，三角形の面積は三角形を囲む長方形の面積の半分であることが分かり，式b，式cが式aに統合的な見方・考え方を働かせてまとめることができ，公式化する根拠を明らかにすることができる。

　このように，面積の公式をつくり上げていく過程は多様であるが，面積の公式はその過程の考え1つ1つすべてを含んでいる代表であることに気づくことができる。そのことから，統合的な見方・考え方を働かせることにより，面積の公式に対して理解を深めることができる。

（4）第6学年「円の面積の公式」

　円の面積を求める方法として，円の面積は直接的に測定できないことから前述4（1）のとおり，円は半径が決まると大きさが決まり，面積も決まるという関数の考えを働かせて対応関係を考えることが必要になる。

　まず，はじめに円の面積の大きさの見通しをもつことができるようにすることが大切であ

る。次の図のように，1辺が10cmの正方形と半径が10cmの円の面積を比べる（図a）。円の面積は内接する正方形の面積より大きく（図b），外接する正方形の面積より小さい（図c）ことから，円の面積は半径を1辺の長さとする正方形の面積の2倍より大きく4倍より小さいという見当を付けることができる。

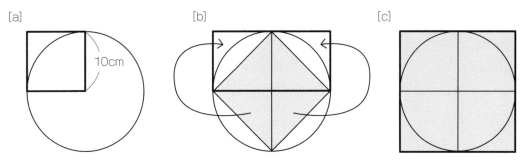

この指導に当たっては，既習内容である円周の長さを調べる中で，右の図のように，円周の長さは内接する正六角形の周りの長さより長く，外接する正方形の周りの長さより短いということに気づいた経験を振り返ることで，円周の長さは直径の長さの3倍より長く4倍より短いという見通しをもつことができるようにする。

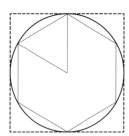

その上で，次の2つの方法で円の面積を求めることを述べる。
① 円を単位正方形で区切り，その数を数える方法
② 円をおうぎ形に等分して，等積変形をする方法

この2つの方法の特徴や違いを比較して，円の面積の公式をつくり出す過程で働かせている数学的な見方・考え方を明らかにする。

① 円を単位正方形で区切り，その数を数える方法

円の面積を求めるために，次の図のように1cm²の単位正方形で区切り，それが何個あるかを直接的に数える測定方法で求める。

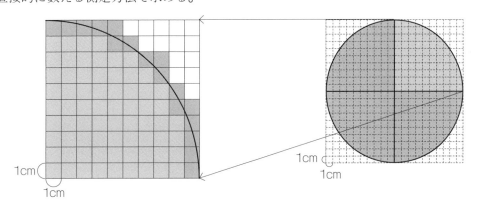

第2章―8　図形の求積公式の指導　167

この場合，円の内側に完全に入っている単位正方形の数を数え，円の輪郭の線にかかっている単位正方形の数を数える。単位正方形1個に満たない部分については，ならして0.5cm²として数えることにする。この考え方は，既習であり不規則な形の面積を求める際の概測に活用され，理想化の考えを働かせている。

指導に当たっては，1目盛りが1cmの方眼に，半径10cmの円をかき，この方法で円の面積を求める。円の $\frac{1}{4}$ のおうぎ形の中の1辺1cmの単位正方形の数を数えると，前ページの図から，単位正方形が69個，その半端部分が17個となることから，

(円の面積) = (69 + 17 × 0.5) × 4
           = 310
           (= 10 × 10 × 3.1)

この3.1は数値として正確なものではなく，円周率を用いない直接的な測定から求めたものである。そのため，この方法で（半径）×（半径）×（円周率）を導き出すのは無理なことである。しかし，これにより，子どもは測定しやすい半径の長さが分かりさえすれば，円の面積を間接的に計算できるという見通しをもつことができる。

したがって，半径が10cmの場合を調べたら，その次に半径が15cm，20cmなどの場合も同様に調べ，帰納的な見方・考え方を働かせて円の面積の公式を探っていくという方法が考えられる。もちろん，この場合も，前述の学びの成果を生かして，

「円は半径を決めると面積も決まるから，円の面積は半径で表すことができる」

「円の面積は，半径を1辺とする正方形の面積の何倍になるか」

というねらいや見通しをもって追究することになる。これは，半径と円の面積の間に何らかの関係があり，その対応を考えることにより，そのきまりを見つけようとする関数の考えである。

しかし，この方法で，円の面積を正確に求めるのは不可能である。そこで，これまでの既習内容を生かしながら，より簡単に，しかも正確な値に近づけるためにどうしたらよいかを考えることができるようにする。

② 円をおうぎ形に等分して，等積変形をする方法

次ページの図のように円を細かくおうぎ形に等分し，それを交互に並び替えると，縦の長さが半径，横の長さが円周の半分である長方形の面積に近づいてくるという考え方を基にした方法で求めることができる（図aから図d）。これは，円を分割し合成して既習内容である長方形の面積の公式に帰着させて考える方法である。その過程では極限の考えも働いてはいるが，子どもへの指導として深入りして説明する必要はない。

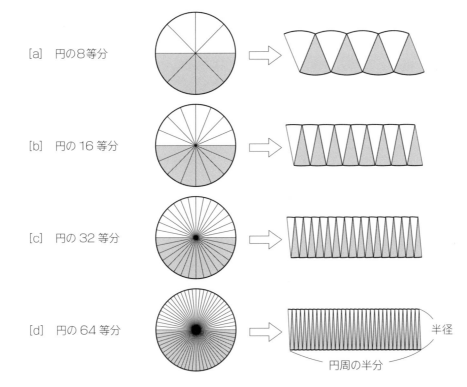

[a] 円の8等分

[b] 円の16等分

[c] 円の32等分

[d] 円の64等分　半径　円周の半分

　ここで，円のような丸いものを長方形に変形させるような方法を，子どもが考えつくことは難しいことである。そこで，正多角形の周りの長さで円周の長さを近似する既習の方法を利用する。例えば，円に内接する正六角形の周の長さは半径の6倍（直径の3倍）だから，円周は直径の3倍より少し長いということが分かる。そして，正十二角形，正二十四角形，……の周の長さを求めていけば，次第に正確な円周の長さが分かってくる。このようなアイデアを使って「円周の長さを正多角形の周りの長さで近似したのだから，面積も正多角形で近似できないだろうか」と類推的な見方・考え方を働かせることができれば，円の面積を求める方法の見通しをもつことができる。

　また，子どもの疑問点として，長方形の面積に帰着して考えるため，円を分割し合成させて面積を求める図を見ると，円の8等分，16等分あたりは底辺がでこぼこではないかということが予想される。このような場合には，円の32等分，64等分などの分割し合成する操作を順次行うことにより，得られた長方形は，縦が半径の長さで，横が円周の半分の長さに限りなく近づいたものとして考えることができるようにする。このことについて，教師が図を用意したり，コンピュータのシミュレーションなどで提示したりすることで，視覚的な理解ができるようにする。ここでは，極限の考えを働かせているが，触れる必要はない。

　この方法は，円を単位正方形で区切り，その数を数える方法と違って，円周率を前提として円周の長さを求め，式変形によって演繹的な見方・考え方を働かせて円の面積の公式をつくり上げるものである。

　そして，次ページのように図dの説明と照らし合わせながら，式を変形させて導くことが

図形の求積公式

第2章―8　図形の求積公式の指導

できる。これが円をおうぎ形に等分して並び替える方法の特徴である。

　　　円の面積＝長方形の面積
　　　　　　　＝（半径）×（円周の半分）
　　　　　　　＝（半径）×（円周）÷2
　　　　　　　＝（半径）×（直径）×（円周率）÷2
　　　　　　　＝（半径）×｛（直径）÷2｝×（円周率）
　　　　　　　＝（半径）×（半径）×（円周率）

　ここで，細かなおうぎ形を組み合わせて長方形の面積の公式に帰着させて考える方法について，特に，おうぎ形を組み合わせると長方形になることに気づきにくい面もある。そのような場合には，次のように三角形の面積に帰着させることもできる。細かく切ったおうぎ形を次の図のようにつなぎ，広げ，1つの頂点に集める方法である。これは，三角形の面積は高さを変えなければ面積は変わらないという等積変形を利用している。

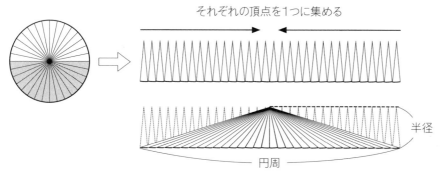

　これから，

　　　円の面積＝（円周）×（半径）×$\frac{1}{2}$
　　　　　　　＝（直径）×（円周率）×（半径）×$\frac{1}{2}$
　　　　　　　＝（半径）×（半径）×（円周率）

を導くことができる。こうすれば，円は中心を頂点として，円周を底辺とする三角形になるとみることができる。

　このことを具体的に提示するものとして，次ページのようにトイレットペーパーが使われることがある。中心まで詰まったトイレットペーパーのロールを円柱とみて，その底面の円周から中心までカッターナイフで切って広げると三角形ができることを示せば，前述の内容を理解することはそんなに難しくない。

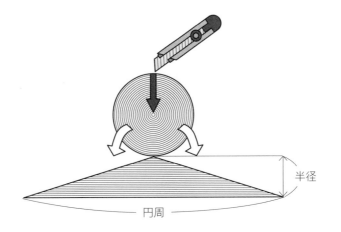

③ ①と②の方法で相補する指導

①の方法は，円を単位正方形で区切り，その数を数える方法で，関数の考えを基にして，円の面積の公式を帰納的な見方・考え方を働かせてつくり上げることができる。②の方法は，円をおうぎ形に等分して等積変形をする方法で，円周率を前提として演繹的な見方・考え方を働かせて円の面積の公式をつくり上げることができる。この両者の考え方を基にして，円の面積の公式を導くことは大切である。

この①，②の方法を基にした指導について，両者をただ単に独立させて，ばらばらなものとして取り扱うのではなく，両者の特徴を生かし，相補する関係として位置付けて取り扱うようにすると，子どもの理解を深めることができる。すなわち，①の方法について，円の面積は，何と関係があるか調べる中で，1辺が半径の長さの正方形の面積との間に，ある一定のきまりがあることに気づくことができる。そのことにより，円の面積の公式が推測できるが，その段階ではあくまでも推測であるので，それを検証しなければならないという方向で展開することになる。このことについては，円周率を用いた②の方法によって，①での推測を演繹的な見方・考え方を働かせて検証することができ，円の面積の公式を筋道立てて導くことができる。

9 量の概念形成の指導

1　量の概念形成の指導

　量とは，ものの大きさを表すものであり，基本的な量としては，長さ，かさ，重さ，面積，体積などの外延量と，速さ，人口密度などの内包量がある。低学年からの量の概念は，主に外延量が対象となり，保存性や加法性が成り立つ性質を基にして，具体的な量の大きさを比較したり測定したりする中で形成される。そのため，具体的な操作などの活動が重要になる。

　量の概念についての理解と，それぞれに応じた測定についての理解のためには，身の回りの具体物から量を取り出して，これまでの生活経験を生かしながら，「直接比較」「間接比較」「任意単位による測定」「普遍単位による測定」の4つの段階の活動を丁寧に経験することが大切である。これは，量の概念形成のためには重要な過程であり，長さ，かさ，広さ，重さなどを比較や測定をする上で共通する内容でもある。そのため，子どもにとって身近で概念を理解しやすい量である長さが初めに指導され，その概念形成の過程が基本となって，かさや広さ，重さの概念形成に生かされていく。具体的には，子どもは，長さの学習成果に類推的な見方・考え方を働かせて帰着することによって，それぞれの概念を形成していくのである。また，いろいろな量を測定する過程では，統合的な見方・考え方を働かせて比較や測定のあり方についてまとめることができる。

　このような共通した比較や測定の段階の中で，長さ，かさ，広さ，重さなどのそれぞれの量の概念は形成される。その中で比較においては，例えば，長さでは「長い，短い」，かさでは「大きい（多い），小さい（少ない）」，広さでは「広い，狭い」，重さでは「重い，軽い」などという，それぞれの量に適した言葉でその大きさの大小を表すことができ，その中で量の概念は形成されていく。また，測定においては，単位を使って数値化して量の大きさの大小を表す中で，任意の具体物を単位にしたり，また，より的確に分かりやすく表現するために普遍単位を用いたりして，「基準量のいくつ分」という単位の考えを働かせながら量の概念は形成され，より深められる。

　このように，量の概念形成をする過程では，様々な数学的な見方・考え方を効果的に働かせることで，「深い学び」に迫っていくことができる。また，そのことを通して，数学的な見方・考え方を育てることができ，より豊かにすることにもつながる。そこで，その具体的な指導はどのようにあるべきかについて考える。

2　量の概念形成の指導上の問題点

（1）比較や測定することの意味が十分でない

　量の概念は，量の大きさを比較や測定するような具体的な操作などの活動の中で形成されるものである。しかし，このような活動が十分ではないため，子どもの量の概念が形成されていない場合がある。

　量の大きさの比較や測定の段階において，直接比較，間接比較をすることは，日常生活でよく行われるので，その理解はそれほど困難ではない。しかし，任意単位による測定については，その必然性が感じられる活動となっていないことがある。例えば，あるものの長さを比較や測定する際に，長さの異なる鉛筆を何本か並べて「～は，鉛筆〇本分の長さ」と表していたり，友達の測定結果と比較や検討する場合に，任意単位となるものの大きさを意識せずに，単に「いくつ分」という数値の大きさのみを比較して大小を判断し，それで満足していたりすることがある。すなわち，長さを比較や測定する際に前提となる事柄が明確にされていないので，適切に単位の考えを働かせていないのである。

　また，普遍単位の導入についても同様である。任意単位とするものが人によって違うので，それだけでは正確に長さ調べができないということを実感できず，切実感をもっていないので，誰でも共通して使えるものとしての普遍単位の意味が十分に理解されていないのである。

（2）量の大きさの比較や測定の4つの段階がまとまりをもって指導されていない

　量の概念形成をする過程において，量の大きさを比較や測定する4つの段階（直接比較，間接比較，任意単位による測定，普遍単位による測定）は大切な役割をしている。これは長さ，かさ，広さ，重さなどで共通している面が多いので，指導する上では，類推的な見方・考え方を働かせて既習の量の大きさの比較や測定に帰着できるよさをもっている。しかし，そのような量についてのつながりが意識されずに指導されていることがある。そのため，量というまとまった捉えが意識されないまま，長さ，かさ，広さ，重さなどがばらばらな量として指導されている傾向がある。

　例えば，長さの比較や測定の4つの段階は，かさや重さの学習に生かすことができる。すなわち，かさの比較や測定について，長さの学習経験を振り返り，類推的な見方・考え方を働かせて，比較や測定することができるのである。もちろんそれぞれの量についての特質があるので，そのことに応じた比較や測定の仕方はあるが，逆にそのような違いを明らかにすることにより，それぞれの量の概念はよりいっそう形成されていくのである。広さ，重さの場合についても既習の量を基にして同様に展開することができる。そのようになれば，量の比較や測定について統合的な見方・考え方を働かせて，ひとまとまりのものとして捉えなおすことができる。

3　量の概念形成の指導に関連する指導学年

〔第1学年〕
- ○ ながさくらべ
  - ・直接比較，間接比較，任意単位による測定

- ○ かさくらべ
  - ・直接比較，間接比較，任意単位による測定

- ○ 大きさくらべ
  - ・直接比較，間接比較，任意単位による測定

〔第2学年〕
- ○ 長さしらべ
  - ・普遍単位による測定
  - ・長さの単位「センチメートル（cm）」「ミリメートル（mm）」「メートル（m）」と単位の関係

- ○ かさしらべ
  - ・普遍単位による測定
  - ・かさの単位「リットル（L）」「デシリットル（dL）」「ミリリットル（mL）」と単位の関係

〔第3学年〕
- ○ 長いものの長さしらべ
  - ・長さの単位「キロメートル（km）」と単位の関係

- ○ 重さしらべ
  - ・直接比較，任意単位による測定，普遍単位による測定
  - ・重さの単位「グラム（g）」「キログラム（kg）」「トン（t）」と単位の関係

〔第4学年〕
- ○ 面積
- ○ 角とその大きさ

〔第5学年〕
- ○ 体積

4　量の概念形成の指導と数学的な見方・考え方

（1）量の概念と測定
① 量の概念

　量の測定の指導については，ものさしやはかりなどの計器を使って測定することや，単位の換算ができるようにすることと安易に考えられがちである。しかし，それは指導の一部分で，本質的には「量」とは何か，すなわち「量の概念」を形成することが根本的なねらいである。例えば，低学年の子どもが具体物の長さ比べをする際に，その始点や終点を特定せずに比較したり，曲がっている部分をそのまま比較したりして，感覚的におよその長さで判断してしまうことがしばしばある。これは長さという言葉は知っていたとしても，それが何を意味するものかが明確に身に付いているとは言えないことを表している。そのことから，長さの概念を丁寧に形成する活動が必要となる。

　量については，はじめから数値があるわけではなく，漠然とした大きさの感覚があって，それを概念化し客観化する活動を通して，はじめて数値により表現されていく。そのため，量の指導に当たっては，子どもの体験を大切にした比較や測定などの具体的な操作などの活動を通して，量の概念とは何かを理解して形成できるようにすることが大切である。

ア　量の分類　―分離量と連続量―

　量は一般に分離量と連続量との2つに分類される。

　分離量は，ものの個数や人数などのように，それを細分していくと，ある単位以上に分けられない最小単位が決まってくる量である。したがって，その量の大きさは数えることで決まる。そのことから，分離量は整数で表すことができる量である。

　連続量は，長さ，時間，重さ，面積など，いくらでも細分することができる量で，整数だけでは表すことのできない場合があり，小数や分数を使って表すこととなる量である。小学校における量の測定では，この分類における連続量を扱うことになる。

　連続量は，分離量と違って最小単位が決まっていないので，その大きさは，任意の単位を決めて測定という操作によって，そのいくつ分であるかを調べなければならない。例えば，長さは1mという単位を定めて，そのいくつ分かを測定して数値化することで，その大きさを表現している。メートル法を用いない場合も，これに代わる何らかの単位を決めなければ長さを測定することはできない。つまり，連続量を数値化するには，任意の単位を決めることとその役割やその有用性を知る必要がある。ここには，文字通り「単位の考え」が働いている。そして，そのようなことを理解できるようにすることが主な学習内容となっている。なお，小数や分数は，その連続量の測定においてはしたの部分の処理に伴って生じた数とも考えられる。したがって，小学校では小数・分数の概念形成はこの連続量が基礎となる。詳細については，本書第2章「4　小数・分数の概念形成の指導」を参照されたい。

　さらに，連続量は外延量と内包量に整理できる。外延量は，長さ，重さ，面積，体積など

の大きさを表す量であり，基本単位のいくつ分で表すことができる。内包量は，速さや人口密度などの割合を表す量である。内包量の指導は，外延量を組み合わせて新しい単位を定め，異種の2つの量の割合を求めて表すことになる。詳細は，本書第2章「12　単位量当たりの大きさの指導」を参照されたい。

イ　量の性質と数学的見方・考え方

具体的な場面でのいろいろな量について，適切な単位を決めることによって数値化する過程や結果を基に必要な判断を行う。その際において，特に連続量のうち外延量は，次のような数学的な見方・考え方（保存性の考え，加法性の考え，推移律の考え）が育てられる。

（ア）保存性の考え

保存性の考えとは，ものの形を変えたり，分割したり，または位置を移したりしても，全体の量の大きさは変わらないということである。例えば，次の図aのように1Lの牛乳を別の形の容器に移したり，図bのようにいくつかの容器に分けたりしても，量は1Lで変わらない。

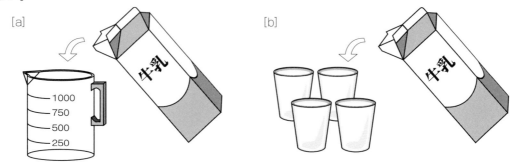

（イ）加法性の考え

（ア）の保存性の考えを基にすると，量の加法性の考えも成り立つ。加法性の考えとは，複数のものの量を合わせたとき，全体の量の大きさは元の量の和で求めることができる考えである。例えば，800gの鍵盤ハーモニカと500gのケースで，鍵盤ハーモニカをケースに入れると全体の重さは800g＋500gで1300gと求めることができる。

この量の保存性の考えと加法性の考えにより，外延量を正確に測定することができる。もし測定をするたびに，量の大きさが変わってしまうのであれば，量の測定を表現することはできなくなってしまう。このように，外延量の加法性を用いると，長さ，かさ，重さなどについての測定の工夫につながったり，また，加法・減法の計算をすることができたりする。

なお，2％と3％の食塩水を合わせて5％にはならないなど，円周率や出席率（同種の2つの量の割合），速さや濃度（異種の2つの量の割合）などの内包量については，加法性の考えは成り立たないことを留意できるようにすることが大切である。

（ウ）推移律の考え

3つ以上の量を比較する際には，量の大小関係に推移律の考えが成り立つことが前提となっている。例えば，A，B，Cという3つの量があるとき，次のことが成り立つ。

$$A > B，B > C \quad ならば \quad A > C$$

このため，3つ以上の量の比較や測定において，推移律を用いると，量の大きさについて適切な判断をすることにつながる。特に，間接比較の段階では，A，Bの2つの量が直接比較できない場合，第3の量（媒介する量）としてCを導入して，A，Bの大小を判定する考えである。

こうした量の性質は，指導内容として取り上げたり，用語を指導したりするものではなく，特に低学年の子どもが量の測定の学習において，感覚的な誤った捉え方をしてしまったり，算数で扱う量の意味を見失ったりしてしまわないように，教師が意識しておく内容である。

② 比較や測定の指導の4つの段階

量についての理解と，それぞれの量に応じた測定についての理解のために，新しい量を指導する際には，次の4つの段階を踏まえて指導することが大切である。

- ア 直接比較
- イ 間接比較
- ウ 任意単位による測定
- エ 普遍単位による測定

「ア 直接比較」では，2つ以上の量を直接的に並べて比較することで，大小関係を判断する。このとき，何と何をどのように比較するかを明らかにすることを通して，その量の概念についての理解を図ることができるようにする。

「イ 間接比較」では，移動が不可能なものなどで直接比較ができない場面において，媒介物を用いて比較を行う。ものの量を別のものに置き換えることを通して，量の概念についての理解を図ることができるようにする。

「ウ 任意単位による測定」では，量を数値化することが必要になる。身の回りにある任意のものを使って，そのいくつ分かで量の大きさをはかり，それを単位として量の大きさを数値化して比較することへと質的な変化が求められる。なお，その任意単位となるものと同じものをいくつか準備しておく必要がある。

「エ 普遍単位による測定」では，任意単位による測定で不都合があることから，共通の単位の必要性を理解できるようにする。そして，普遍単位を導入し，それを単位とした量の測定ができるようにする。

このような測定についての4つの段階の指導を通した見方・考え方は，量の測定のそれぞれの指導過程で働く重要なものであり，常に帰着して考えることができるようにしておく必要はある。例えば，長さについて，第1学年では上記（ア）から（ウ）の活動を通して指導する。それを受けて第2学年では（エ）の活動へと進める。そして，量の4つの段階の指導にしたがって長さの概念は形成され，測定の仕方について理解できるようになる。これと同様に，かさ，面積，重さの量については，かさと面積は，第1学年で量の4つの段階の指導

のうち（ア）から（ウ）の活動を指導する。かさの普遍単位は第2学年で，重さの普遍単位は第3学年で，面積の普遍単位は第4学年で指導する。量の測定の学習は，子どもの立場となれば，長さの学習の流れを基本として，類推的な見方・考え方を働かせて帰着できるように指導することが求められる。そのため，はじめに取り扱う長さの指導において，比較や測定の見方・考え方を身に付け，比較や測定する具体的な操作などの活動を十分に経験できるようにすることが必要である。

ただし，この4つの段階は，測定の指導の基本的な段階例であり，量によって，また子どもの発達段階によって，このすべてを比較や測定する必要はない場合がある。

（2） 長さの概念形成の指導
① 第1学年「ながさくらべ」

この単元では，「長さ」という量の意味や「はかる」ということの意味を理解する上での基礎となる経験をできるようにすることがねらいである。長さの単位やはかることの意味を理解できるようにするためには，具体物を用いて直接的にあるいは間接的に長さを比べる活動を行うことが大切である。さらに，長さを測定するときには，単位となるものを任意に決めて，その「いくつ分」かが分かれば長さが決まることを理解できるようにする。ここでは，単位の考えを働かせている。

ア　直接比較による長さ比べ

長さを比べるとき，ものを移動して直接重ね合わせることで比べることができる場合がある。この直接比較による長さ比べを通して長さの概念形成を図るために，次のような視点で比較ができるようにする。

○ 鉛筆の長さ比べを通して，2つのもののそれぞれの端をそろえて，反対側の端で長短を判断することを確認できるようにする。

○ 次の図のように，色や幅の違うリボンの長さ比べを通して，ねじれをぴんと伸ばし，端をそろえることを確認する。長さは色や形には関係ないことについても確認できるようにする。

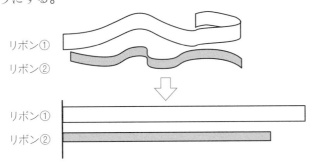

○ 次ページの図のように，材質の違うひも，モールなどの長さ比べを通して，曲がったり，たるみがあったりするものはぴんと伸ばし，一方の端をそろえることを確認する。長さ

は材質などの属性に関係しないことについても確認する。

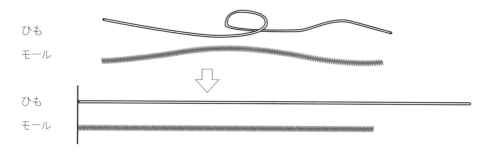

　また，紙の縦の長さと横の長さという同じものの中にある長さの比べ方について，その紙を折って縦と横を重ねるという方法で直接比較をすることができる。このアイデアは，図形の性質を調べる活動にも生かすことができる。
　これらの場合は，基準をそろえるという測定の考えで，他方の端でその長短を判定して比較することができる。
　　イ　間接比較による長さ比べ
　ものを移動して，直接重ね合わせることが難しいときには，媒介物を使って比較できるようにする。このような間接比較は，例えば，机の縦と横の長さのように移動できないものの長さを比べる場合には，次の図のようにテープやひもなどを用意して，机の縦と横それぞれの長さを写し取ることにより，直接比較の考えに基づいて長短を判定して比較できる。そのことで媒介物を用いる間接比較のよさを味わうことができるようにする。特に，子どもが直接比較ができないという点からどうすれば比較ができるかという問題意識をもつことができるようにする。また，媒介物として紙テープを用いると，ものさしや巻尺という測定器具を使った測定の素地とすることができる。

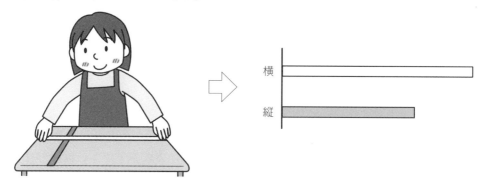

　　ウ　任意単位を用いた測定による長さの比べ方
　間接比較において，媒介物となるものを使わない場合には任意単位を用いた測定による長さ比べができるようにする。ここでは，例えば「（間接比較に用いる媒介物として）テープやひもなどの長いものがなかったら」という場面を設定する。任意単位となるものについては，指を広げた長さ，鉛筆やキャップのような適当な基準となるものの長さなどが挙げられ

る。そして、その「いくつ分」であるかを調べ数値化して表すと、長さを表したり比較したりすることができる。ここで、長さを数値化することのよさは、直接比較できないものも比較できたり、数値の比較で大小が分かったりするだけでなく、違いについてもどちらがどれだけ長いかということが分かることである。

また、任意単位が異なるもので測定した場合、「○○のいくつ分」で表したときの数値の大小と長さの大小が、次の図a、図bのようにずれが生じる問題点が起こることに気づくようにする。そうすれば、第2学年での普遍単位の導入へとつながる。

[a] 同じ長さの短い鉛筆3本

[b] 同じ長さの長い鉛筆3本

なお、任意単位となるものについては、同じ長さのものを並べて測定することに気づくようにすることが必要である。中には、「鉛筆で○本分」と測定することができても、次の図cのように長さの違う鉛筆をいくつか並べて測定している子どももいる。このような活動を丁寧に繰り返すことで、子どもの長さの概念を養い、任意単位のいくつ分という比べ方のよさに気づくことができる。

[c] 長さの違う鉛筆3本

② 第2学年「ながさしらべ」（長さの普遍単位 cm, mm）

この単元では、長さの普遍単位（cm, mm）を用いることの必要性に気づき、単位の意味について理解できるようにするとともに、それを使った測定が適切な計器を用いて正しくできるようにすることがねらいである。

ここでは、任意単位による問題点を十分に認識できるようにする。例えば、任意単位による測定は、単位とするものの大きさが人によって違うことがある。そのため、測定しているものの長さを表す「○○のいくつ分」という数値が異なってくることがある。

また、単位となるものの長さにより、「いくつ分」とぴったり表現できるときもあれば、「いくつ分と少し」というようにはしたが出てしまい、正確に表現できないときもある。このような任意単位による測定の問題点は、子どもの具体的な操作などの活動を通して、共通の単位でないと比べられないことを自らが認識できるようにする。そして、普遍単位の必要性とよさを感じられるようにする。その上で、普遍単位「センチメートル（cm）」を導入する。

長さの普遍単位（cm, mm）の導入に当たり、測定器具として「30cmのものさし」を導入するが、その前段階として、次ページのような1cm目盛りの「cm単位のものさし」を作って使用する。まず、cm単位のものさしで目盛りの基本的な読み方、測定の仕方を指導し、

30cmのものさしに結び付けるようにする。特に，0の位置や途中の目盛りからでも長さが測定できることに気づくようにする。このcm単位のものさしは，mm単位の小さい目盛りがない分，長さの

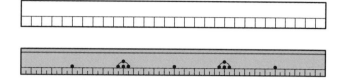

[cm単位のものさし（上）と30cmのものさし（下）]

量感をもちやすい。しかし，mm単位の長さは測定できないので，例えば，はがきの横の長さ（10cm）は測定できるが，縦の長さ（14cm 8mm）は「15cmくらい」としか測定できない。そこで，1cmより短い長さの表し方として「ミリメートル（mm）」単位を知らせる。そして，mm単位まで測定できる計器として，cmとmmの目盛りの付いた30cmのものさしの必要性を感じられるようにしてから，30cmのものさしを知らせる。

　また，この単元でも量感を育てることは大切である。量感を育てることは，ものさしなどの計器で測定しなくても，量のおよその大きさを見当付ける状態にあることである。量の見積もりは，単なる予想ではなく，量の単位を意識した根拠のある考えでなければ意味がない。だから，量感があると，目的に応じて適切な計器，単位の選択ができ，測定の大きな誤りも防ぐことができる。そして，測定活動では，よりよく計画したり，能率的に進めたりすることができる。この内容の詳細は，本書第2章「10 適切な単位の選択による測定の指導」を参照されたい。

　量感の指導は，教えて身に付くものではなく，繰り返し測定活動を行うことにより養われるものである。その例として，cm単位のものさしを使う段階では，「10cmをつくる」活動や「10cmの長さ見つけ」などの活動が挙げられる。また，測定する前に，長さの予想をしてから測定したり，グループの中で測定方法の妥当性を確かめ合ったり，予想と実測との違いを振り返ったりすることができるようにすることで，技能とともに量感の育成を図ることができる。

　なお，単位換算の指導については，形式的に行うのではなく，「単位のいくつ分」という単位の考えを基にすることができるようにする。例えば，複名数（複数の単位で表されるもの）で表された5cm 7mmは5cm＝50mmだから，50mmと7mm合わせて57mmと単名数（1つの単位で表されるもの）で表すことができる。この逆も含めて自由に表すことができるようにする。

③　第2学年「長さしらべ」（長さの普遍単位m）

　この単元では，普遍単位cmよりも大きな単位の必要性を感じ，普遍単位「メートル（m）」を導入するとともに，1mのものさしや3mのテープによる測定活動を通して，長さの量感をさらに深めることができるようにすることがねらいである。

　指導に当たっては，量感を育てる意味からも，自分の体の部分の長さを測定する活動を行

う。その中で，両手を広げた長さなどの1mを超える長さの測定へと進めていく。子どもは，30cmのものさしを使い，友達と協力しながら30cmのものさしをいくつもつなぎ合わせるなどして測定し，cm単位で長さを表す。しかし，ものさしをつなぎ合わせることから生まれる不正確さや表す数値が大きくなることで，cm単位だけで長さを表現する不便さを感じる。そこに焦点を当て，上位単位として「メートル（m）」の導入を図るようにする。

そして，次の図のような，1mのものさしや自作の3mのテープによる測定活動により，教室の窓の横の長さなどを測定する活動を取り入れる。予想と実測を繰り返し，子どものイメージと実際の測定結果とを比較することを通して，長さの量感を養うことができるようにする。特に，体の部分の長さをものさしを使って測定し普遍単位で表すことは，ものさしを使った測定や普遍単位による表現と，直観的に長さを把握する量感による測定とを結び付けることに役立つ。

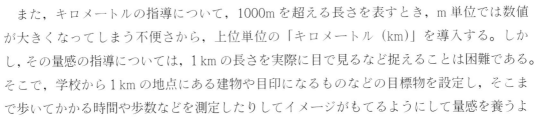

[1mのものさし（上）と3mのテープものさし（下）]

④ 第3学年「長いものの長さしらべ」（長さの普遍単位km）

この単元では，これまでの学習の成果を基に，計器としての巻尺と普遍単位「キロメートル（km）」を理解できるようにすることがねらいである。

計器について，これまで測定したい長さや目的に応じて選択することを大切にし，30cmのものさしや1mのものさしで測定してきた。ここでは，長いものや丸いものの長さを測定する活動を通して，巻尺の機能性や有用性に気づくことができるようにする。具体的には，幅跳びの跳んだ長さや木のまわりなどの曲がっているものの長さの測定を通して，巻尺のよさを感じることができるようにする。

巻尺の使用については，次のことについて留意するように指導する。

○ 0の目盛りの位置を確認し，始点に正確に合わせる。

○ ケースから必要な長さだけを引き出し，ねじらせずにぴんと張る。

また，キロメートルの指導について，1000mを超える長さを表すとき，m単位では数値が大きくなってしまう不便さから，上位単位の「キロメートル（km）」を導入する。しかし，その量感の指導については，1kmの長さを実際に目で見るなど捉えることは困難である。そこで，学校から1kmの地点にある建物や目印になるものなどの目標物を設定し，そこまで歩いてかかる時間や歩数などを測定したりしてイメージがもてるようにして量感を養うよ

うにする。また，駅からの距離や「徒歩〇分」と表示された広告などを取り上げて，km単位の理解を深められるようにする。なお，量感の育成については，本書第2章「10　適切な単位の選択による測定の指導」を参照されたい。

（3）　かさの概念形成の指導
①　第1学年「かさくらべ」
　この単元では，長さの指導の場合と同様に，かさの基礎的な概念と測定について，初歩的な理解を図ることがねらいである。その指導は，長さの場合と同様に測定の4つの段階にしたがって，次のように進めていく。
　まず，水のかさは容器を変えても変わらないという量の保存性について確認できるようにする。それを前提として水を取り上げる。それは，水は流動性があり，入れ物によって形を変えることができるので，比較や測定の活動が行いやすいためである。その上で，かさの測定については，（ア）直接比較，（イ）間接比較，（ウ）任意単位による測定，（エ）普遍単位による測定という4つの段階で指導していく。なお，（ア）から（ウ）は第1学年で，（エ）は第2学年で指導する。

　　ア　直接比較によるかさ比べ
　形や大きさの違う入れ物に入る水のかさを比較するときには，一方の入れ物の水を他方の入れ物に移して，あふれるかどうかでかさの大小を比較することができる。

　　イ　間接比較によるかさ比べ
　形も大きさも同じ入れ物に水を移して，その水面の高さによりかさの大小を比べることができる。かさは，3次元の量であるため比較や測定が難しいが，底面積が等しい入れ物を用いれば，高さという1次元の量で捉えることができる。

　　ウ　任意単位を用いた測定によるかさ比べ
　次の図のようにコップなど基準となる単位を決めて，その単位のいくつ分かでかさを数値化して測定することができる。

なお，かさの保存性について理解が不十分な子どもがいるので十分留意する。例えば，一定の量の水を円柱状の入れ物に入れた場合に，底面積の大きい入れ物では水の高さが低く，底面積が小さい入れ物では水の高さが高くなる。すると，後者の方が前者よりも水の量が多いと答える子どもがいる。また，大きいコップいっぱいに入った水を，小さいコップに分けて入れていくと，後者の方が前者より水の量が多いと言う子どもがいる。このような場合は，共通する入れ物に移したりして，確認することができるようにする。

② 第2学年「かさしらべ」（かさの普遍単位 mL，dL，L）

　この単元では，これまでのかさの学習について，長さと同様にかさも普遍単位が必要であることに気づき，単位の意味を理解できるようにするとともに，それを用いた測定が正しくできるようにすることがねらいである。

　かさの単位は，測定の操作がしやすいことから，まず「リットル（L）」から導入し，L単位を使った測定をする。次に「デシリットル（dL）」を知らせ，水筒や身近な入れ物に入る水のかさを数値化する。1dLについては，1Lを10等分した1つ分を単位としてつくられた単位であることを理解できるようにする。

　さらに，1dLに満たないはしたのかさの単位が「ミリリットル（mL）」であることや，1Lは1000mLであることを，牛乳パックやジュースなどの容量などをますを使って調べる活動を通して理解できるようにする。その後，10mLごとに目盛りを付けた1dLますを使って，350mLなどの表示の缶に入る水のかさを測定する場面を設定する。それが，次の図のように1dLます3杯分と，はしたが50mLとなることを確かめることにより，dLとmLの関係も理解できるようにする。このように，入れ物の表示と調べた結果を照らし合わせることで，単位の関係性に気づくことができる。そのようなことを通して，測定によって明瞭・的確に表すことができるよさを感じられるようになり，かさの概念は深まっていく。

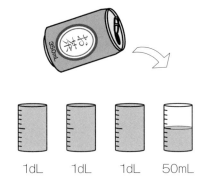

　なお，測定に関しては，次の点に留意する。
　○　測定しようとする量を明確に把握する。
　○　その量に即して，およその見当を付けたり，どの単位を用いるかを適切に考えたりして，単位を選択し決定する。
　○　決定した単位によって，測定しようとする量が，その単位のいくつ分であるかを捉え，測定値として読み取る。

　このような活動を通して，かさの意味や測定の考えについて実感的に理解できるようにする。なお，量感として，10mL，50mLなどはきちんと捉えられるようにする。また，工作

用紙などで作った1辺1cmの立方体の容器に入るかさが1mLであることも実物を示して知らせるようにする。1mLについてメスシリンダーで測って示す必要はないが，右の図のようなシロップ状の薬の量をはかるコップや液体洗剤の量をはかるキャップなど日常で使われる「少ないかさ」の容器の実物を提示すると理解しやすくなる。

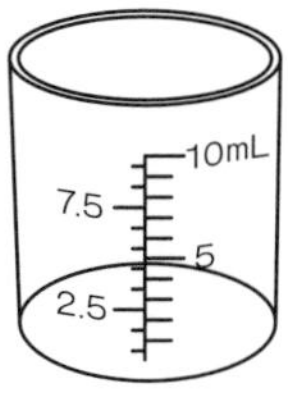

かさは，長さと同様に保存性があり，数値化することにより加法・減法の計算が適用できることも確認できるようにする。

（4） 面積の概念形成の指導
① 第1学年「ひろさくらべ」

この単元では，身の回りにあるものの面積を直接重ねて比べるといった具体的な操作などの活動を通して面積に関心をもち，2次元的な広がりを意識できるようにする。そして，面積も単位とするものを決めて，その「いくつ分」というように数値化して表したり，比較したりすることができることに気づくようにする。

面積についても，長さやかさと同じように，次の4つの段階が考えられる。

　　ア　直接比較による広さ比べ

ものを重ねるなどして面積を比較する。

　　イ　間接比較による広さ比べ

何か仲介物に置き換えて面積を比較する。

　　ウ　任意単位を用いた測定による広さ比べ

ある共通の媒介物として単位を決めて，そのいくつ分かで面積を比較する。

　　エ　普遍単位を用いた測定（第4学年）

普遍の単位を用いて数値化することにより面積を比較する。

第1学年は，直接比較，間接比較，任意単位による測定を行い，第4学年で普遍単位による測定を行う。このような測定活動について，面積は2次元の量であるために量の大小の比較がしづらいことがある。長さの場合には，一方の端をきちんとそろえれば，反対側の端でその大小を比較できる。面積の場合には，明らかに面積の大小が分かるものであれば端をそろえなくても小は大の中に含まれてしまうので分かるが，そうではない場合には重ねても大小比較できない場合が多い。

また，水のかさの場合には自由に形を変形できるので，違う入れ物に移して間接比較することは容易であるが，紙に表された広さなどの面積はこのように変形することは困難であるため，間接比較は難しい。

しかし，面積の直接比較や間接比較は困難であるものの，「重ねても比べられないならば，それぞれの上に大きさが同じ数図ブロックなどを並べて，その個数で数を比べよう」などというアイデアを引き出すことができる。こうした任意単位によるもので比較するアイデアを

引き出すようにする。

　実際には右のように数図ブロックや色板を並べたり，ます目を塗りつぶしたりするといった活動ができるようにする。ここでは，教師から一方的に任意単位となるものを与えたりするのではなく，子どもから考えを引き出すようにする手だてが必要になる。このような活動を通して，広さを数値化して表すよ

さや便利さに気づくことができるようにして，面積の概念を深めていくことができる。詳しくは，本書第2章「8　図形の求積公式の指導」を参照されたい。

(5)　重さの概念形成の指導
①　第3学年「重さしらべ」（重さの普遍単位 g，kg，t）

　この単元では，長さやかさの学習を基に，重さについて理解し，その普遍単位を知るとともに，用途に応じて適切な計器を用いて測定できるようにすることがねらいである。

　重さは，目に見えないものであり，長さやかさのように見かけの形や大きさだけでは判断できないことが多い。そのため，重さの概念形成の難しさにつながっている。しかし，長さやかさと同様に，ある決まった量を単位にして数値化でき，数の大小で比較できる量である。このことについては，天秤などの計器を使った測定活動を通して，重さの概念を理解できるようにする。

　そのためには，測定により数値化して重さを目に見える形にする必要がある。測定には長さやかさの場合と同様に，次の4つの段階が考えられるので，類推的な見方・考え方を働かせて，長さに帰着して関連付けて普遍単位の必要性を感じられるようにする。

　　ア　直接比較による重さ比べ

　2つのものの重さがかなり違えば，両手に持って感覚的に判断ができるが，そうでない場合は，シーソーなどで重さの違いを視覚的に判断した経験に触れ，両腕の長さの等しい簡単な天秤のようなものを作って比べる。その際，子どもが「重い」「軽い」という表現を使ったり，「同じ重さ」とつり合った状態を表現したりしたところで重さの用語を導くようにする。

　　イ　間接比較による重さ比べ

　重さの場合はこの段階は，あまり意味がなく省略する。

　　ウ　任意単位を用いた測定による重さ比べ

　直接比較では，どちらが重いかを判断することはできるが，「どれだけ重いか」については知ることは不可能である。また，複数のものを一度に比べる場合は直接比較では困難である。そのため，重さをより客観的に捉えるために，適当な単位量を基にして数値化して表す必要が生まれる。つまり，重さは長さやかさと同じように「単位量のいくつ分」として測定

できることを明確に捉えられるようにすることが大切となる。任意単位としては，普遍単位の段階へのつながりを考慮した1円玉（1g）や釘，クリップなどを使うことができ，同じ重さのものをたくさん準備しておく必要がある。

　エ　普遍単位による測定

　普遍単位として，日常生活でよく目に触れやすい「グラム（g）」の単位から導入する。1gは1円玉1個の重さと同じであるため量感を捉えるのに都合がよい。その後，重いものを測定する単位として「キログラム（kg）」を取り上げる。そこで，1kg＝1000gの関係を確認できるようにする。

　はかりには，ばね秤，さお秤，天秤，上皿自動秤，デジタル秤，キッチンスケールなど，用途に応じて様々な種類がある。そのようなはかりによる測定では，そのはかりでどれだけの重さがはかれるか（秤量），どこまで詳しくはかれるか（感量），さらに1目盛りの大きさを確認するなど，測定する目的や測定するものに応じて，はかりについて適切に理解していることが必要である。なお，はかりには秤量や感量のそれぞれ異なるものがあるので，は

かる前にはかるものを手に持って重さの見当を付けてから，はかりを適切に選択することも測定の基本的な操作の1つである。そのために，例えば，秤量2kgのはかりに，2kgを越えるような重いものを乗せる場合，針が振り切れて測定できないことなどを示範するなどして観察できるようにする。

　また，はかりの目盛りの読み方は，次のことに留意するように指導する。

○　1番大きな目盛りを確認し，それがどのように等分されているかを調べる。

○　2番目，3番目，……の目盛りを順に確認する。目盛りと目盛りの間を意識する。

○　最小目盛りの大きさを捉えて，針の指している目盛りをはかりの正面から読む。

　多くのはかりは，同じ大きさの目盛りの間は10等分されているが，中には5等分のものもある。

　実測の指導に当たっては，例えば，ものをはかり，針が1kg370gを指したときの読み方について，まず一番大きな目盛りは1kgと2kgの間，次に，大きい目盛りは1kg300gと1kg400gの間，そして1kg400gから一番小さい目盛りを読み戻して1kg370g（または，1kg300gから読み進めて）と確認できるようにする。このように目盛りの読み方について，大きい文字の目盛りから順に，その範囲を狭めていくように読んでいくことができるようにする。

　また，重さについても他の量と同様に，量感を豊かにすることは大切であるが，長さやかさと違って見た目での判断が難しいので，具体的な操作などの活動を繰り返し取り入れる必要がある。また，測定活動を通して重さの保存性を理解できるようにする。

　このようにして，第3学年までに長さ，かさ，重さの単位を学習する。その関係性は，そ

れぞれの単位に共通することから,量の単位についての理解を深めることができるようにする。

具体的には,長さ（mm, cm, m, km），かさ（mL, L），重さ（g, kg）の単位について，次のようにそれぞれ共通する単位相互の関係性などを整理する活動ができるようにする。

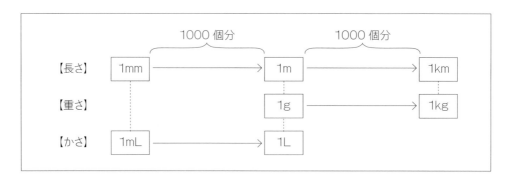

ここで,量の単位には,k（キロ）やm（ミリ）など,共通の接頭語が付くことや,「m」が付く単位を1000集めると基本単位「メートル（m）」「グラム（g）」「リットル（L）」になり,基本単位を1000集めると「k」の付く単位になることなど,統合的な見方・考え方を働かせて整理することができる。なお,単位の関係性の指導の詳細については,本書第2章「10 適切な単位の選択による測定の指導」を参照されたい。

コラム3

私が尊敬をする教育者
塩野　直道（1898〜1969）日本の教育者

　昭和10年から18年まで使われた国定教科書『尋常小学算術』は表紙が緑色であったため「緑表紙」と呼ばれた。この編纂主任が，塩野直道先生であった。この教科書は，それまでの教育内容を一新し，「希望の緑表紙」と言われた。また「世界的レベルに到達できる」とも称賛され，当時の算術教育界は大いに活性化した。
　その教育内容から，塩野先生は，算術教育に対して，
「数理思想の開発を主眼とする」
「教材を児童の心理に適合させる」
「教材を実際生活に合わせる」
ということを根本に考えられていたことが伝わって来る。そして，「緑表紙」は，小1の絵図を教育内容とすることや教科書の展開過程の形式など，戦後の算数・数学教育に引き継がれていった。
　そのことについて，『数学教育論』（啓林館，1947）の中で，
「まず具体的な事実に当面させて必要感興味をいだかせ，それに基づいて，その中にひそむ数理的なものを見出す。あるいは数理的に解釈し，処理する。次にはそのつかんだものを確実に理解させ習得させ，最後に応用発展をはかるという順序が原則としてとられている。いわゆる導入問題はかような意味で，つねに新教材の最初に掲げられているのである。」
と，確信をもって述べられている。

（柴田　録治）

10 適切な単位の選択による測定の指導

1 適切な単位の選択による測定の指導

　単位とは，測定のために用いる基になる大きさのことである。また，量の大きさを測定するとき，その一定の量を基準として量の大きさを数値化することである。すなわち，「単位とする量のいくつ分」という単位の考えを使って表現することである。そのため，このような測定をする活動において，適切な単位の選択をして数値化するという一連の活動は，量の測定の基礎・基本である。そして，この適切な単位の選択による測定について，重要な要素となるのが量感を身に付けていることであり，単位間の関係を理解していることである。

　まず，量感を身に付けているということは，長さ，かさ，重さ，面積，体積等の量について，計器で測定しなくても，およその測定値が分かる状態にあることである。それは，いろいろな測定の経験を基に，類推的な見方・考え方を働かせて，量についての見直しをしたり，適切な見積り，すなわち単位量のおよそ何倍くらいかという見当を付けたりするなど，量についての適切な判断ができることである。それが，適切な単位の選択や計器の選択につながる。そのため，それぞれの量について統合的な見方・考え方を働かせて捉え，日常生活の多くの場面で量感の育成を継続的に取り組むことが大切である。

　また，単位間の関係の理解については，計器を使って正確にはかる活動を通して，単位の何倍かという考え方を使えるようにすることが大切になる。そのことを通して，その関係に気づいていく。そして，長さ，かさ，重さのそれぞれの単位の関連性について，具体的な操作などの活動を通して，統合的な見方・考え方を働かせて整理することができる。例えば，m（ミリ）が付く単位を1000集めると基本単位になり，基本単位を1000集めるとk（キロ）の付く単位になることに気づくことができるようにする。そして，単位の接頭語の意味や計器などで大きさのイメージをもつことができるようにする。また，面積や体積については，その単位に当たる正方形や立方体のいくつ分かを考え，その関係を理解することができる。そのことを通して，単位間の関係の理解はさらに深まっていく。

　このように，適切な単位の選択による測定では，様々な数学的な見方・考え方を効果的に働かせることで，「深い学び」に迫っていくことができる。また，そのことを通して，数学的な見方・考え方を育てることができ，より豊かにすることにもつながる。そこで，その具体的な指導はどのようにあるべきかについて考える。

2　適切な単位の選択による測定の指導上の問題点

（1）量感の指導が量の指導で十分に関連付けられていない

　量感を育てる指導は，当てずっぽうに正解となる量に合うような訓練をしているのではない。ものさしや巻尺で長さをはかったり，計量カップでかさをはかったり，はかりで重さをはかったりする中で，量感が養われていくことを目指している。しかし，測定により数値化して表現する指導が先行し，計器を使った正しいはかり方のみに指導の重点が置かれがちな面もある。計器の正しい使い方の指導は大切ではあるが，子どもの活動がそれのみの形式的な活動になっていることがあれば心配である。

　ここで，子どもが測定をする活動の中で，適切でないような計器を選択したり，かけ離れた数値を計器から読み取ったりしたときに，子どもは少しも疑うことなく活動をそのまま進めるか，その計器の選択や数値の読み取りを振り返って見直しができるかどうかが問われる。そのような場面で効果的に働くのが，適切な量感をもっているかどうかということである。つまり，測定の指導を通して量感は育てられ，その量感により測定結果は確かめられるのである。

　量感の指導については，長さ，かさ，重さ，面積，体積などの量の指導上の共通点を捉えながら，ばらばらな指導とするのではなく，互いに関連付けた指導が必要である。

（2）単位間の関係について形式的な指導がされている

　単位間の関係についての指導は，単位換算の指導に重きを置き，暗記のような形式的な記憶となっていることがある。長さの単位である cm，m，km の関係は比較的定着はされているが，子どもが迷う顕著な例として，面積では $1m^2$ は $100cm^2$ か $10000cm^2$ か，$1km^2$ は $1000m^2$ か $1000000m^2$ か，体積では $1m^3$ は $100cm^3$ か $10000cm^3$ か $1000000cm^3$ かであり，明らかにその意味が曖昧になっていることが原因と考えられる。これらは，ただ単に長さの単位 cm，m，km の関係を形式的に捉えているだけであり，長さとその組立単位である面積や体積についてイメージをもって理解されているとは言い難い。また，単位の接頭語である k（キロ）の意味を 1000 倍を表すものとして安易に覚え込んでいることも，この誤りの原因のようである。このように，単位間の関係は量の測定には重要な内容であるが，面積，体積の単位変換などにおいて，記憶一辺倒の指導が誤答の要因となっていることが挙げられる。そのため，その指導のあり方についてその相互の関係を十分に留意する必要がある。

　中学校では理科や技術・家庭科などにおいても単位換算を必要とする場面がある。そのためにも，形式的に単位換算の問題を繰り返すだけでは，短期記憶とすることはできても長期にわたって活用できる知識としては定着しにくいので，量感を生かし実感の伴った理解を図る必要がある。

3 適切な単位の選択による測定の指導に関連する指導学年

〔第1学年〕
- ○ ながさくらべ
  - ・直接比較，間接比較，任意単位による測定

- ○ かさくらべ
  - ・直接比較，間接比較，任意単位による比較

- ○ 大きさくらべ
  - ・直接比較，間接比較，任意単位による比較

〔第2学年〕
- ○ 長さ
  - ・長さの単位「センチメートル（cm）」「ミリメートル（mm）」「メートル（m）」と単位の関係
  - ・およその見当付け，適切な単位の選択

- ○ かさ
  - ・かさの単位「リットル（L）」「デシリットル（dL）」「ミリリットル（mL）」と単位の関係
  - ・およその見当付け，適切な単位の選択

〔第3学年〕
- ○ 長さ
  - ・長さの単位「キロメートル（km）」と単位の関係
  - ・およその見当付け，適切な単位の選択

- ○ 重さ
  - ・重さの単位「グラム（g）」「キログラム（kg）」「トン（t）」と単位の関係
  - ・およその見当付け，適切な単位の選択

〔第4学年〕
- ○ 面積
- ○ 角とその大きさ

〔第5学年〕
- ○ 体積

4　適切な単位の選択による測定の指導と数学的な見方・考え方

（1）適切な単位の選択による測定を行う上での要素

子どもが，量を測定する活動において，次のことが指導する上で重要になると考えられる。

○　測定しようとする量の範囲を明確に把握できるようにする。

○　具体的な測定しようとする量に即して，どの単位を用いるのが適切かを考え，単位を選択し決定できるようにする。

○　決定した単位によって，測定しようとする量が，「その単位のいくつ分」であるかを捉え，量を数値化し測定値として読み取ることができるようにする。

量の測定において，目的に応じて適切な単位や計器を選択し決定すること，また，その単位を用いて，「その単位のいくつ分」で数値化できることが求められる。特に，その適切な単位の選択と決定のためには，量の大きさについての感覚（量感）を豊かにすることと，単位間の関係を適切に理解できるようにすることが必要な要素となる。

例えば，右の図のように教室の縦と横の長さをはかろうとするとき，適切な単位として「m」を選択することが求められる。そのことから，計器としては「巻尺」，または「1mのものさし」を選択することになる。この選択には，教室の縦と横の長さを，それぞれ「1mのいくつ分か」という感覚でみることができるかどうかが重要となる。つまり，量感が育っているかが問われる。

[教室の縦と横の長さの測定]

しかし，この長さについて単位「cm」を選択し，計器を「30cmのものさし」で測定しようとする子どもがいたときには，その測定には，労力的にも時間的にも大変さを感じることになる。もし，その測定の途中，または測定後にでも「100cm＝1m」という長さの関係に気づくことができたのであれば，またはそのことに気づくような指導がされたのであれば，「cm」から「m」に単位を変更し，適切な単位の変換ができるのである。そのため，単位間の関係を理解しているかどうかも適切な単位の選択の要素となる。

つまり，適切な単位を選択して測定するための要素として，量感が豊かであることとともに，単位間の関係を理解できていることも挙げられる。そして，この2つの要素それぞれの育成について，数学的な見方・考え方を働かせながら身に付けることができるようにすることが大切となる。

以下において，相互に関連する内容でもあることに留意しつつ，量感の育成と単位間の関係の指導における数学的な見方・考え方について明らかにする。

(2)「量感の育成」と類推的な見方・考え方

　量感とは，ものの長さ，かさ，重さなどの感じ方のことであって，量感があるとは，ものさし等の計器で測定をしなくても，ある量の大きさのおよその測定値の見当を付けられる状態にあることである。量感があると，場面に応じて適切な計器，単位の選択ができることは前述の通りであるが，測定の誤りを見抜いたり，計器の読み取りを直観的に判断したり，日常生活の中での活動を計画的・能率的に進めたりすることもできる。したがって，量の測定の指導では，量感の育成は欠かすことができない。

　量の測定について，長さ，かさ，重さなどの量感の育成には共通するところが多く，指導について一般化することができる。具体的には，量感を身に付けるためには，次のような活動が有効であり，指導に取り入れるようにする。

　ア　基準となる量の大きさを知る活動

　長さでは1cm，10cm，30cm，1m，かさでは1dL，1L，重さでは1kgなどの量のイメージをもつことができる。

　イ　身近なものの量の大きさを知る活動

　指の長さ，両手を広げた長さや，卵，りんご，ランドセルなどの重さなど身近にあるものの量の大きさを身に付けることができる。

　ウ　量の大きさを見当付けをしてから測定する活動

　基準となる大きさや身近なものの量の大きさが同じであるとか，そのいくつ分であるなどと判断できる。

　エ　活動を習慣化すること

　量感は，目的意識をもって繰り返し測定活動をすることにより身に付くものである。また，生活の中での活動と関連させながら身に付けるものである。

　ここでは，上記アからエの量感を育てる活動について，長さを中心に指導の観点を述べることにする。

①　基準となる量の大きさを知る活動

　測定の指導に当たっては，長さについて，第2学年で1cm，1mの単位（普遍単位）を学習する。cm単位の長さの計器としては「30cmのものさし」を導入する。その前段階として「cm単位のものさし」を作って使用して，その便利さや機能，役割に気づくことができるようにする。そのものさしで，目盛りの基本的な読み方，測定の仕方を理解し，0の位置や途中の目盛りからでも長さが測定できることを理解できるようにする。この「cm単位のものさし」

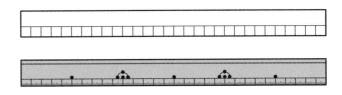

[cm単位のものさし（上）と30cmのものさし（下）]

は，mm単位の小さい目盛りがない分，長さの量感をもちやすい。

しかし，「cm単位のものさし」では，mm単位の長さは測定できない。そこで，1cmより短い長さの表し方としてmm単位を知らせる。そして，mm単位まで測定できる計器として，cmとmmの目盛りの付いた「30cmのものさし」の必要性を感じられるようにした上で導入する。

次に，m単位の長さの計器として「1mのものさし」や1mの目盛りを付けた自作の「3mのテープものさし」などを使って測定する活動を行う。「1mのものさし」を使って1mの長さと思われるものを探し，実際に測定する活動を繰り返した後に，1mの目盛りを付けた「3mのテープものさし」を使って長いものの長さを測定する。このことにより1mの量感と1mのいくつ分という量感を養うことができる。

[1mのものさし（上）と3mテープものさし（下）]

それらの一連の測定活動を通して，子どもが測定や記録をすることで，長さの実感をもてるようにする。その中で，1cm，10cm，30cm，1mなどの基本的な長さの量感を養うことができる。そして，その基本的な長さのいくつ分という見方を理解できるようにする。つまり，単位の考えを働かせることにより，基準となる量の大きさを知り，それを用いてその基準量のいくつ分というように見積りを立てることができる。その過程を通して量感は育てられていくのである。

② 身近なものの量の大きさを知る活動

第2学年での長さの学習では，mm，cm，mの単位とともに，次のような身近なものの量の大きさについての感覚を豊かにすることも配慮した活動が必要である。

○ 指の長さや手のひらを広げた長さなど自分の体のいろいろな部分の長さを利用して測定する。
○ 両手を広げた長さが，身長とほぼ同じになることを測定する。
○ 歩幅を単位として，歩数によって距離を測定する。
○ 1円玉の直径（2cm）を利用して測定する。
○ ノートや教科書，はがきの縦，横の長さなどを測定する。

[両手を広げた長さと身長]

自分の身長や具体物の大きさの量を知ることで，それらを用いて自分なりの任意単位として量を測定することを通して，量のおよその大きさを見積もることができるようにする。そのことが，適切な単位を用いることにつながっていく。その中で，指を広げた長さなどは，第1学年で任意単位として使ってきた長さである。このよう

な体の部分の長さを1つの計器として測定することに使い，普遍単位として表すことは，計器を使った測定や普遍単位による表現と，直観的に長さを把握する量感による測定とを結び付けることに役立つ活動であり，量感を育てる上で有効である。

また，第3学年では，kmの単位とその計器として「巻尺」を使った測定を学習する。計器について，これまで測定したい長さや目的に応じて選択することを大切にし，30cmのものさしや1mのものさしで測定してきた。ここでは，長いものや丸いものの長さを測定する活動を通して，巻尺の機能性や有用性に気づくことができるようにする。

また，km単位の指導について，1000mを超える長さを表すとき，m単位では数値が大きくなってしまう不便さから，上位単位のkmを導入する。しかし，その量感の指導については，1kmの長さを実際に目で見て捉えることは困難である。そこで，学校から1kmの地点にある建物や目印になるものなどの目標物を設定し，そこまで歩いてかかる時間や歩数などを経験したり，イメージがもてるようにしたりして量感を養うようにする。また，駅からの距離や「徒歩○分」と表示された広告などを取り上げて，km単位の理解を深められるようにする。

③ 量の大きさの見当付けをしてから測定する活動

身の回りにあるものの長さやかさについて，およその見当を付けて測定する活動を取り入れる。この活動においては，前述の①での基準となる量の大きさや，②での身近な量の大きさを知っていることが，量を見積もる上で必要であり，①，②の活動を一体として捉える必要がある。

指導に当たっては，30cmという基準となるような長さの量感をもっていれば，学習机の縦や横の長さを見積もることができる。また，校舎の1階分の高さが4mとなることを測定した経験があれば，右のような，校舎と似ている9階建てのマンションの高さを，4×9＝36で，約36mというように見積もることができる。

[9階建てのマンションの高さは？]

すなわち，基準となる量を身に付けていたり，いろいろなものを測定したりした経験が，量の測定をする上で見積もる活動に役立つのである。つまり，測定の対象を把握し，見積りを立てて測定するという一連の活動により，量感は育てられていく。

また，マンションの高さを見積もる例では，校舎とマンションとを同様な建物という類推的な見方・考え方を働かせることができるようにする。これが，見積りをする活動に役立つことになる。

このように，量についての見通しを立てたり，適切な見積りをしたりする活動により量感

は養われ，量についての適切な判断をする上で欠くことのできないものとなっている。

④ 活動を習慣化すること

　量感は，見積りと正しい測定の繰り返しにより養われていくものである。1mのものさしや30cmのものさしを見せたり，それで1度や2度，測定したりするだけで長さの量感は身に付くものではない。また，一方的に教師から教え込んでも，一時的に集中して学習しても，簡単に身に付くものではない。そのため，日常生活の中で量感を育てる活動を習慣化できるようにする。

　また，量の大きさを見当付けようとするとき，前述の①，②の活動の中で，その量が単位量と同じかどうか，または単位量のいくつ分かの感覚を基にして決定していくが，いつもそのような思考の順序を踏むとは限らない。例えば，「あの人の体重は70kgぐらいだろう」「この容器には1000mLぐらいは入るだろう」「目的地までは800mぐらいだろう」など，既にもっている様々な経験と結び付けて判断することがある。すなわち，量感というものは，感覚だけの働きだけではなく，日常の出来事なども含めた総合的なものからの判断であると考えられる。

　特に，重さや時間などのように視覚では捉えられない量や，体積のような視覚で捉えられても見当の付けにくい量の場合には，感覚だけに依存すると危険な場合もある。例えば，茶碗の直径がその$\frac{1}{4}$増えただけで容積が約2倍になるということは，知識としてもっていなければ，感覚だけとなり誤解を生むことがある。

　また，長さ，かさ，重さなどの単位は身の回りに見えるようには存在しないという理由で，教室内にものさしや巻尺を設置したり，壁や柱に基本的な長さの目印を付けたりして，常に量感を育てられるような環境づくりをすることも大切な指導である。例えば，1mという量感を指導するのであれば，室内の1m，屋外の1m，高さとしての1mなど，すべて量感が違うように感じられる場面での1mについて経験ができるように環境を整備することが重要である。そのことにより量感は徐々に育成されていく。

　しかし，ここでの量感の指導はあまり深入りする必要はない。量感の育成としては，長さ，重さ，面積，体積（容積）などについて，単位量のおよそ何倍ぐらいという見当付けができることが大切である。そのようになれば，適切な単位を選択でき，計器もとんでもないものを使うことはなくなり，大きな誤りも自ら見直すことで防ぐことができる。

　以上のように，長さを中心として，単位の選択，数値化という一連の活動の中で，量感を育てることに触れたが，長さを測定する場面で獲得した測定の基礎・基本を，かさや重さの学習に関連付けて類推的な見方・考え方を働かせるようにすることが大切である。そして，量感について，①から④というように整理し，統合的な見方・考え方を働かせて捉えられるようにする。

（3）「単位間の関係」と統合的な見方・考え方

単位間の関係の理解については、形式的な誤解を生じやすく、知識の詰め込みや記憶一辺倒な指導に陥らないようにする必要がある。そのため、具体的な操作などの活動を取り入れるなどして、それぞれの単位の量感と照らし合わせながら身に付けられるように指導することが大切である。

そのようなことに留意しながら、量の単位について、長さ（mm, cm, m, km）、かさ（mL, dL, L）、重さ（g, kg, t）、面積（cm^2, m^2, a, ha, km^2）、体積（cm^3, m^3）をそれぞれ学習する中で、統合的な見方・考え方を働かせて、互いの関係に気づくことができるようにする。

① 第2学年での単位間の関係（長さ、かさ）

ア 長さの単位間の関係（mm, cm, m）

長さの単位について、第2学年では、普遍単位として mm, cm, m を学習する。これらは、長さをはかる活動を通して身に付けていくが、そのはかる対象の長さを 30cm のものさしや 1m のものさしで正確にはかり取ることができるようにするとともに、その長さを「1cm, 1mm のいくつ分」という単位の考え方を働かせることができるようにする。そのことを通して、「1cm = 10mm」「1m = 100cm」という関係に気づくようにすることがねらいである。

また、第2学年では、単位換算や1つの単位で表されている単名数と複数の単位で表されている複名数の変換、加法について式の中に単位を付けた式表現を学習する。例えば、単位換算について、複名数で表された 7cm 4mm は、7cm = 70mm だから 70mm と 4mm を合わせて 74mm と単名数で表すことができる。逆に、単名数で表された 85mm は、80mm = 8cm だから 8cm 5mm と複名数で表すことができる。このように量を単名数でも複名数でも自由に表すことができるようにする。

ここで留意することは、単に形式的に単位換算を暗記させるようなことをせず、単位間の関係について、「1cm = 10mm」「1m = 100cm」の量感をもって、「単位のいくつ分」という測定の基礎・基本を基に考えることができるようにする。

この長さの関係を用いて、第3学年以降に学習する重さ、面積、体積の学習でも、基本単位を基にして上位単位、下位単位を考えることができるようにする。

イ かさの単位間の関係（mL, dL, L）

かさをはかる活動を通して、かさについても長さと同様、基準の大きさとなる量として、身の回りの適当な量（任意単位）とすることから、普遍単位を用いることのよさや必要性に気づき、単位の意味について理解できるようにする。それとともに、単位を用いた測定が正しくできるようにすることがねらいである。

かさの単位は、測定の操作がしやすい量であることから、まず L を導入し、続いて、dL、mL を学習する。1mL については、1dL の単位でははかり取れないはしたのかさを表すと

きに用いる単位であることや1Lは1000mLであることを，右の図のような身近な牛乳パックの容器などを計量カップに移し替えて調べる活動を通して理解できるようにする。そして，パックの表示と調べた結果を照らし合わせることで，単位間の関係に気づくことができるようにする。

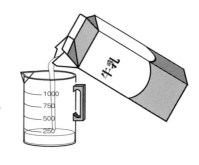

mLの単位の指導に当たっては，mLが日常生活で最も頻繁に目にするかさの単位であるが，一般的には，長さのcmとmmの関係のように，1dLに満たないかさを表す単位として導入する。1dL＝100mLであることから，dLの単位からmLの単位を導くことには多少の抵抗がある。また，1mL単位では測定の操作からも困難さがある。

そこで，ここでは1dLを10等分した1つ分（10mL）を単位として測定する活動が考えられる。1dLますに10等分した目盛り（1目盛りが10mL）を付け，例えば，右の図のように，10mLの3つ分で30mLのように読み取ることができるようにする。しかし，mLを扱うときだけ10mLを単位とすることになるため，不自然さが生じるだけでなく，理解する上で混乱を起こ

30mL
[1dLます]

すことも予測される。また，dLでははかれないはしたの単位がmLであり，mLは小さな体積の単位であるのに，実際に子どもが目にする身近な容器について表示は500mLとか1000mLといった大きな数が多いという点にも留意しなければならない。こうしたことに配慮した上で，mLの導入に当たり，1dLのはしたの量を表す単位としてmLを提示する。

単位間の関係については，前述のように1000mLの紙パックに水を入れ，それを1Lますに入れ替えるとちょうどいっぱいになるという簡単な操作で，1L＝1000mLの関係を理解できるようにする。その後，右の図のような缶などに表示されている350mLのかさについて，具体的な操作などの活動により，3dLとはしたが50mLであることに気づくことができるようにする。ここで，50mLについて，10mLごとに目盛りを付けた1dLのますに水を入れると5目盛りであることを確認できるようにする。また，ますを使った実測を通して，10mLの10杯分が1dLで，1dL＝100mLと関係を扱うだけでなく，200mLの紙パックに水を入れて，それを1dLのますで

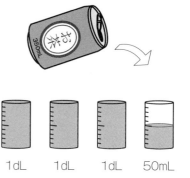

[350mLの缶の測定]

はかるとちょうど2杯分になるという具体的な操作などの活動によって具体的なイメージをもって理解することができる。

最後に，mL単位で表示されている身近な容器を集める活動をする。そして，集めたものを分類して，mLにはいろいろな量の表示があることに気づくことができる。その他，1mL，10mL，50mLなどの量感はきちんと捉えることができるようにしておく必要があるので，

1辺1cmの立方体の容器（紙で作ったものでもよい）を示したり，目薬など小さな容器に入れるかさを調べたり，右の図のようなシロップ状の薬の量をはかるコップや液体洗剤の量をはかるキャップなど容器の実物を示したりして理解を図ることができる。

以上のように，具体的な操作などの活動を通して，かさの単位間の関係について実感を伴った理解ができるようにする。

② 第3学年での単位間の関係（長さ，重さ）

ア 長さの単位間の関係（km）

km単位について，第3学年では，長さの単位mm，cm，mの単位をつくり出してきたことと同様な過程を通して理解できるようにする。また，1km＝1000mの単位の関係について，巻尺やウォーキングメジャーなどを計器とした測定により量感を伴った理解を図ることができるようにする。

そのことを通して，1mを基本単位として，その$\frac{1}{1000}$を1mm，$\frac{1}{100}$を1cm，1000倍を1kmと整理できるようにする。このことで，長さの単位について1つ1つの単位を捉えて単位相互の関係を理解でき，単位換算や単名数による表現と複名数による表現が自在にできるようにする。

イ 重さの単位間の関係（g，kg）

重さは，長さやかさと同様に「単位量のいくつ分」として測定できることを明確に捉えることができるようにする。普遍単位については，日常生活によく使われていて扱いやすい「g」の単位から導入する。右の図のように，1gは1円玉1個の重さと同じであることから，1円玉を用いて量感を捉えながら学習する。その後，より重いものを測定する単位として「kg」を取り上げる。この単位については，はかりなどを使い，はかりの使い方を学びながら，1kgの砂袋づくりの活動などを通して量感を養い，「1kg＝1000g」の関係を理解できるようにする。

［1円玉の重さの測定］

ここで，次のウに関わる内容であるが，1gと1kgの関係は，1mと1kmのように，重さ以外の長さの単位の関係と同じ仕組みであることを理解できるようにする。つまり，基本となる単位の1000倍の単位をつくるときにはk（キロ）を付け，反対に$\frac{1}{1000}$の単位にはm（ミリ）が付けられることに気づくようにする。

このようなことを知ると，食品の成分表示などの「mg」を見て，1gよりも小さいものの重さであることに気づく子どもがいる。そような子どもの日常生活の中での気づきを生かしながら，単位間の関係について理解を図るようにする。

ウ 長さ，かさ，重さのそれぞれの単位の関係と統合的な見方・考え方

　第3学年までに長さ，かさ，重さの単位を学習するので，その関係について，それぞれの単位に共通することを基にして，単位についての理解を深めることができるようにする。

　具体的には，長さ（mm，cm，m，km），かさ（mL，dL，L），重さ（g，kg，t）の単位について，それぞれ共通する単位の相互関係などを整理する活動をする。その中で，

$$1\,\text{mm} \to 1\,\text{m} \to 1\,\text{km} \qquad 1\,\text{g} \to 1\,\text{kg} \qquad 1\,\text{mL} \to 1\,\text{L} \to 1\,\text{kL}$$

というように，いずれも1000倍になっていることに気づくことができるようにする。その際，量の単位には，k（キロ）やm（ミリ）など，共通の接頭語が付くことや，m（ミリ）が付く単位を1000集めると基本単位になり，基本単位を1000集めるとk（キロ）の付く単位になることなど，統合的な見方・考え方を働かせて，次のように整理することができるようにする。

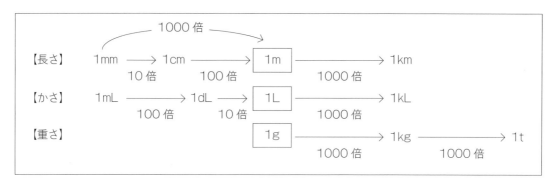

　参考までに，情報機器の記憶容量の増加に伴って，k（キロ）の1000倍のM（メガ），その1000倍のG（ギガ），さらにその1000倍のT（テラ）などの単位を挙げる子どももいるかもしれない。そのようなことに触れられれば，小さな単位についても，m（ミリ），μ（マイクロ），n（ナノ）という単位は順に前者の$\dfrac{1}{1000}$になっていることにも興味を広げることができる。

③　第4学年の単位間の関係（面積），第5学年の単位間の関係（体積）

　面積や体積の単位は，長さを基にしてできている組立単位である。1辺の長さとその長さを1辺とする正方形の面積，立方体の体積の関係を理解できるようにすることがねらいである。

　その指導に当たっては，第4学年の面積について言えば，右の図を実際にかくなどして，正方形の面積は，1辺の長さが10

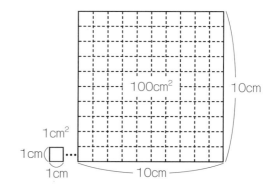

倍になると100倍になる（1cm²の正方形が縦横10ずつ並び100個となる）ことについて実感を伴って理解できるようにすることが大切である。そうすれば，1cm²と1m²の関係は，1m＝100cmから「1m²＝10000cm²」ということに気づく。そのようなことを通して，1辺の長さが10m，100m，1000m（1km）のときの正方形の面積を次の表のように整理することができる。そのときに1辺の長さと対応させて，100m²が1a，10000m²が1ha，1000000m²が1km²と約束することができる。そして，3者の関係も明らかにすることができる。

1辺の長さ	1cm	10cm	100cm（＝1m）	10m	100m	1000m（＝1km）
正方形の面積	1cm²	100cm²	10000cm²（＝1m²）	100m²（＝1a）	10000m²（＝1ha）	1000000m²（＝1km²）

また，第5学年の体積について，右の図のように，実際に1cm³の立方体の積み木などを敷き詰めたり，1mのものさしで1m³の立方体をつくったりするなどの活動を行う場面を設定する。その中で，立方体の体積は，1辺の長さが10倍になると1000倍になる（1cm³の立方体が縦，横，高さそれぞれ10個ずつ並び1000個になる）ことについて体験的に理解ができるようにする。そうすれば，1cm³と1m³の関係は1m＝100cmから「1m³＝1000000cm³」ということに気づく。そのようなこ

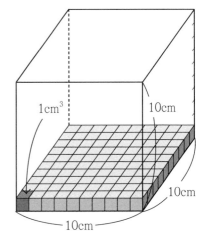

とを通して，1辺の長さが1cm，10cm，100cm（1m）の立方体の体積を整理することができる。

なお，体積とかさ，また，その容器に入る水の重さの関係について，具体物を用いて1辺が1cmの立方体の体積が1cm³で，そのかさは1mL，そこに入る水の重さが1gであることや，1辺が10cmの立方体の体積は1000cm³で，そのかさは1L，つまり1L＝1000mL，そこに入る水の重さが1000g（1kg）であることについて，測定を通して関連付けて理解することができるようにする。それをまとめたものが次の表である。

1辺の長さ	1cm	10cm	100cm（＝1m）
立方体の体積	1cm³	1000cm³	1000000cm³（＝1m³）
かさ	1mL	1L	1000L（＝1kL）
上の容器に入る水の重さ	1g	1kg	1000kg（＝1t）

④ 単位間の関係についての発展的な見方・考え方

量の単位は，これまでばらばらに学習してきたものをメートル法としてまとめて捉えることができる。そのことにより，長さの単位を基にして面積や体積の単位が構成されている単位の仕組みを統合的な見方・考え方を働かせることにより，それぞれの関係を明らかにすることができる。

指導に当たっては，単位間の関係について，次の2点を基に考えることができる。

○ 接頭語の意味や（ものさしなどで）大きさのイメージを基にする。
○ 面積や体積では，その単位に当たる正方形や立方体を思い浮かべる。

このことから，発展的な見方・考え方を働かせて，身の回りで使われている量の単位を見つけたり，それがこれまで学習した単位とどのような関係にあるかを調べたりする。このことで，メートル法の単位の仕組みについて学習したことを，日常の場面で活用すると様々な単位が用いられていることに気づき，また，新しい単位に出会ったときに，類推的な見方・考え方を働かせて量の大きさを捉えられることから，メートル法のよさについて実感を伴って理解することができる。

例えば，食品の成分表示や飲料などの量としてのmgやcL，水道の使用量やタンクローリーの容量としてのkLなどである。これらの単位は，メートル法にしたがって接頭語m, c, kを付けてつくられた単位である。そのため，見つけた単位はどのような単位であるか，今までに学習した単位とどのような関係になっているかを調べることができる。具体例としては，飲料物などの容量の表示から「20cl」を見つけた場合，Lと書かれているから，かさの単位であることに気づき，cと書かれているからcmの単位について，

［飲料物などの容器と容量表示］

［タンクローリーと容量表示］

100cmが1mであったことを想起して，1cLは1Lの$\frac{1}{100}$の大きさであることを，類推的な見方・考え方を働かせて導き出すことができる。また，同様にタンクローリーの容量の表示で，「6kL」を見つけた場合，kと書かれているから，1kLは1Lの1000倍の大きさであることを考え出すことができる。ここでは，これまで学習した単位との関係などについて，子どもの興味・関心に基づいて，日常生活の中において自分で調べようとする態度を育てることが大切である。

このように，単位の仕組みを統合的な見方・考え方を働かせることによって単位の関係を理解することは，適切な単位の選択による測定をする上で，重要な要素となっていることが分かる。

11 関数の考えの指導

1 関数の考えの指導

　算数では，関数についての知識や技能を指導するだけではなく，関数の考えを活用して，他領域の内容の理解を助けたり深めたりする。関数の考えとは，数量や図形の変化や対応の規則性に着目して事象をよりよく理解したり，問題を解決したりする考えである。それを用いることで，事象を数学的に考察し処理する能力や態度を育成できたり，算数で指導する内容を関数の考えに立って考察したりすることができる。そのため，他領域の内容と一体的，関連的に指導することが大切となる。そのことで，他領域の内容についても基本的な理解や一般的，発展的な理解を図ることができ，また，関数の考えを用いることのよさや有用性を実感し，進んで生活や学習に生かす態度を養うこともできる。

　関数の考えについては，低学年における素地的な指導を大切にする。第1学年の入門期において，ものとものとを対応させることによって，2つの集合の個数を比較することは関数の考えの基本である。また，1つの数を他の数の和や差としてみることも関数の考えの素地である。第2学年のかけ算の学習では，乗数が1増えれば積は被乗数分だけ増えるきまりを活用して乗法九九を構成している。このような関数の考えの基礎となる経験を豊かにできるようにして，いろいろな場面で取り上げることが大切である。

　関数の考えが本格的に取り上げられるのは第4学年からである。第4学年では，関係する数量を見つけ，それらの間に成り立つ依存関係を把握し，変化や対応の仕方に規則性がないかを考え，見つけた規則性を問題解決に生かす。第5学年では，比例を「一方の数量Aが2倍，3倍，……になると，それに伴って他方の数量Bが2倍，3倍，……になるとき，BはAに比例する」と定義する。これまで，比例の考えはかけ算の学習から暗黙的に使われてきたが，その考えを明確にしている。そして，第6学年の比例の学習は，小学校の関数の考えのまとめと言える。つまり，乗法・除法を中心に既習の数量の関係を関数の考えの立場から整理している。また，反比例の学習は，比例の理解を深めるとともに，両者を比較し特徴を明確にしている。このような一連のつながりの中で関数の考えを捉えて指導していく必要がある。

　このように，関数の考えを効果的に働かせるようにすることで，「深い学び」に迫っていくことができる。また，そのことを通して，関数の考えを育てることができ，より豊かにすることにもつながる。そこで，その具体的な指導はどのようにあるべきかについて考える。

2　関数の考えの指導上の問題点

（1）　関数の考えと関数を混同し，低学年から関連付けられた指導がされていない

　関数の考えについては，関数の内容に関わる問題を解決するときに働く考え方としか捉えられていない傾向があり，関数が本格的に取り上げられる第4学年「変わり方」等から指導が始まると考えられがちである。このことが，関数の考えに関わる素地的な指導のあり方を曖昧にしている要因となっている。そして，関数の考えの重要性に気づかないまま指導がされていることがある。

　素地的な指導の領域とは，関数に関わる内容が位置付けられている「変化と関係」領域ではなく，ほとんどは「数と計算」領域である。その領域で関数の考えを生かし，活用するような指導ができていれば，関数を本格的に取り上げる「変化と関係」領域の学習にも十分に生かされ，より理解が図られ深められる。そして，発展的にも考えられ視野を広げることができる。しかし，「数と計算」領域で関数の考えを十分に生かし活用するような指導ができていないのが現状であり，それが課題と考えられる。

　すなわち，算数で指導すべき関数の考えに関わる知識や技能がばらばらのように捉えられ，そのつながりを意識した系統的な指導がされていない。そのため，既習の知識・技能，経験や考え等と関連付けられ，構造的・概念的な理解が十分に図られていないのである。

（2）　伴って変わる2つの数量の関係を表や，式に表すことができるようになることだけに主眼を置いた指導がされている

　2つの数量の間の対応や変化の特徴を捉えやすくするために，数量の関係を表・グラフ・式に表したり，それから読み取ったりする。しかし，表・グラフをかくことや式に表すことについて，何のために行っているかという目的や意味が曖昧になっていることがある。そのため，その活動が形式的になり，関数の考えとは表やグラフをかいたり，式に表したりすることだけであると誤解して捉えている面もある。もちろん，その過程で関数の考えは育てられてはいるが，関数の考えを用いることのよさや有用性までは十分に実感的に捉えられているかと言えば疑問である。

　具体的には，まず，ある数量と関係付けられる数量として，そのような数量があるのか，それらの2つの数量は伴って変わるのか，その変わる範囲はどこか，また一方を決めれば他方が決まるのかなどの考察について，指導が丁寧にされているかどうかということである。もし，この過程を教師が子どもに，問題の答えを出すための前提として与えてしまっていれば，関数の考えを指導する上での大きな課題と言える。また，数量間の変化や対応の特徴を捉える道具としての表・グラフ・式の位置付けや，そのような特徴を問題解決のために積極的に活用する指導をしているかどうかについても，関数の考えを育てる上で重要なポイントとなる。

3　関数の考えの指導に関連する指導学年

〔第1学年〕
○ かずとすうじ，いくつといくつ
- ものとものとの対応
- 数の大小や順序を考える
- 1つの数を他の数の和や差としてみること

〔第2学年〕
○ かけ算
- 数の大小や順序について理解すること
- 1つの数を他の数の積としてみること
- 乗数が1ずつ増えるときの積の増え方

〔第3学年〕
○ かけ算
- 乗数または被乗数が0の場合を含めての，乗法の乗数と積の変化の規則性を知ること

○ 表とグラフ
- 資料を整理して一次元の表にまとめること

〔第4学年〕
○ 変わり方
- 伴って変わる2つの数量の関係と折れ線グラフ

〔第5学年〕
○ 比例
- 簡単な場合の比例の関係
- 用語「比例」

〔第6学年〕
○ 比例と反比例
- 比例の式，性質
- 比例の関係について変化や対応の特徴を見いだすこと
- 比例の関係を用いた問題解決の方法
- 反比例の関係

4 関数の考えの指導と数学的な見方・考え方

(1) 関数の考え

　関数の考えは，数量や図形についての変化や対応の規則性に着目して，問題をよりよく解決していく考えである。関数の考えを用いることによって，事象を数学的に考察し処理する能力や態度を育成することができ，算数で指導されるそれぞれの内容を関数の考えに立って考察することができる。そのことからその意味をよりよく理解できるようになる。そのため，関数の考えは，算数教育の核心とも言えるほどの重要な考えとも言える。したがって，指導に当たっては，関数についての基本的な知識・技能の定着にとどまるのではなく，関数の考えを用いることのよさや有用性を実感できるようにし，進んで日常生活や学習に生かそうとする態度を養うことが大切である。

　関数の考えを生かしていくために，次のことが学習内容に含まれるように配慮する。

① ある場面での数量や図形についての事柄（数量や図形の要素）が，他のどのような事柄と関係するかに着目すること

　数量や図形の要素について，ある事柄と関係付けられる事柄として，どのようなものがあるのか，それらの2つの事柄は伴って変わるのか，その変わる範囲はどのようか，また，一方を決めれば他方が決まるのかなどについて考察できるようにする。つまり，2つの事柄の間にある依存関係に着目できるようにする。

② 伴って変わる2つの事柄の変化や対応の特徴を調べること

　2つの事柄の要素である数量の間の対応や変化の規則性などの関係を見つけやすくするために，その数量の関係を言葉，図，表，グラフ，式を用いて表したり，それから変化の様子や対応の規則性を読み取ったりすることができるようにする。

③ 2つの数量の間から見いだした対応や変化の規則性や特徴を，様々な問題の解決に活用し，その思考した過程や結果を表現したり説明したりすることができること

　身近な生活の中の数量について，関連付けたり，置き換えたり，増減させたりして，変化や対応のきまりを発見し，関係を見つけやすくするなどして，問題解決の中で活用できるようにする。

(2) 関数の考えの素地的な指導

　関数の考えの素地的要素となる内容については，第1学年の数の概念形成「かずとすうじ」から学習が始まり，様々な事例が考えられる。ここでは，関数の考えの指導として顕著な事例を挙げることにする。

① 第1学年「かずとすうじ」

　この単元では，これまでの日常生活での経験を基に，数えるものの集まりをきちんと捉え，

ものとものとを正しく対応させることによって，ものの個数を比べるなどの活動をする。そして，それぞれの個数を正しく数えたり，数えたものの個数を数字で表したりできることがねらいである。

ものの個数を数えようとするとき，まずは数えるものの集まり（集合）を明確に捉えることが大切になる。そのとき，「花」とか「動物」といったある観点や条件に当てはまる集まりとして捉えられるようにすることが求められる。また，その集まりの大きさという観点から捉えられるようにすることが必要になる。

そして，複数の集合の要素の個数を比べようとするとき，それぞれの個数を数えなくても1対1対応させることで，個数の大小や相等を判断することができるようにする。そのとき，直接，1対1対応させることが難しい場合は，数図ブロック等の半具体物に置き換えて比べることもできるようにする。

このような複数の集合の個数を比較する活動等は，関数の考えの基本である。例えば，チョウがチューリップの花に止まろうとしている場面を設定することで，チョウの集まり（集合）や，チューリップの集まり（集合）を明確にすることができる。そして，チョウがそれぞれチューリップの花1つずつに止まれるかどうかについて考えるとき，それぞれの集まり（集合）の大きさ（要素の個数）が視点となる。そこでは，次の図のように線でつなぐなどして1対1対応できるようにすれば，残ったチョウ1匹だけがチューリップに止まることができないことが分かり，チョウの数が1だけ大きいことが分かる。このように集合の要素を対応させてその関係を考えることが関数の考えにつながる。

② 第1学年「いくつといくつ」

この単元では，10までの数それぞれについて合成したり分解したりして，数を構成的にみることができるようにすることがねらいである。1つの数を他の数の和や差としてみることを通して数の構成を理解することは，数の概念形成や加法・減法の理解の素地として重要な内容であるだけでなく，数についての多面的な見方・考え方を働かせる要因となる。その中には，例えば，関数の考えや帰納的な見方・考え方などを働かせることを挙げることができる。そのことを通して，数についての感覚を豊かにすることにつなげていく。

例えば，7の合成，分解を通して7の構成を考えるとき，右ページの図のように，分かっ

ている数が「3」であれば，7にできる数を「4」というように対応させることができる。このときは，数図ブロック等の半具体物を用いて量感を伴って数をイメージする活動を十分に取り入れることが大切である。そして，そのことを根拠に数の構成を理解できるようにする。つまり，半具体物の操作を用いることにより，一方が決まれば他方が決まるという関数の考えを働かせて，数の構成を理解することができる。そして，徐々に数図カード等へ抽象化を図っていくようにすると，段階的な理解ができる。

［7にしましょう］

分かって いる数		7に できる数
3	●●●○○○○	4
5	●●●●●○○	2
6	●●●●●●○	1

また，10の構成を学習した後に「10になる数の組み合わせはいくつあるか」を考える場面を設定し，下の図のように，9つの組み合わせがあることに気づくことができるようにする。そして，それを順序よく並べて整理した上で，気づいたことを発表する活動を取り入れる。そうすると，10を構成する一方の数を1大きくすると，他方は1小さくなるという規則性に気づくことができる。つまり，帰納的な見方・考え方を基にして，関数の考えを働かせることができる。

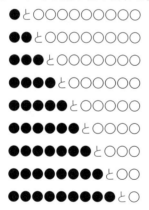

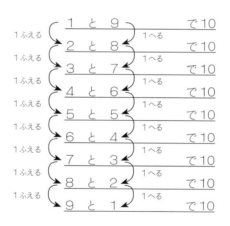

③　第2学年「かけ算」

この単元は，乗法が用いられる場面を通して，乗法の意味を理解できるようにする。また，その意味に基づいて乗法九九を構成したり，その過程で乗法九九について成り立つ性質に着目したりするなどして，乗法九九を身に付け，生活や学習に活用できるようにすることがねらいである。

まず，第2学年では分離量を扱い，ものの全体の個数について，1つ分の数が決まっていて，そのいくつ分と捉えて数えるときに，乗法が用いられていることを理解できるようにする。つまり，具体的な場面を通して，同数累加（同じ数を何回も加える）の簡潔な表現として乗法による表現を理解できるようにする。また，第4学年では連続量も扱い，基にする量

第2章—11　関数の考えの指導

の何倍かに当たる量を求めるときにも乗法を用いることができるようにする。

このことに関連して，九九の構成については，答えがいくつずつ増えているかに気づくことができるようにして，同数累加によって求めるだけではなく，その中から見つけたきまりを用いて求められるようにする。そこでは，乗数が1増えれば積は被乗数分だけ増えるという乗法の性質を見つけることができる。

指導に当たっては，次のような「9×9のアレイ図」等を活用すると分かりやすい。アレイ図は単位とする大きさのいくつ分という乗法の意味をイメージすることに役に立ち，数の大きさを量的に捉えられるよさがある。

次の図は，乗法九九の6の段を考えている場面で，9×9のアレイ図で，不要な「段」の部分（■）を隠し，不要な「乗数」の部分（■）も隠して，乗数が1増えるのに合わせて，隠している部分を右に1つずつずらし，●が被乗数ずつ増えていくのを視覚的に理解できるようにしている。そして，式と照らし合わせて，乗数が1つ増えると積が被乗数分だけ増えることを確認できるようにしている。このことで，関数の考えを働かせることができる。

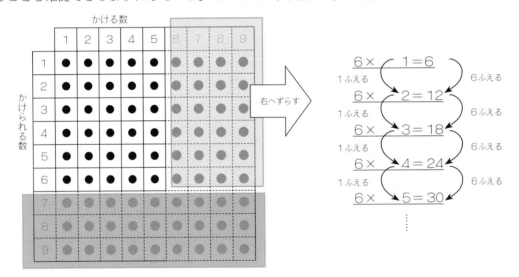

（3） 関数の考えの活用の指導

関数の考えの活用について，本格的に取り上げられるのは第4学年からである。伴って変わる2つの数量を見いだして，それらの関係に着目し，表や式を用いて変化や対応の特徴を考察する事例を挙げる。

① 第4学年「変わり方」

この単元では，具体的な場面において，伴って変わる2つの数量があることに着目して，それらの関係を表や式を用いて調べることがねらいである。

指導に当たっては，伴って変わる2つの数量の関係を表に表したり，式に表したりすることばかりに重点が置かれがちであるが，変化や対応の特徴を考察する中で関数の考えを用い

ることのよさや有用性を実感できるようにすることが大切である。その具体例について，前述した4（1）の①から③の過程を留意しながら，次の事例1を通して述べる。

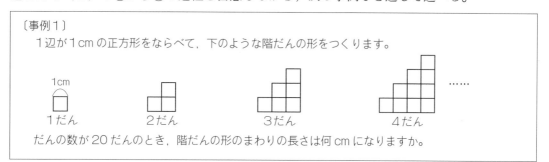

〔事例1〕
1辺が1cmの正方形をならべて，下のような階だんの形をつくります。

1cm
1だん　2だん　3だん　4だん　……

だんの数が20だんのとき，階だんの形のまわりの長さは何cmになりますか。

ア　ある場面での数量や図形についての事柄が，他のどのような事柄と関係するかに着目すること

事例1では，1辺が1cmの正方形を1段，2段，……と並べて階段の形を作っていき，20段のときのまわりの長さを求める。しかし，実際に並べたり，20段の図をかいたりすることは大変である。そこで，階段の形のまわりの長さは他のどのような事柄と関係するか，また，それはどのような関係になるかに着目することが大切になる。ここでは，正方形の構成要素や正方形の合計の数，正方形の段の数などと考えを巡らすが，階段のまわりの長さは段の数により変わることから，段の数が階段のまわりの長さに関係があることに気づくのはあまり難しくない。このように，ある数量を調べようとするとき，それを他のどのような数量と関係付ければよいかを考えることが，関数の考えを働かせる上で大切となる。

また，この事例は問題設定の段階で1段，2段，……と順序立てられているが，事例によっては，段数がばらばらな場合がある。そこで，考える視点としては，「順序よく並べると考えやすい」ということに気づくことができるようにする。それは，ある数量を順序よく変化させて，それに対応する数量のきまりを見つけようとする発想と活動には，関数の考えが働いているからである。

このように，関数の考えを働かせようとするためには，教師がすぐに「2つの数量A，Bの関係を指定して調べましょう」という一方的な指示を与えるのではなく，子どもが関係のありそうな数量を見いだしたり，AとBの間に成り立つ関係を自ら順序よく整理して把握しようとしたりするなどして，2つの数量の間にある依存関係を調べることを重視して，どのような関係になっているか考えることを丁寧に指導する必要がある。

イ　伴って変わる2つの事柄の変化や対応の特徴を調べていくこと

2つの数量の関係の特徴を調べる方法として，「変化」と「対応」の見方がある。変化とは，ある数量の変化に対する伴って変わるもう一方の数量の変化を表し，表の数値を横方向に見て把握することである。一方，対応とは，表の数値を縦方向に見て把握することであり，数量と伴って変わるもう一方の数量の間の関係を表したものである。

事例1について，段の数と階段の形のまわりの長さの関係を順序よく調べ，次のように表

にまとめると，その表を基に段の数と階段の形のまわりの長さの関係を考察できる。

だんの数（だん）	1	2	3	4	5	6	……
まわりの長さ（cm）	4	8	12	16	20	24	……

そうすると，子どもは次のようなことに気づくことが予想できる。
- ㋐ 表を横方向に見ると，段の数が1ずつ増えると，まわりの長さは4ずつ増えている。 （変化）
- ㋑ 表を縦方向に見ると，$1 \times 4 = 4$，$2 \times 4 = 8$，$3 \times 4 = 12$，$4 \times 4 = 16$，……
のように，段の数の4倍がまわりの長さになっている。 （対応）
- ㋒ 表を縦方向に見ると，まわりの長さを段の数でわると4になっている。 （対応）

これらのことから，20段のときのまわりの長さは，対応の関係から，$20 \times 4 = 80$
80cm と求めることができる。

このように，同じ関数でもその特徴を1通りとするのではなく，複数の特徴を何通りでも調べて捉えることができるようにすることが大切である。

また，変化や対応の特徴は，表などから帰納的な見方・考え方を働かせて見つけることが多いが，その特徴について正しいかどうか，演繹的な見方・考え方を働かせて確かめることも大切である。例えば，事例1の場合，階段の形のまわりの長さは，右の図の矢印のように考えれば，段の数を1辺とする正方形の4つの辺の長さの和に等しいことが分かる。そして，

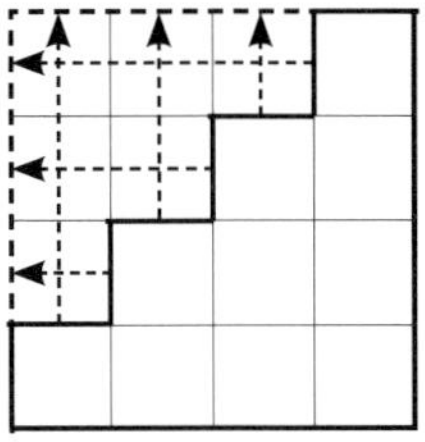

（階段の形のまわりの長さ）＝（だんの数）× 4

ということを，図を通して一般化して説明することができる。

　ウ　2つの数量の間の見いだした変化や対応の規則性や特徴を，様々な問題の解決に活用し，その思考過程や結果を表現したり説明したりすること

この段階では，伴って変わる2つの数量の関係を表に表したり，□や△を用いて式に表したりしてその関係を捉え，様々な問題の解決に活用できるようにすることがねらいである。

事例1では，イの段階で対応する数値を表にまとめ，変化や対応の特徴を調べた。ここでは，それを基にして，次のように言葉の式や□，△を用いた式に表すことができるようにする。そして，一方の数値が分かっているとき，もう一方の数を求めることにも気づくことができるようにする。

- ㋐ 言葉の式で表す。
  （だんの数）× 4 ＝（まわりの数）　　（まわりの数）÷（だんの数）＝ 4
- ㋑ 段の数を□段，まわりの長さを△cm として，□と△を用いた式に表す。
  □ × 4 ＝ △　　△ ÷ □ ＝ 4

㋐，㋑ともに，特徴から式に表している。式に表すことのよさは，一方の数値が分かって

いるとき，計算でもう一方の数を求めることができることであり，表に表すときのように順に数値を並べなくてもよいことに気づく。一方，表には，2つの数量の変化や対応の規則性が見つけやすいというよさがある。このように，式や表にはそれぞれのよさがあることに気づくことができるようにする。

その他にも，2つの数量の変化の様子をグラフに表し，グラフがどのような形になるのかを調べて特徴を見つけるという方法がある。グラフを含めたこれらの見方・考え方は，第5・6学年の「比例」の学習等の様々な問題場面で大いに役立てることができる。

（4） 比例の指導
① 第5学年　比例の定義（「直方体・立方体の体積」他）

この単元では，比例について，伴って変わる2つの数量の関係の中から，簡単な場合を理解できるようにすることがねらいである。

指導に当たっては，直方体の体積の学習を終えた後，次の事例2のように，直方体の縦と横の長さを変えないで，高さを変えていく場合について考察できる場面を設定する。

〔事例2〕
　　右の図のように，たてが4cm，横が5cmの直方体で，高さを1cm，2cm，3cm，……と変えていきます。

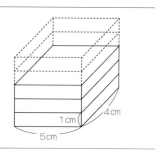

このときに，変わるものと変わらないものを整理する中で，直方体の体積は，その高さに依存する関係にあることに気づき，次のような表をつくることができる。

高さ (cm)	1	2	3	4	5	6	……
体積 (cm³)	20	40	60	80	100	120	……

そして，次のように高さと体積についての対応や変化の仕方の特徴を見いだすことができる。

　㋐　高さが1cmずつ増えると，体積は20cm³ずつ増えている。（変化）
　㋑　高さが2倍，3倍，……になると，体積は2倍，3倍，……になる。（変化）
　㋒　高さを20倍すると，体積になっている。（対応）

これらについては，表を横方向に見て（㋐，㋑），「一方の数量（高さ）が2倍，3倍，……になれば，それに伴って他方の数量（体積）も2倍，3倍，……になる」ことから「直方体の体積は高さに比例する」というように，比例を定義することができる。

ここでは，事例2での考察を通して定義しているが，子どもの実態に応じて，既習の学習

場面における比例関係（単価と合計金額など）や，比例しない関係（正方形の一辺の長さと面積など）の例を取り上げることで，比例に関する理解を深めることができるようにする。

この比例の考えは，乗法・除法の学習において，その背景となるものであるが，明確にされることなく用いられてきた。そのことから，子どもは特に意識することなく比例関係を前提として問題を解決してきた。つまり，比例を「2つの数量の間に成り立つ特別な関係」として捉えることはこれまでほとんどなかった。そこで，この単元で比例を定義することにより意識化できるようにする。そして，以後の学習において，2つの数量の関係を調べる際には，比例という観点で明確に捉え，数量の関係の考察に生かすことができるようにする。また，用語等を確実に習得できるようにするとともに，2つの数量が比例関係にあれば乗法の式が立てられ，その関係を表すことができることも併せて意識化して活用できるようにする。

なお，比例とその用語の学習は，第5学年の早い段階に位置付けられている。それは，以後の「小数のかけ算」「小数のわり算」「面積」「円と正多角形」等の学習において活用できるようにするためであると考えられる。

例えば，円周の長さを求める公式「直径×3.14」を導くために，まず，円周の長さを求めるには，他のどのような数量と関係付ければよいかを考える。その中で，どのような数量が円周の長さと伴って変わっているかを探ることで直径の長さに着目できる。つまり，円周の長さは直径の長さに依存していることに気づく。ここでは，関数の考えを働かせている。そして，直径の長さと円周の長さの間の関係を調べていくことによって，「円周の長さは直径の長さに比例する」関係に気づき，「円周＝直径×3.14」の式に表すことができ，公式を導くことができる。

② 第6学年「比例と反比例」

この単元では，これまでに指導してきた数量関係についての見方をまとめるために，日常生活において，伴って変わる2つの数量の中から，比例や反比例の関係にあるものを取り上げて考察し，関数の考えを働かせて問題解決に当たることがねらいである。

ここでは，次のような事例3を基に日常事象を提示して，伴って変わる2つの数量の関係に着目できるように説明する。

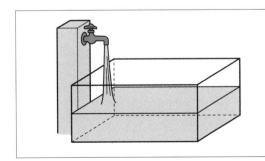

〔事例3〕
直方体の水そうに水を入れていきます。
ともなって変わる量を見つけましょう。

この場合，時間がたつにつれて，水の容量や深さが変わることが分かる。そして，水を入れる時間と水の深さは，伴って変わる2つの量であることに気づく。そこで，どのような変わり方をしているか詳しく調べることで，次のような表を作成することができる。

水を入れる時間（分）	1	2	3	4	5	6	……
水の深さ（cm）	2	4	6	8	10	12	……

　この表から，2つの量である水を入れる時間（A）と，水の深さ（B）の2つの数量の関係について考察すると，次のような比例の意味に気づくことができる。

　㋐　Aが2倍，3倍，……と変化するのに伴って，Bも2倍，3倍，……と変化する。また，Aが$\frac{1}{2}$，$\frac{1}{3}$，……と変化するのに伴って，Bも$\frac{1}{2}$，$\frac{1}{3}$，……と変化する。

　㋑　㋐の見方を一般的にして，Aがm倍になれば，それと対応するBもm倍になる。

　㋒　2つの数量の対応している値の商（B÷A）に着目すると，どれも2（一定）になっている。

　ここで，㋑のような特徴をもった数量関係として，一方がn倍（整数倍）になれば他方もn倍になるという観点で比例を振り返り，水を入れる時間（x分）と水の深さ（y cm）について，比例の関係にあることとして捉えられるようにする。そのときに，速さや面積などの既習の乗法で表される公式などと比較しながら，比例の式について理解を深めることができるようにする。その際，対応している数値の商に着目する㋒の見方を取り上げるようにする。この見方は関数の考えからみると，2つの数量が比例関係にあるかどうかを調べる上でも分かりやすく有効である。そして，比例の関係を表す式は，㋒の商をk（決まった数）とすると，$y = k \times x$という形で表されることを理解できるようにする。

　しかし，子どもにとって，㋐の見方から㋑の見方ができるようになることは必ずしも容易ではない。そのため，次のように具体的な表を基にしながら，実際にいろいろな数値について変化の特徴を調べる。そこでは2つの数量について整数倍だけでなく，一方が小数倍，分数倍になったときのもう一方も，同じ小数倍，分数倍になることを取り上げ，比例の概念を深めることができるようにする。このように，整数倍だけでなく，小数倍や分数倍になる場合についても考察し，㋑の見方に気づくことができるようにする。

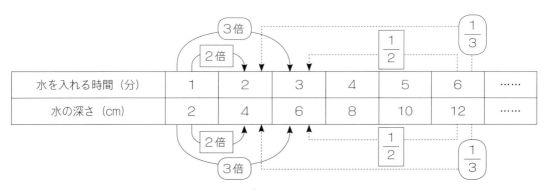

次に，比例の関係を表すグラフについて，伴って変わる様々な2つの数量の関係をグラフに表すなどの活動を通して，比例する2つの数量について，そのグラフが直線になることを，具体的な数量に即して理解できるようにする。例えば，前述の事例3において，水を入れる時間（x 分）と水の深さ（y cm）の数値の組を表す点をとると，グラフは原点（横軸と縦軸の交わる点）を通る直線として表されることが予測される。このとき，次の表のように x の値が小数のときの y の値を調べ，その組の点の位置を調べれば，その点がその直線上にあることが分かる。

水を入れる時間（分）	0	0.5	1	1.5	2	2.5	3	3.5	4	4.5	5	……
水の深さ（cm）	0	1	2	3	4	5	6	7	8	9	10	……

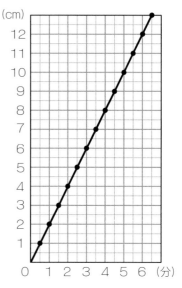

　このことで，比例のグラフは右のようになり，直線になることが理解できる。これは，比例の関係を見分けるときなどに用いられる重要な性質である。これまでの折れ線グラフは，点のみが正確な意味をもち，それらの点をつなぐ線分は，増減やその程度を判断したり，予測したりするための意味として使われていた。それに対して，比例などの関数のグラフ上の点は，すべて正確な意味をもち，直線は明らかに点の集合の意味をもつ。これは，関数関係にある2つの数量が連続量であるときのみに言えることであって，不連続である分離量の場合には言えず，グラフは正確には点のみになる。しかし，グラフは全体的な傾向を知ることにねらいがあるので，分離量でも，子どもにとっては直線で結んだグラフとしてもよいと考えられる。このことは，子どもの成長に応じて配慮する必要がある。

　次に，比例の利用として，比例の関係が有効に用いられる場面で，比例を用いると手際よく問題を解決することができるよさを感じられる場面を設定する。ここでの問題は，比例の考えを働かせなくても既習の単位量当たりの考えや，比の考えで解決はできるが，それを比例の考えで解くことがねらいである。

　指導に当たっては，次のような事例4を提示する。

〔事例4〕
　画用紙を300枚用意するのに，全部数えずに用意することはできるでしょうか。

　この事例4では，「実際に数えないと分からない」と反応する子どもが多く，すぐには方法を考えつくことは難しい。そこで，教師から分かっていることとして，例えば，

「画用紙10枚で76g，30枚で228gである」

ことを伝え，この関係を表にすることにより，2つの数量にきまりがあることを確認できるようにする。そのことを解決の見通しとして自力解決を進めるようにする。その中では，子どもは次のように2280gの画用紙が300枚になることを予想できる。

⑦　画用紙1枚の重さは，76 ÷ 10 = 7.6
　　全体が300枚だから，7.6 × 300 = 2280（g）

⑦　300枚は10枚の　300 ÷ 10 = 30で，30倍
　　10枚が76gだから，76 × 30 = 2280（g）

⑦　300枚は30枚の　300 ÷ 30 = 10で，10倍
　　30枚が228gだから，228 × 10 = 2280（g）

ここで，それぞれの考えの共通していることや違うところを比較することで，どの考えも比例の性質を使っていることに気づくことができる。また，⑦は1枚の重さから考えているが，⑦，⑦は300枚が10枚や30枚の何倍になっているかについて考え，重さは枚数に比例していることから，枚数が a 倍になると，重さも a 倍になることに気づくことができる。このように，画用紙の重さは枚数に比例することを使えば，画用紙を全部数えなくても，およその枚数を用意できることを理解できる。

反比例については，比例ではない関係の例として反比例を知ることにより，比例そのものの理解を深めることもねらいとしている。反比例の意味と式の扱いは，比例と同様に考え，次のようなことが挙げられる。

⑦　2つの数量A，Bがあり，一方の数量が2倍，3倍，……と変化するのに伴って，他方の数量は $\frac{1}{2}$，$\frac{1}{3}$，……と変化し，一方が $\frac{1}{2}$，$\frac{1}{3}$，……と変化するのに伴って，他方は2倍，3倍，……と変化する。

⑦　⑦の見方を一般的にして，2つの数量の一方が m 倍になれば，それと対応する他方の数量は $\frac{1}{m}$ になる。

⑦　2つの数量の対応している値の積に着目すると，それがどこも一定になっている。

指導に当たっては，比例と反比例を対比させながら，違いに気づくようにすることが大切であり，そのことにより，反比例の式やグラフを通して，その概念や性質をより明らかにできる。なお，反比例のグラフは，最初から双曲線を教えるのではなく，子どもが反比例の関係を満たすいくつかの点をとったり，教師がグラフを示したりするなど，変化の様子を捉える程度とする。あくまでも比例と反比例のグラフとの対比において，直線にならないことが分かる程度とし，点のグラフにとどめるなど，曲線の形になるグラフにこだわる必要はない。

なお，反比例の学習についても，具体的な事象の中から，2つの数量を取り出し，それらの変化や対応を調べ，比例，反比例の関係について理解を深めることを通して，関数関係を見いだし表現する能力を培うことで，関数の考えを働かせることになる。

12 単位量当たりの大きさの指導

1　単位量当たりの大きさの指導

「単位量当たりの大きさ」では，これまで学習してきた長さや重さなどの加法が成り立つ量（外延量）の他に，「混み具合」や「速さ」のような異なった2つの量の割合として決まる，加法が成り立たない量（内包量）があることを理解できるようにする。そして，その比べ方や表し方を理解し，活用できるようにすることがねらいである。

その指導の過程では，実際には「ならす」ことができないものを理想化して考え，均等化して数で捉えられるようにすることが大切である。例えば，平均はいくつかの数量をならして，1つ当たりどれだけかを表すのに用いられている。このような「ならす」という平均の考えにより，どこでも割合を等しくみることができるようになる。

そのような平均の考えを働かせて，2つの数量の間に比例関係があることを前提として単位量当たりの大きさを考えて問題を解決していく。その中で，具体的には次の①から④のような問題解決の方策を理解できるようにする。

① 問題となる量が，異なる2つの量で決まること（例：畳の数と人数）
② その2つの量のうち一方をそろえれば他方の大小で比較できること
③ ②のそろえ方は2つの量をAとBとするとき，Aをそろえるか，Bをそろえるかの2通りとなること
④ ③は公倍数を使ってそろえられるが，3つ以上のものを比較する際の効率性やいつでも比べられるという一般性から，単位量当たりの量を考えることが有用であること

この①から④では，例えば，「混み具合」の問題解決の学習成果を「速さ」の学習に生かすことができ，そのことにより，「速さ」が単位量当たりの大きさで表された量であることとして，統合的な見方・考え方を働かせて理解することができる。そして，そのことを通して，「単位量当たりの考え」の概念化を図ることができ，一方の量に対応する他方の量の大きさ（割合）で判断するときに用いることができるようにする。

このように，異なる2つの量で表された量を比較する過程では，様々な数学的な見方・考え方を効果的に働かせることで，「深い学び」に迫っていくことができる。また，そのことを通して，数学的な見方・考え方を育てることができ，より豊かにすることにもつながる。そこで，その具体的な指導はどのようにあるべきかについて考える。

2　単位量当たりの大きさの指導上の問題点

（1）単位量当たりの大きさについての意味の理解が難しい

「単位量当たりの大きさ」について，子どもは，第2学年の「乗法」や第3学年の「除法」などでその考えに触れてはいるが，明確に意識していない。そのため，第5学年で「混み具合」や「速さ」を学習するが，それぞれの意味を理解する上で難しい内容と言われる。

「混み具合」では，子どもによっては日常の経験や感覚から均等に散らばっているという見方や，例えば，6 m²のうさぎ小屋に8匹のうさぎがいるときと，9 m²に12匹いるときとを同じ混み具合とする見方ができないことがある。これは，一定面積当たりにどれだけのうさぎがいるかという考えには，平均の考えや比例の考えが働いていることを理解できていないので，1か所だけに寄っていると混んでいるかのように感じたり見えたりしている。つまり，混み具合が理想化した考えに基づいていることを表していると理解できないままでいるので，面積と個体数の2つの量の関係を実感的に考えることを難しくしている。

また，「速さ」では，速さに関係するものとして，かかった時間と進んだ道のりの他にも，人間や動物，乗り物をイメージして体の大きさや足の長さなどを考える視点としてしまうことがある。これは，言葉のイメージや速い，遅いという感覚をどのように量として表すかが曖昧なためである。また，速さは空間的な長さの他に時間が関連することや，その時間は目に見えないこと，その両者を同時に考えなければならないこと，そして，計算が面倒なことなどが加わり難しさが増すため，意味の理解が不十分となっている。その他，「分速110m」というような表記から，速さと長さとを混同してしまう誤りも見られる。

（2）単位量当たりの大きさについて学習内容を関連させた指導がされていない

「速さ」も「混み具合」と同様に単位量当たりの大きさの内容に変わりはないにもかかわらず，その両者を関連付けた指導がされないことがある。「混み具合」は関係する2つの量は分離量であるが，「速さ」は連続量となることや，それぞれの意味に前述（1）のような実感を伴った理解を図る上で難しさはあるものの，その指導がばらばらになっていることに大きな問題がある。

そのような関連付けがされない原因として，例えば，「速さ」の公式の指導が暗記に偏る面があることが挙げられる。公式を暗記することに重点を置くがあまり，その意味や内容を単位量当たりの大きさの意味と関連付けることができていないことがある。たとえ，公式を覚えていて数値を当てはめることはできても，速さ，時間，道のりの関係が理解できているとは言えない。また，覚えた公式は，時間の経過とともに忘れてしまうことが多い。右のように速さ・時間・道のりについて「み・は・じ」と教え込む例も見られる。速さの意味が理解され，単位量当たりの大きさとして関連付けられなければ，その知識を活用することが難しくなるのは当然である。

3　単位量当たりの大きさの指導に関連する指導学年

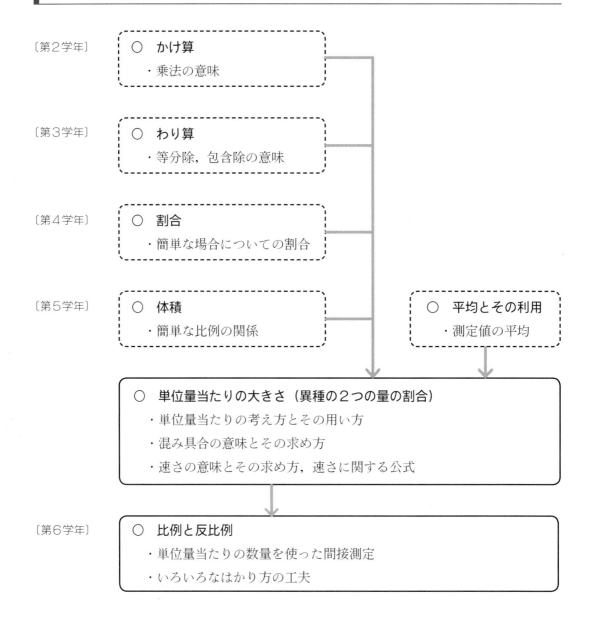

4　単位量当たりの大きさの指導

(1) 単位量当たりの大きさと数学的な見方・考え方
① 「単位量当たりの大きさ」と平均の考えや比例の考え

　「単位量当たりの大きさ」については，第5学年で初めて学習することになるが，単位量当たりの考えは，その学年で初めて指導される内容ではない。それは，第2学年から始まる「乗法」や，第3学年から始まる「除法」について理解していく過程では，既にこの単位量当た

りの大きさの考えを使って学習しているからである。

　例えば,「1個120円のオレンジ6個ではいくらになりますか」というときの「1個120円」は「1個当たり120円」ということで,単位量当たりの考えを働かせている。また,「24個のクッキーを6人に同じ数ずつ分ければ,1人何個になりますか」というときも「1人何個」は「1人当たり何個」ということで,単位量当たりの考えを働かせている。

　ここでは,かけ算のように単位量当たりの大きさを使って計算する場合も,わり算（等分除）のように単位量当たりの大きさを求める場合も,「単位量当たり」というように言葉として明記されてはいない。しかし,そこには単位量当たりの考えは既に学習として暗黙的に経験している。

　また,第5学年では,円周率を求める際に,いろいろな大きさの円をかいて,円周の長さを直径でわる活動を行っている。これは,直径を単位とみたときの円周の長さを表している。つまり,単位量当たりの考えを使って表していると考えられる。

　さらに,いろいろな大きさのいくつかの卵の重さをはかり,その平均を求めることも単位量当たりの考えを使っている。ここでの平均は,量の大きさの測定値（全体の重さ）について,いくつかの数量（個数）があるとき,それらを同じ大きさの数量に「ならす」という意味として捉えている。

　そして,これらの操作をさらに発展させて,実際には「ならす」ことのできないものを理想化して考え,均等化して数で捉えられるようにするのが,「単位量当たりの考え」の前提となっている。例えば,「混み具合」を考察する場合,うさぎ小屋の一定の面積にどれだけのうさぎがいるかという単位量当たりのうさぎの数を問う場合には,平均の考えや比例の考えを働かせている。実際には,うさぎ小屋の中ではうさぎは1か所にかたまっているとき,その部分は混んでいるかのように感じたり見えたりすることがあるが,小屋には空いている部分もある。

　そこで,「混み具合」を表す際には,平均してうさぎがいるということを前提にして考える。また,「速さ」を考察する場合にも,平均した速さで移動しているということを前提にして考える。つまり,「ならす」という平均の考えは,どこでも割合が同じとみることができるようにしているため,単位量当たりの大きさを考えていくための前提となっている。

　このように,現実の生活場面での問題を理想化したり単純化したりして考え,算数・数学の問題として解くことができるようにすることが必要な場合がある。この「単位量当たりの大きさ」の学習は,まさにそのような考えを働かせる内容と言える。しかし,子どもにとって,非現実的なことであり,そのような考えに違和感をもつことが考えられる。物事を理想化し単純化することは,物事を整理する上で考えやすいが,逆に算数・数学を理解しにくくしている面もある。そのため,現実の生活場面からの事例を基に,子どもは「混み具合」や「速さ」などの量を表現する上で,その問題点等を検討できるようにすることで,理想化し単純化する考えを生活場面で働かせやすくするように工夫することが必要である。

② 2つの量の割合で決まる量の比較の方法と統合的な見方・考え方

　2つの量で決まる量の表現については，第4学年までに学習されている。例えば，長方形の周の長さは，縦と横の長さを加法によって求めることができる量である。体重の増加は，現在の体重と過去の体重を減法によって求めることができる量である。さらに，平行四辺形の面積は，底辺と高さを乗法によって求めることができる量である。品物の単価は，値段と個数を除法によって求めることができる量である。

　このような生活や学習の中での経験を基に，第5学年では，連続量を中心に2つの量で決まる量として除法によって求めることができる量の学習を進める。ここで，単位量当たりの考えを必要とするのは，2つ以上の場面を比較するときとなる。具体的には次のような場合が考えられる。

・　分量が違う品物の値段の比較（右図）
・　うさぎの数が違ううさぎ小屋の混み具合の比較
・　面積が違う畑からの収穫高の比較
・　道のりが違うコースを走ったときの速さの比較

などのような，異なった2つの量の割合として捉えられる場合である。

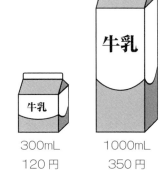

　これらの解決に当たっては，例えば，「混み具合」のように，面積と個体数という異なった2つの量の割合で決まる量（内包量）は，長さや重さ，面積などの量（外延量）のような加法が成り立たなく，基本的な量の性質をもっていないことを確認できるようにする。

　子どもは，第1学年から第4学年までで，長さ，かさ，重さ，面積などの量を比べる場合には，直接比較，間接比較，任意単位での測定による比較，普遍単位での測定による比較という量の4つの段階を踏んで比較する経験をしてきている。この学習過程の中で，1つの決められた基準のいくつ分に当たるかというように解決することで，量を比べる上で1つの単位を決めてそれを基準として比べることが必要であるという考え方を身に付けている。

　しかし，異なった2つの量の割合で決まる量は，その1つの数量だけを取り出して比べても意味がない。さらに，単位となる数量のいくつ分で数える測定の考えでも数値化できない。例えば，「混み具合」を比較する場合は，うさぎ小屋の面積とうさぎの数，「速さ」を比較する場合は，進んだ道のりとかかった時間という，それぞれ2つの数量を同時に考えることになる。このような点に難しさを感じる子どもは少なからずいる。そのため，この異種の2つの量の割合として決まる量を，どのようにして比べていくか，どのように数値化していくかということが問われる。

　そこで，平均の考えを基にして2つの量の間に比例関係があることを前提として解決することが重要となる。つまり，2つの量のどちらか一方の量をそろえて，他方の量で比較する方法が考えられる。例えば，前述の「混み具合」の場合では，うさぎの数をそろえて，うさ

ぎ小屋の面積で比べたり,「速さ」の場合であれば,かかった時間をそろえて,進んだ道のりで比べたりというように,一方の量をそろえて,他方の量で比べるという考え方を基として,統合的な見方・考え方を働かせることが求められる。その際,量をそろえる上で公倍数の考えを利用することが考えられるが,3つ以上のものの比較において,効率性やいつでも比べられるという一般性から,単位量当たりの大きさで比べるよさについて感得することができる。このような「混み具合」や「速さ」などの複数の事例を関連付けて扱い,さらに身の回りにある単位量当たりの大きさに関わる事例を見つける活動をできるようにする。そして,これらの問題解決を通して,単位量当たりの考えについて概念的に捉えることができるようにすると子どもの理解は深められる。

(2) 単位量当たりの大きさの指導

　2つの量で決まる量(割合など)について考察するとき,一方の量について,単位量当たりを考えることは重要であり,その最も代表的な量は「速さ」である。速さは,日常生活の中でもよく使われ,子どもは感覚的,経験的に理解している。しかし,速さは,数量的に表して処理しようとするとなかなか難しい内容である。その理由として,異種の2つの量,すなわち進んだ道のりとかかった時間の関係を同時に考え,その比が速さを表すことを理解できるようにするところにある。また,個数や面積などの量よりも視覚的に捉えにくいことも挙げられる。

　そこで,異種の2つの量の指導としては,絵や図に表して具体的なイメージを実感として伴いやすい「混み具合」を指導した後に「速さ」の指導を行う。すなわち,「混み具合」での単位量当たりの学習の延長線上で「速さ」の表し方を理解できるようにする。また,そのことにより4(1)①,②の内容からも,速さを含めた単位量当たりの考えを概念的に捉えやすくすることができる。

① 混み具合の指導(第5学年)

　「混み具合」の指導に当たっては,次ページの図のような3つのうさぎ小屋A,B,Cの混んでいる順番を調べる場面を設定する。ここでは,子どもは,2つの量(うさぎ小屋の面積とうさぎの数)の関係を割合を用いて表す必要性を明らかにすることができ,いろいろな比べ方を考えることが予想できる。

　混み具合については,子どもは,電車やバス,エレベーターに乗ったときなどの経験が少なからずある。そのため,うさぎ小屋の混み具合についても,小屋の広さとうさぎの数によって「混んでいる」「空いている」ことは,漠然とではあるが理解をすることができる。したがって,同じ広さでうさぎの数の多少を比べたり,同じうさぎの数で広さの大小を比べたりすることの必要性に気づきやすいと考えられる。

小屋A　　　　　　　　小屋B　　　　　　　　小屋C

　右の表では，小屋Aと小屋Bでは面積が等しいので，うさぎの数が多い小屋Aの方が混んでいる。また，小屋Bと小屋Cではうさぎの数が等しいので，面積の小さい小屋Cの方が混んでいる。しかし，小屋Aと小屋Cでは，面積もうさぎの数も異なるため，安易には比べられないということに気づくことができる。このことに着目することで，単位量当たりの大きさを考える必要性を感じることができるようにする。

小屋	面積（m²）	うさぎの数（匹）
A	5	6
B	5	5
C	4	5

　このように，混み具合を考える際には，多様に考えることができ，そこから単位量当たりを考えることができるようにする。ここでは数直線を使うことで，実感が伴った理解を図ることができる。具体的には，子どもは，次のような活動を展開することが予想される。

　◇　基準とする一方の数を公倍数にしてそろえて比較する

　　小屋Aと小屋Cの比較について，面積がそれぞれ5m²，4m²であるので，その公倍数の20m²にそろえると，

　　・小屋Aのうさぎの数は，　6×（20÷5）＝24（匹）

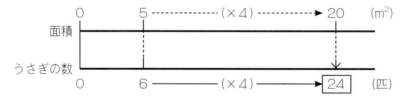

　　・小屋Cのうさぎの数は，　5×（20÷4）＝25（匹）

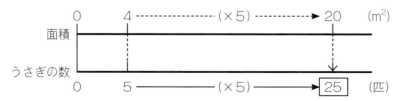

となり，うさぎの数で混み具合を比較することができる。そのようになれば，うさぎの

数が多い小屋Cの方が混んでいることが分かる。

　また，うさぎの数が小屋A，小屋Cにそれぞれ6匹，5匹であるので，その公倍数の30匹にそろえると，

・小屋Aの面積は，5×（30÷6）＝25（m²）

・小屋Cの面積は，4×（30÷5）＝24（m²）

となることから，面積で混み具合を比較することができる。そのようになれば，面積が狭い小屋Cの方が混んでいることが分かる。

◇　基準とする一方の数を単位量（1m²または1匹）当たりにして比較する

　前述で，面積をそろえるときに小屋Aと小屋Cともに1m²当たりのうさぎの数で考えると，

・小屋Aのうさぎの数は，6÷5＝1.2（匹）

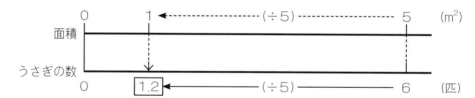

・小屋Cのうさぎの数は，5÷4＝1.25（匹）

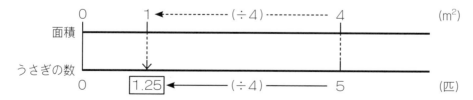

となり，小屋Cの方が，1m²当たりうさぎが多くいることから混んでいることが分かる。

　また，うさぎの数をそろえるとき，うさぎ1匹当たりの面積を考えると，

・小屋Aの面積は，5÷6＝0.833…（m²）

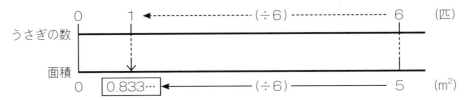

・小屋Cの面積は，4÷5＝0.8（m²）

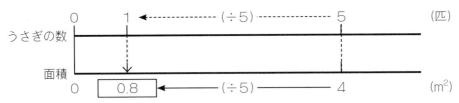

となり，小屋Cの方がうさぎ1匹当たりの面積が小さいことから混んでいることが分かる。

このように，混み具合の場合は，平均の考えを基にして，2つの数量の間に比例関係があることを前提とした考えで解決することができる。うさぎの数だけや面積だけで比較するのではなく，2つの数量のどちらか一方をそろえて，もう一方の数量で比較できるようにする。

ここで，公倍数で考えてそろえる方法と，単位量当たりで考えてそろえる方法について，比較し検討する場面を設定する。このことは，単位量当たりの考えのよさに着目する上では必要なことである。そこでは，子どもは，次のような気づきをもつことが予想される。

◇　公倍数を使えば求められるが，公倍数がいくつになるかをいちいち調べるのが大変だ。

◇　どちらかのそろえる数を1にする考えは，やり方がいつも同じように計算できて，一度にたくさん比較できる。

このように，公倍数にそろえる方法は，解決できるものの対象とする数が変われば，その都度，公倍数を考えないといけないことや，3つ以上の数量を対象とした場合は効率性に問題があることに気づくことができる。逆に，単位量当たりの考えによる方法は，わり算の立式に課題はあるものの，いつでも比べられるという一般性から，そのよさを感じることができる。

また，うさぎの数を基準にした場合は面積で比較できるが，混み具合として混んでいる方の数が小さくなることから，誤った判断をすることが考えられる。そのため，この点についても，子どもが，事例を基に適切に判断できるようにする。その中で，「どちらが混んでいますか」という問いならば，数値が大きい方が混んでいるという結論になるようにした方が分かりやすい。したがって，面積を単位量とすれば，うさぎの数が大きい方が混んでいることを表しているので，分かりやすいと感じる。一般的には，人口密度などは混んでいる方に大きな数値が対応するようになっているので，例として挙げることもできる。

このように考えると，2つの量で決まる量の表現について，どちらの量を基準にして比較するかについて臨機応変に選んで，的確な判断ができるようにすることは大切である。

② 速さの指導（第5学年）

「速さ」の指導においては，「混み具合」の学習の成果を基にすることが大切になる。それは，ともに2つの量で決まる量であることを確認することができるからである。「混み具合」においては，面積と個体数，「速さ」においては，かかった時間と進んだ道のりが関係する量となる。そのため，次のようにそれぞれの2つの量を対応させながら，平均の考えを基にして，比例関係を使うことができるので，単位量当たりの考えを類推的な見方・考え方を働かせて意識できるようにする。

```
〔混み具合〕  単位面積当たりの個体数
           個体数が多い  ─────→ 混んでいる
           個体数が少ない ─────→ 混んでいない
〔速  さ〕  単位時間当たりに進んだ道のり
           道のりが長い  ─────→ 速い
           道のりが短い  ─────→ 遅い
```

このようにすれば，「混み具合」と同様に「速さ」の場合も数直線を利用して解決の方法を考えることができることが分かる。そのことを通して，「速さ」の学習が単位量当たりの考えと関連付けられて，深く理解することができる。

具体的な「速さ」の指導に当たっては，走った速さを比較することを問題解決に仕組むことは普通に行われている。そこで，右の表のように，4種類の動物の中で，どの動物が一番速いかを考える場面を設定する。この解決過程では，「混み具合」の学習の成果を生かすことができれば，道のりを単位量としてそろえる求め方，時間を単位量としてそろえる求め方の2つ

動物	道のり(m)	時間(秒)
A キリン	90	5
B ライオン	120	5
C カンガルー	200	10
D ダチョウ	200	8

の方法に集約するように考えることができる。もちろん公倍数で考えることも予想されるので，その場合は，前述の「混み具合」の展開を参照して進める。

上の表で，AキリンとBライオンでは同じ時間で，進んだ道のりが長いBライオンの方が速く，CカンガルーとDダチョウでは同じ道のりで，かかった時間が短いDダチョウの方が速いことが分かる。しかし，BライオンとDダチョウでは，道のりも時間も異なるため，安易には比べられないことから，子どもは単位量にそろえて解決することが予想される。Bラ

イオンとDダチョウの速さの比較については，時間を単位量としてそろえる方法，道のりを単位量としてそろえる方法が考えられる。

　まず，BライオンとDダチョウともに1秒当たりに進んだ道のりを考えると，

・Bライオンの進んだ道のりは，　120 ÷ 5 = 24（m）

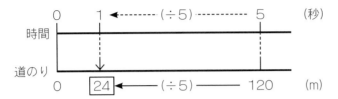

・Dダチョウの進んだ道のりは，　200 ÷ 8 = 25（m）

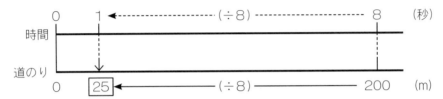

となり，Dダチョウの方が1秒当たりの道のりが長いことから速いことが分かる。

　次に，BライオンとDダチョウともに1m当たりにかかった時間を考えると，

・Bライオンのかかった時間は，　5 ÷ 120 = 0.0416…（秒）

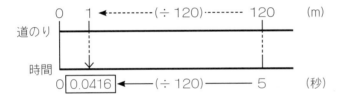

・Dダチョウのかかった時間は，　8 ÷ 200 = 0.04（秒）

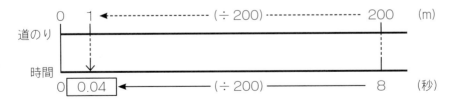

となり，Dダチョウの方が1m当たりの時間が短いことから速いことが分かる。

　ここで，考えなければならないのは，「混み具合」での問題解決の場合と同様に，2つの量のどちらを単位量としてみると，速いかどうかを判断しやすいかである。これには，BライオンとDダチョウの比較の例を通して，「数値の大きい方が速い方であることが分かりやすい」ので，時間を単位量とした方が比較しやすいということに気づくことができる。そのことから，「速さは，単位時間に進む道のりで表す」と定義し，公式「速さ＝道のり÷時間」

と表すことを理解できるようにする。

　「速さ」を表すことについては，例えば，時速80kmという意味は，1時間に進む道のりが80kmということであるが，ここでの速さは平均の速さを表しており，スピードメーターの表す瞬間の速さではないことに子どもが気づくことができるようにする。

　また，時速，分速，秒速の意味にも触れることができるようにすると，次のように，速さは単位時間によっていろいろな表現ができることに気づくようにする。

　　時速……1時間に進む道のりで表した速さ
　　分速……1分間に進む道のりで表した速さ
　　秒速……1秒間に進む道のりで表した速さ

　これらの換算について，例えば，「東海道新幹線のぞみの時速240kmは分速どれだけか」は，
　　　$240 \div 60 = 4$　　　分速4km

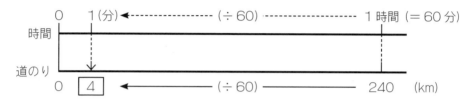

とすることができる。

　このように，速さ，時間，道のりについて数直線を使って表示をすることで意味付けながら，この3つの関係を理解できるようにする。

　また，公式として「道のり＝速さ×時間」をまとめ上げる際には，「速さ＝道のり÷時間」の式を基に，両者を相互に関連付けられるようにすることが大切である。例えば，「時速80kmで走る車が3時間で進む道のり」については，次のように表や数直線を使って求めることができる。

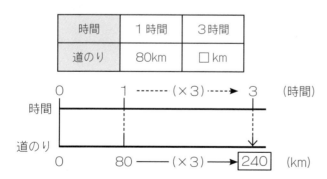

道のりを□kmとすると，速さを求める公式「速さ＝道のり÷時間」から，
　　　$80 = □ \div 3$
　　　$□ = 80 \times 3$
　　　$□ = 240$

このことから,「道のり＝速さ×時間」を導くことができ,公式とすることができる。もう1つの「時間＝道のり÷速さ」については,公式にまとめることはしなくても,2つの公式「速さ＝道のり÷時間」,「道のり＝速さ×時間」を基につくり出せるようにしておくことが大切である。

　これらの公式を記憶していて,問題に出てきた数値をただ機械的に当てはめていくという指導は好ましくない。公式を覚えるよりも,それが表している内容をしっかり理解できるようにすることが大切である。つまり,「速さは,単位時間に進む道のりで表す」という意味を理解できるようにする。そして,公式は覚えるものではなく,公式はつくり出せるものであることを実感できるようにすることを指導する上で心がけるようにする。

　例えば,「分速60m」ということからは,「1分間に60m進む」ことがさっと頭に浮かぶようにする。そうすれば,「分速60mで10分歩くと何m進むか」と問われたとき,比例の考えを働かせて「1分間に60m歩くのだから,10分間には60mの10倍歩き,600m進む」というように考えることができる。これは,次のように,「1個60円のりんご10個分の代金を求める」ことと同じ関係であると捉えることができれば,単位量当たりの考えを概念的に捉えることができ,その本質が見えてくる。このようになれば,速さは特別なものではなくなり,そんなに難しいものではなくなってくる。

「分速60mで10分歩くと何m進むか」
　　⇒「1分間に60m歩くのだから,10分間には60mの10倍歩く」
「1個60円のりんご10個分の代金を求める」
　　⇒「1個で60円だから,10個分は60円の10倍の代金」

---

③ 比例と反比例の指導(第6学年)

　単位量当たりの大きさについての知識や技能をもち備えていると,能率的な測定ができることがある。この単元は,単位量当たりの大きさの学習の成果を発展的な見方・考え方を働かせて生活に生かすことができることがねらいである。

　例えば,針金の長さがはっきりと分かりにくいとき,実際に針金を伸ばして調べれば長さは分かるが,そのような手間のかかることをしなくても,長さと重さが比例関係にあることを前提にすれば,その針金の1m当たりの重さと全体の重さ,または針金1gに対する長さと全体の重さを調べることにより,針金の全体の長さを求めることができる。つまり,単位量当たりの量を調べて,針金の重さから長さを求めることができる。釘の本数も同じで,本数と重さが比例関係にあ

［針金の重さから長さを求める］

ることを前提にすれば，その釘1本の重さと全体の重さを調べることにより，釘の本数を求めることができる。また，面積でも同じことで，厚さが一定の厚紙の面積と重さが比例関係にあることを前提にすれば，面積1単位当たりの重さと全体の重さを調べることにより，面積を求めることができる。

このように，単位量当たりの大きさの学習を発展的な見方・考え方を働かせれば，能率的な測定ができる。これらは，広く考えれば比例関係にあることが基となっており，2つの量の割合という範囲に入る。また，このような考えができるようにするためには，子どもがそれぞれの状況に応じて，単位量当たりの考えを生かして問題を解決できるようにしておくことが大切である。

13 統計的な処理・考察の指導

1 統計的な処理・考察の指導

　統計的な処理・考察をしていく過程では，文字通り，統計的な見方・考え方を働かせている。この統計的な見方・考え方とは，個々のデータをまとめて１つの集団（集合）として考えたとき，個々のデータにはなかった，または見られなかった，その集団としての特徴や全体的な傾向を捉え，目的に応じて適切に考えたり，判断したりすることである。

　この統計的な見方・考え方を働かせるための方法として挙げられるのが，適切に分類整理することであり，表やグラフをかいたり読んだりする活動である。そして，子ども自身の周りで起こっている問題を解決していくことになる。

　その中で，分類とは，集団をつくっている様々な構成要素を，形や質，あるいは時間や場所，原因や結果，機能などを観点として，類似するものと相違するものを区別することであり，整理とは，データを分類した結果を表やグラフなどに分かりやすく表すことである。これらは，集団の様子を捉えるときの基本的な考えであり表現の仕方である。そのため，分類整理については，その目的を明確に意識すること，また，その対象となる集団を明確に捉えていること，さらに，その観点をはっきり意識しておくことなどが重要となる。

　また，表やグラフをかいたり，読んだりすることは，データを目的に応じて処理して，集団の特徴を捉えやすくするためである。表やグラフを読むのは，その集団の特徴を考察し，適切な判断をするためである。そのため，結論について多面的に考察したり，妥当な内容についても批判的に考察したりすることが重要となる。そのことを通して，問題をよりよく解決していくことができる。

　すなわち，子ども自身の問題を解決するために，どのようなデータが必要か，どのように分類整理すると分かりやすいか，結果をどのように表現するとより理解を得られ，全体の傾向が分かるか，そして，問題解決のための適切な活動をしていくことができるかを考える。これらはすべて生活場面での問題を解決できる資質・能力を育てるのに役立つ。

　このように，統計的な処理・考察をしていく過程では，数学的な見方・考え方が効果的に働くようにすることで，「深い学び」に迫っていくことができる。また，これらを通して，数学的な見方・考え方を育てることができ，より豊かにすることにもつながる。そこで，その具体的な指導はどのようにあるべきかについて考える。

2　統計的な処理・考察の指導上の問題点

(1) 目的意識が明確でないまま統計の指導が行われている

　これまでの統計的な処理・考察については、データを集めて、それを整理して表やグラフに表すということが学習指導の中心であった。例えば、交通量調査、けが調査などを行い、表やグラフに表すことができるかどうかについて問われ、何のための調査であるかという目的についてはあまり問題にされていなかった。それでは、表やグラフをかいたりする知識・技能は身に付いても、何のための表やグラフであるかについての理解はされにくい。そのため、表やグラフを生活に生かすことは難しくなっていた。

　統計とは、確かに、データを集めて計算したり、表やグラフをかいたりする活動をするが、問題を解決するための情報を得る１つの方法であることを明確にしなければならない。つまり、統計とは、問題などを解決しようとする目的があるから調査などの活動をする。例えば、交通量調査では、安全に通学するための通学路を決めるために交通量を調べる。どの道の交通量が少なく安全かを調べ、通学路として適切かを判断したり、交通渋滞を減らそうと信号の赤・青の時間の長さを決めるために交通量を調べて、その時間を決めたりするというように、その活動の目的が明確でなければならない。

　このように、統計は明確な問題意識（目的）をもち、その解決をするための表現方法として表やグラフがあるということを、一連の活動の中で明らかにして指導する必要がある。

(2) 表やグラフを読み、考察し判断する活動の意味が曖昧であった

　統計のデータそのものには嘘はないが、整理の仕方でグラフの見え方が変わってくることがある。そのため、統計に騙されてしまうこともある。しかし、これまでの統計の学習指導では、表やグラフをかくことに重点が置かれ、グラフからどのようなことが読み取れるか、また、読み取ったことをどのように問題解決に生かすことができるかということにはあまり重点が置かれていなかった面がある。そのため、グラフ等において処理の仕方、表し方によって、受け手にはいろいろな捉え方があり、それがどのようなことを引き起こすのかを予測しておく必要がある。

　例えば、棒グラフで一部分を省略し、波線で切られたグラフがある。この波線は、本来、ほとんど変化が見られないときに使うものであるが、波線部分で拡大し変化を大きくすることにより、本当は変化が小さいにもかかわらず、いかにも変化があるように見えて誤った判断をさせてしまうことがある。そのときに、波線を使っているグラフを適切に見て、その真意をきちんと判断できるようにすることが大切になる。

　このように、表やグラフを適切に読み、考察し判断する活動を重視することが大切であり、統計に騙されないため、批判的な見方ができる力を付けることが必要である。

3　統計的な処理・考察の指導に関連する指導学年

〔第1学年〕
- ○ かずとすうじ
  - もの（データ）の個数への着目をすること
  - 絵や図などを用いて表し，その特徴を読み取ること

〔第2学年〕
- ○ ひょうとグラフ
  - 身の回りの数量（データ）を整理すること
  - 観点が1つの表や簡単な絵グラフに表したり，読み取ったりすること

〔第3学年〕
- ○ 表とグラフ
  - データの構成要素をいくつかの観点で分類・整理すること
  - 簡単な二次元の表で表したり，それを棒グラフに表したりすること
  - 様々な目盛りの棒グラフをかいたり，読んだりすること
  - 身の回りの事象についての考察

〔第4学年〕
- ○ 折れ線グラフ
  - 事象の変化を折れ線グラフでかいたり，読んだりすること
  - グラフの傾きと事象の変化との関係から考察すること
- ○ 調べ方と整理のしかた
  - 目的に応じてデータを収集したり分類・整理したりすること
  - 適切なグラフを選択すること
  - 二次元の表で表したり，それを読み取ったりすること

〔第5学年〕
- ○ 割合のグラフ
  - 統計的な問題解決の方法
  - 結論についての多面的な考察
  - 帯グラフ，円グラフをかいたり，読んだりすること
  - 測定値としての平均を理解すること

〔第6学年〕
- ○ 資料の調べ方
  - 目的に応じた統計的な問題解決の方法
  - 結論の妥当性についての批判的な考察
  - 代表値（平均値，中央値，最頻値）を理解すること
  - 度数分布を表す表や柱状グラフをかいたり，読んだりすること

4　統計的な処理・考察の指導と数学的な見方・考え方

　ここでの学習指導は，目的に応じて，数量に関するデータを収集し，分類整理するとともに，表やグラフに表現し，その特徴を読み取ることによって，統計的な問題解決を行う。これは，多くの情報があふれている社会を生き抜くためには必要不可欠である。そして，そのためには，次のような一連の活動を行うことが必要である。

〔統計的な問題解決の過程〕

- ア　問題
  - ・問題の把握　　　　　　　　　・問題設定，目的意識の明確化
- イ　計画
  - ・データの想定　　　　　　　　・データの収集計画
- ウ　データ
  - ・目的に応じたデータの収集　　・観点に基づいた分類整理
  - ・項目ごとに数量化した把握　　・表への整理
- エ　分析
  - ・表をグラフなどでの図示　　　・グラフから特徴や傾向の読み取り
- オ　結論
  - ・的確な判断，結論付け　　　　・振り返りと問題解決への活用

　これらは，一方向として進むものではなく，計画を立てながら問題を見直して修正を加えてみたり，グラフを作り直して分析したり，ときにはデータを集め直したり，相互の関連を考えたりするなど，一連の活動として行き来しながら進むものと考える。

　第1・2学年の学習においては，「ア　問題」「イ　計画」「オ　結論」の扱いは，それほど重く行わず，子どもに身近な題材を使って，関係するデータを整理し，その特徴を捉えることを中心に行う。第3・4学年の学習からは，身近な題材から問題を設定する活動や，その問題を解決するためのデータとその集め方などについても，徐々に扱っていくことができるようにする。第5・6学年の学習では，アからオまでの統計的な問題解決の過程を意識し，子どもが問題を設定し，調査計画を立てることや，分析から判断した結論についても別の観点から妥当性を検討できるようにする。

　そして，統計的な処理・考察について，効果的に働く数学的な見方・考え方に着目して内容を整理すると，次のようにまとめることができる。

（1）目的に応じてデータを収集すること
（2）データを分類整理し，結果を適切に表現すること
（3）統計データの特徴を読み取り判断すること

　ここでは，一連の指導の過程を重視するために，上記（2）（3）を合わせて，1項目として2つの項目について述べる。

(1) 目的に応じてデータを収集すること

　統計的な問題解決を進める活動の際には，特に「何のために」という目的意識をもって取り組めるようにすることが重要である。このことは，第4学年からその学習内容に組み込まれている。

　例えば，第4学年「調べ方と整理のしかた」について，「けが調べ」活動を行う場合がある。そこでは，最近の学校内でのけがの様子や自分のけがの経験について話し合い，けがを減らすために「けが調べ」をすることを学習問題にすることができる。すなわち，子どもの意識として次のようになる。

「最近，学校でけががよく発生する（多い）」
　　　　　→「けがの数を減らすにはどうしたらよいか」
　　　　　→「自分たちの学校のけがの様子を調べてみよう」

　このような流れで調査の目的を明確にして，二次元の表を使ってまとめることへと追究を進めることができる。

　また，第4学年「折れ線グラフ」について，「世界各地の気温調べ」の活動を行う場合，例えば，次のように，岡崎市（愛知県），シドニー市（オーストラリア）における同じ時期の生活の様子を表した写真から，その違いに興味をもたせた「気温調べ」をすることを学習問題にすることができる。すなわち，子どもの意識として次のようになる。

[岡崎市の1月]　　　　　　　　　　　　[シドニー市の1月]

「岡崎市が冬のとき，シドニー市は海水浴をしている」
　　　　　→「岡崎市とシドニー市は夏と冬が反対みたい」
　　　　　→「岡崎市とシドニー市の春と秋の平均気温は同じくらいかな」
　　　　　→「岡崎市とシドニー市の1年間の気温の様子を調べてみよう」

　このような流れで調査の目的を明確にして，折れ線グラフを使ってまとめることへと追究を進めることができる。

　さらに，別の地域の気温の変化として，ハワイや赤道付近などの地域を紹介すると，1年の気温の変化が少なく，折れ線グラフが平坦になることから，「もう少し詳しく変化の様子が表せないか」と問うことで，途中の目盛りを波線で省略したグラフにつなげることも考えられる。また，そのような学習を通して，自分たちが住んでいる地域と比較検討してみることへもつなげることができる。

このように，子ども自身が学習に対する関心や意欲を高めることができ，目的意識を明確にできる。そして，子ども自身の手でデータを集め，それを分類整理する活動へつなげることができる。その中では，総合的な学習の時間や他教科との関連を図りながら学習を進めることも考えられる。

（2）データを分類整理し結果を適切に表現し，その特徴を読み取り判断すること

　データが集められても，言葉や数値などの情報がそのまま羅列されているだけの状態では，特徴や傾向を把握することは難しい。その特徴や傾向を端的に把握するためにも，またグラフなどに表すためにも，表に整理することは大切である。

　さらに，データをグラフに表すことは，特徴や傾向について図として表現して視覚的に捉えやすくなるため，統計的な分析をするには欠かせないものである。一方で，グラフによる特徴や傾向の捉えやすさから，一般社会においては，実態とは異なるような印象を与え，誤認させるようなグラフが用いられる場合もある。そのため，グラフを読み取る際には注意することが必要で，グラフを正確に捉えることができる力を付けることが求められる。

①　第１学年「かずとすうじ」

　この単元では，ものの個数を集合に分けて数えて，絵や図などを用いて表したり読み取ったりすることができるようにすることがねらいである。

　指導に当たっては，例えば，アサガオの花の数を数える場面を設定する。第１学年は，生活科の学習でアサガオを栽培し生長を記録しているので，花がどれだけ咲いたかを調べたいという興味・関心をもたせやすいので生活科の学習を生かして取り扱う。その中で，例えば，曜日ごとに咲いたアサガオの花の絵を数えるようにして，アサガオの花の絵は赤，青，紫，白として，大きさも変えるようにする。この単元は，前述の統計的な問題解決の過程と照らし合わせると，次のような活動が大切となる。

ア　分類して数えること

　これまで数を数える指導において，様々な要素が含まれる絵の中から，例えば「果物の種類」「海にいる生き物の仲間」などのように仲間分けの観点を決めて数える学習をしている。このように任意の集合からその数を調べることが，データを分類整理していく基礎になっている。そのため，集合の要素の数を数える活動ができるようにするには，どのような集合かに目を向けて１対１対応をして数えることを意識できるようにする。このように，集合の考えを働かせることになる。

　ここでは，目的に応じた条件を決めて，それにあった集合をつくることが求められる。例えば，次ページの図のように，アサガオの曜日ごとの花の数を調べたり，色別の花の数を調べたりするという観点などを決めて集合をつくり，その集合の要素の個数を捉えることができるようにする。

[曜日ごとに咲いたアサガオの花の数]

| げつ | か | すい | もく | きん |

イ　分かりやすく図や表で表すこと

　数えたものの個数を整理して図に表すことができるようにする上で、数の大きさを分かりやすく整理する方法を考えることが求められる。右の図は、曜日ごとの花の数を調べて整理したものである。

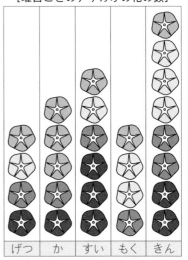

[曜日ごとのアサガオの花の数]

　そこでは、次のような内容に留意できるようにする。
- ○　1つ1つの絵（花）の大きさをそろえてかく。
- ○　1個目の絵をかく位置は、すべてそろえてかく。
- ○　絵をまっすぐにそろえて、等間隔に並べてかく。

　　　　　　　　　　　　　　　　　　　　　　　など

　このように整理して図に表すと、アサガオの花の数の多い少ないなどを比べやすくなり、数の処理がしやすくなるというよさに気づくことができる。ここには、測定の考えや、曜日ごとに区別してみるなどの集合の考えを働かせている。

ウ　整理しまとめたものから考察すること

　表やグラフの指導は、それをかいたり読んだりする技能面の習熟だけを目的とするのでなく、第1学年であっても整理したものから何が読み取れるかにも重点を置くようにすることが大切である。例えば、上の図のアサガオの花を整理した結果から、次のようなことに気づくことができる。

- ◇　数が一番多いのは金曜日である。
- ◇　月曜日と木曜日は4個で同じで、数が一番少ない。
- ◇　一番たくさん咲いた日と一番少ない日は、4個違う。　　など

　また、色別の図にすると、別の特徴も分かってくる。このように、整理された絵や図から特徴を捉えることで、その有用性に気づくことができる。そして、子ども自らが目的意識をもって主体的に整理しようとする態度を養うことができる。

②　第2学年「ひょうとグラフ」

　この単元では、身の回りの数量を分類整理して、観点が1つの表やデータを○や□などに

抽象化した印（記号）を用いて表した簡単なグラフに表現して，表やグラフで表すよさに気づくようにすることがねらいである。そして，集団の傾向や特徴を捉えることができるようにする。

　指導に当たっては，例えば，「係決め」という身近な場面を設定する。学級の係を決めるためにまず全員の希望を聞き，それを分類整理し，簡単な表やグラフにまとめる活動を取り入れる。係は，図書，保健，体育，黒板，配達の５項目として，子どもからの希望をとり，その結果を次のように提示する。

①こくばん	②としょ	③こくばん	④たいいく	⑤はいたつ	⑥たいいく
⑦はいたつ	⑧ほけん	⑨たいいく	⑩こくばん	⑪としょ	⑫はいたつ
⑬としょ	⑭ほけん	⑮たいいく	⑯はいたつ	⑰としょ	⑱たいいく
⑲はいたつ	⑳ほけん	㉑こくばん	㉒としょ	㉓こくばん	㉔たいいく
㉕はいたつ	㉖たいいく				

　そして，各係を希望した人数を分かりやすく表すにはどうしたらよいかという課題に取り組むようにする。なお，①から㉖の記号は子どもの名前または番号を表す。

　　ア　分類整理して分かりやすく表そうとすること
　ここで，分かりやすく表すにはどうすればよいかを考える場面を設定すると，次のような考えが予想される。
　　◇　係ごとに印を付けていったらよい。
　　◇　係ごとの人数を数えたらよい。
　　◇　みんなの名前のカードを係の名前のところに貼ればよい。
　　◇　係の名前の位置を決めて，そこにみんながそれぞれ並べばよい。　　など
　これらをもとに，落ちや重なりがないように確かめながら，データを工夫して分類整理していく。

　　イ　表やグラフに表すこと
　子どもの考えを引き出した上で，まず，係ごとの人数を調べるために印を付けながら数え，それを基に表にかく活動を取り入れる。そして，係ごとの人数を●を使ってグラフを作ることができるようにする。用語「グラフ」「表」はここで知らせる。
　活動を進める中では，●をかくために「どうしたら落ちや重なりがないようにできるかな」と問い，係名に「○」や「✓」の印を付けるなどの工夫を子どもから取り上げるようにする。その後，できた●のグラフを見て，いろいろな数量や事柄を読み取り，その特徴や傾向を捉えることができるようにする。また，表とグラフを照らし合わせて比べると，分かりやすくなることに気づくようにする。

[表]

かかり名	としょ	たいいく	はいたつ	こくばん	ほけん
人数（人）	5	7	6	5	3

[グラフ]

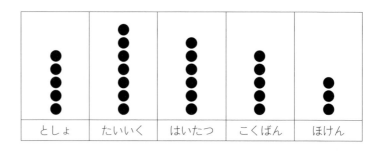

　　ウ　表とグラフを比較して考察すること
　ここで表とグラフを比較する。その比較は「どちらが見やすいか」よりも「人数が一番多い係は何か」などの具体的な発問を通して、「体育係です。それは○○を見ると……」と、自分が見たデータはどれか、見ようとした理由は何かなどについて子どもの考えを表現できるようにする。そのことで、次のように表とグラフのそれぞれのよさに気づくことができる。
　　◇　表は、数がはっきりしていて分かりやすく、違いが数字で分かる。
　　◇　グラフは、一番多いのはどこか、少ないのはどこかがぱっと分かる。
　このように、グラフは「一番多い」「一番少ない」「同じ」などの直観的な判断がしやすいので分かりやすさにつなげることができる。一方、表は数量の大小比較（どれだけ多いか、少ないか）が数で表すことができるので、計算する場合に式が立てやすく処理のしやすさにつなげることができる。このように表、グラフが、係決めをしやすくする手段として役立つことに気づくようにする。
　この単元では、特に「分かりやすさ」「処理しやすさ」という視点を重視できるようにする。このような考え方は、「グラフに表の数字を書くと分かりやすい」「人数が多い順に並べると見やすい」などの見方ができたり、表やグラフを選択する見方を養ったりすることにつなげられるようにする。

　③　第3学年「表とグラフ」
　この単元は、集団の構成要素を目的に応じた観点でデータを分類整理し、それを簡単な二次元の表にまとめ、2つの観点から表を読み取れるようにする。さらに、棒グラフに表したり、読み取ったりし、これまでの経験を基にして、様々な目盛りの棒グラフをかいたり、読んだりできるようにすることがねらいである。
　ここでは、データを分類整理する必要感を大切にしながら、分類整理する仕方や統計的な処理の手順について理解できるようにする。例えば、学校内でけがをする場面が多くあることを想起できるようにして、「どのようなけがが多いのか」「いつ、どこでけがをしているのか」などに関心を高められるようにする。そして、けがを減らすためには、学校内のけがの実態

をつかもうとする目的意識をもつことができるようにする。そのため，「けがの種類」「けがをした時間」「けがをした場所」などの分類の観点を明確にした次のようなデータを提示する。なお，①〜㉚の記号は子どもの名前または番号を表す。

けがの種類（時間，場所）

①すりきず（休み時間，校庭）	⑪すりきず（放か後，体育館）	㉑切りきず（休み時間，教室）
②打ぼく　　（放か後，校庭）	⑫すりきず（休み時間，ろう下）	㉒ねんざ　（休み時間,図書室）
③打ぼく　　（じゅ業中，校庭）	⑬すりきず（じゅ業中，体育館）	㉓切りきず（休み時間，校庭）
④すりきず（放か後，体育館）	⑭切りきず（じゅ業中，校庭）	㉔すりきず（休み時間，校庭）
⑤打ぼく　　（放か後，体育館）	⑮すりきず（休み時間，校庭）	㉕切りきず（休み時間，教室）
⑥ねんざ　　（休み時間，校庭）	⑯すりきず（休み時間，校庭）	㉖打ぼく　（休み時間，校庭）
⑦すりきず（休み時間，ろう下）	⑰すりきず（放か後，校庭）	㉗切りきず（放か後,体育館）
⑧切りきず（休み時間，校庭）	⑱打ぼく　　（休み時間，ろう下）	㉘すりきず（放か後,体育館）
⑨すりきず（休み時間，校庭）	⑲切りきず（休み時間，理科室）	㉙すりきず（放か後,ろう下）
⑩切りきず（休み時間，教室）	⑳切りきず（放か後，校庭）	㉚ねんざ　（休み時間,トイレ）

ア　データを分類整理して表に表すこと

まず，観点ごとに落ちや重なりがないように数えるために，子どもは，数え終わったものに印を付けたり，数字で記録したりするなどを考える。また，「正」の字を使って数えることにも気づく。このような整理をする仕方を比較することで，「正」の字1つが5を表していて数えやすいなどのよさに気づくことができるようにする。また，調査対象の全数と各項目の数の合計が一致していることで，集計結果が正しいかどうかを確認することができるなど，合計欄のよさにも気づくことができるようにする。そのようにして，次のように観点別にした表が完成できる。

[けがの種類と人数]

けがの種類	人数（人）
すりきず	13
切りきず	9
打ぼく	5
ねんざ	3
合　計	30

[けがをした時間と人数]

けがをした時間	人数（人）
休み時間	18
放か後	9
じゅ業中	3
合　計	30

[けがをした場所と人数]

けがをした場所	人数（人）
校庭	14
体育館	6
ろう下	4
教室	3
その他	3
合　計	30

表に整理できたら，調査の目的に合わせた考察をすることによって，次のような学校内のけがの実態を捉えることができるなど，表に表すよさに気づくことができるようにする。

◇　すりきずが多い。
◇　たくさんのけがが起きている時間は，休み時間で，場所は校庭である。
◇　休み時間の校庭や体育館では，周りをよく見るなど注意した方がよい。

イ 棒グラフに表すこと

ここでは，前述アの結果について，もっと分かりやすく表す方法はないかということから，第２学年での●で表したグラフを基に，棒グラフにすることに着目できるようにする。その後，例として，次の「けがの種類を表すグラフ」について調べる場面を設定する。

まず，棒グラフの軸の意味，最小目盛りを表す大きさなど，グラフの構成を理解して，棒グラフを確実に読むことができるようにする。そして，最大値，最小値，各項目の数量，数量間の差や倍，数量全体の傾向等を読み取ることを通して，右のような棒グラフのよさに気づくことができるようにする。

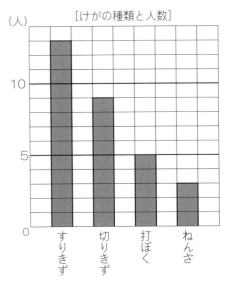

◇ 棒グラフは，ぱっと見て何が多くて何が少ないかが分かりやすい。
◇ 棒グラフは，人数の違いが分かりやすい。

また，棒グラフについては，項目の大小を並び替えた棒グラフとの比較を通して，一番多いものがいつも左側になっていると分かりやすいことに気づくようにする。ただし，項目が時系列になっている場合は，並べ替えが難しいことも気づくようにする。しかし，このような活動ではグラフが強調されるが，表は，細かな数値を使って計算する場合など，調査の目的によっては都合よい場合があることを理解できるようにする。

ウ 目盛りの付け方から棒グラフの見方・考え方を広げること

ここでは，まず，けがを減らすためにけがの特徴を調べるという調査の目的を確認できるようにする。そのことで，棒グラフを読み取る必要感を感じることができるようにする。そ

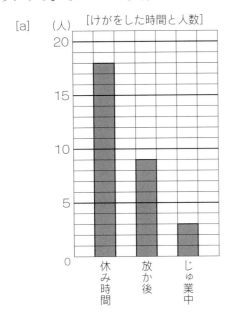
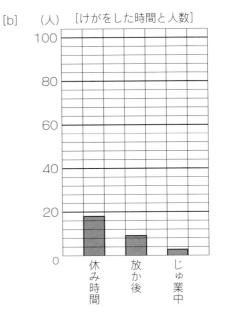

の上で，前ページのような1目盛りの取り方の違う「けがをした時間」の棒グラフである図a，図bの2つを提示して，それぞれのグラフの問題点を考える場面を設定する。

　図bは，休み時間にけがをした人数が一番多いが，放課後にけがをした人数とあまり変わらないという印象を受ける。しかし，図aでは，休み時間にけがをした人数は放課後にけがをした人数の2倍ということが明確に分かり，違いや比較をはっきりさせることができる。このように，同じグラフでも目盛りの取り方が違うと見え方が異なり，データの考察に誤解を生じることがあるなど，目盛りを適切に取ることの重要性を理解できるようにする。また，データの数量の最大値が用紙におさまるように1目盛りの大きさをどのようにするか見当を付けてからグラフをかくことができるようにする。ここでは，グラフを読む側の状況や様子などを踏まえて，できるだけ正確に伝達しようと考えてグラフを作成することができるようにする。

　　エ　簡単な二次元の表を読み，考察をすること

　ここでは，簡単な二次元の表の読み取りができるようにすることがねらいである。例えば，次の図aの9月から11月のそれぞれのけがの種類調べの3つの結果を提示して，「さらに調べたいこと」について考える中で，「それぞれのけがが3か月間でどれくらいか」「3か月間で全部で何人けがをしたのか」などの課題をもつことができるようにする。そのことから，図aを1つの表に分かりやすくまとめ，全体の様子を表す方法として二次元の図bを作成していく。

[a] [けがをした人数]

(9月)

けがの種類	人数(人)
すりきず	13
切りきず	9
打ぼく	5
その他	3
合計	30

(10月)

けがの種類	人数(人)
すりきず	9
切りきず	5
打ぼく	10
その他	8
合計	32

(11月)

けがの種類	人数(人)
すりきず	12
切りきず	4
打ぼく	5
その他	7
合計	28

[b] [けがをした人数]

(9月から11月)

けがの種類	9月	10月	11月	合計
すりきず	13	9	12	34
切りきず	9	5	4	18
打ぼく	5	10	5	20
その他	3	8	7	18
合計	30	32	28	90

　その後，一次元の表と二次元の表を関連付けて考察する。二次元の表では月ごとの合計だけでなく，けがの種類別の合計も分かること，3か月間全体の合計も分かることなど，二次元の表の有用性に気づくことができるようにする。

　二次元の表の読みについては，表の各欄の意味を確実に捉えることが大切である。けがの種類と月との2つの観点から条件に合う数値を捉えたり，逆に，ある数値から2つの観点を特定したりするような見方もできるようにする。そのことを通して，月とけがの種類についての分析と考察ができるようになる。

　また，二次元の表に数値を当てはめていく際には，まず，二次元の表の総合計を求める。そして，けがの種類別の合計と月別の合計が総合計と一致するかどうかを確認し，間違いがないかを確かめることができるという態度を養うようにする。

④ 第4学年「折れ線グラフ」

この単元では，時系列データの変化の様子など，関数的な関係を折れ線グラフに表したり，その折れ線グラフから関数的な関係にある２つの数量の変化の特徴を読み取ったり調べたりすることができるようにすることがねらいである。ここでは，次のような関数の考えや統計的な見方・考え方を働かせることができる。

○ 関数の考え
・伴って変わる２つの数量の変化の特徴をつかむことができる。（その状況の直線の傾きが急である，緩やかであるなど）
・連続的な変化を意識して，中間の数値や時系列での将来の数値を推測することができる。

○ 統計的な見方・考え方
・折れ線の示す傾向と，その部分に当たる事象の変化とを結び付けて解釈できる。
・最大・最小の数値を調べ，変化する範囲を読み取ることができる。
・折れ線の部分と全体を分析的に調べたり，総合的に見たりして，事例の全体的な傾向（上昇，下降，循環など）を捉えることができる。

ア 折れ線グラフを読むこと

4（1）で述べたように，岡崎市とシドニー市の気温の調査について目的意識を明確にした上で折れ線グラフのよさに気づくことができるようにする。

指導に当たっては，例えば，岡崎市の１年間の気温の変わり方の表を基に，既習の棒グラフで表す場面を設定する。そして，気温の変化を棒グラフで表すことについて適しているかを話し合う中で折れ線グラフを導入する。折れ線グラフで気温を表すことにより，部分的に，また全体的な変化の様子を線の傾きで視覚的に捉えられるというよさに気づくことができる。そのことを通して，棒グラフと折れ線グラフが使われる場面の違いなどにも目を向けることができる。

棒グラフと折れ線グラフの相違については，次のように指導上の留意点を含め，まとめることができる。

	棒グラフ	折れ線グラフ
使用目的	○ いくつかの並列された数量の大小を比較する。	○ 連続的な変化の様子を知る。 ○ 事象のどのような点を見るかを調べる。
形態上	○ 数量を表す棒の長さで表現する。 ○ 途中の目盛りの省略は，ほとんどあり得ない。	○ 点の位置，点と点を結ぶ線で表現する。 ○ 途中の目盛りの省略されることがある。
横軸の項目	○ 項目の順序性は重要ではなく，数量の大きさ順である。 ○ 棒グラフはすべて折れ線グラフに代用されるとは限らない。	○ 項目は系統性をもっているので，順序を変えられない。 ○ 順序を正しくすれば棒グラフができ，その棒の頭を結べば折れ線グラフになる。

折れ線グラフの基本的な読み方として，例えば，月別の気温の変化の様子について，「何月は何度」のように横軸と縦軸の座標が表の中の数値になることを読み取れるようにする。これは，折れ線グラフをかくことにも必要となるデータの見方である。また，傾きが変化している事実から，右上がりや右下がりの意味や，表の中の数値の差が小さいときは緩やかな傾きになり，大きいときには急な傾きになるなど，その違いの理由に気づくことができる。そのように，2つの数量の関係に着目することにより関数の考えを働かせることができる。

イ　折れ線グラフの表し方や読み方を工夫すること

　折れ線グラフを読んだり，見やすくしたりするために工夫することについて，次のことに気づいたり考えたりできるようにする。

　　◇　目盛りのとり方によって変化の様子がはっきり見えるようになる。
　　◇　データのないところを 〜〜〜 の印で省略することができる。
　　◇　未測定のデータを推測できる。

　例えば，1日の時刻と気温を折れ線グラフに表すとき，縦軸の1目盛りは1度であった。しかし，グラフの形が縦長になってしまうことから，1目盛りを2度や5度にすると，変化がはっきりしないグラフになることに気づく。そこで，教師が 〜〜〜 の印を使ってデータのない部分を省略してもよいことを知らせて，グラフを作り直すと，これまでと変わらない見やすい折れ線グラフになることに気づくことができる。

　また，データのない時刻の気温を調べるとき，折れ線グラフからその時刻のところの縦軸の気温を表す目盛りの気温を読み取ることで，未測定のデータが予測できるよさを感じることができる。

ウ　グラフの特徴や傾向を読み取り考察すること

　棒グラフと折れ線グラフを複合的に重ね合わせたグラフについて，日常生活や他教科でも扱われるものであり，それを読むことができるようにすることがねらいである。

　指導に当たっては，例えば，市場で取引されたトマトの量と値段のグラフを挙げることができる。次のグラフのように，トマトの量は棒グラフ，トマトの値段は折れ線グラフで表されているものを提示する。このように2つのグラフを複合的に重ね合わせたものを読み取り，考察する場面を設定する。

　ここでは，まず，2つのグラフを1つずつに分けて，その読み方を確認できるようにする。特に，縦軸の目盛りがグラフの両側に付いているので，どちらの目盛りで何を読むか，また1目盛りがど

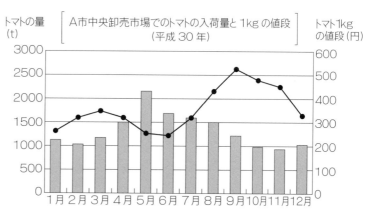

れだけの量になっているかを確認できるようにする。そして，2つのグラフの読み取りはもちろんであるが，2つのグラフから読み取れる「生産量が多いときは値段が下がっている傾向にある」などの，トマトの量とトマトの値段の2つの数量の関連を読み取ることまでできるようにする。

⑤　第4学年「調べ方と整理のしかた」

　この単元では，データを目的に応じて多面的に捉え，2つの観点から分類整理したり，論理的に起こり得る場合を，落ちや重なりがないように考えたりして，二次元の表（クロス集計表）に表すことができるようにする。そして，その事象の特徴や傾向を考察することがねらいである。ここでは，ものごとを正しく判断するためにはどうしたらよいかという，これまで見逃していたことに着目できるようにし，それらを統計的な手法で考えてみると，新しいことに気づくことができるようにする。

ア　分類項目をつくること

　指導に当たっては，前述の「けが調べ」のデータを取り扱う。そこでは，けが調べの結果を「けがの種類」「けがをした場所」で整理して，2つの一次元の表をつくった。（p.241 参照）これは，けがの種類の観点から4つの項目（すりきず，切りきず，打ぼく，ねんざ）を設けて部分集合をつくって分類し，場所の観点からは5つの項目（校庭，体育館，ろう下，教室，その他）を設けて部分集合をつくって分類している。いずれの場合も，データに落ちや重なりがないように分類することが必要である。もし合計が違えば，落ちや重なりを確認できる。また，どの分類項目にも入っていないデータがあれば，場所の分類のように「その他」の項目をつくり，新たな部分集合をもう1つつくることになる。

イ　二次元の表をつくり，考察すること

　前述アのようにした上で，「どんなけがが，どんな場所で多いか」と記録を見やすく整理する場面を設定する。その解決として，けがの種類とけがをした場所の2つの観点から分類すると，次の二次元の表のように，4×5＝20の20に分けて分類整理することができることに気づく。そして，p.241の1つの観点で調べた2つの表（けがの種類と人数の表，けがをした場所と人数の表）と対比しながら，右のような2つの観点で整理した表のよさにふれることができるようにする。また，表をつくるときには，2つの観点で分類したときの合計人数を確認するなど，統計上の間違いを避ける手法にも気づくことができるようにする。

　その後，この二次元の表からどんなこ

[場所と種類別のけが調べ（人）]

場所＼けがの種類	すりきず	切りきず	打ぼく	ねんざ	合計
校庭	6	4	3	1	14
体育館	4	1	1	0	6
ろう下	3	0	1	0	4
教室	0	3	0	0	3
その他	0	1	0	2	3
合計	13	9	5	3	30

とが読み取れたか話し合う場を設定する。例えば，次のように表から全体の対応を考えることができる。

- ◇ 校庭や体育館，ろう下では，滑って転ぶからすりきずが多い。
- ◇ けがを減らすにはどのようにしたらよいか。
- ◇ 校庭や体育館，ろう下ですりきずが多いので，休み時間の過ごし方に気を付けましょう。

⑥　第5学年「割合のグラフ」
　ア　グラフを読むこと，かくこと

　この単元では，割合と百分率とを関連させて，データの割合を示す帯グラフや円グラフに表したり，読み取ったりすることができるようにすることがねらいである。帯グラフと円グラフは，長方形と円（おうぎ形）と見かけは違っていても，どちらも表しているものは割合であり，それを面積で表しているという点で，その考え方は同じである。さらに，その面積も，帯グラフでは長方形の横の長さに，また円グラフではおうぎ形の中心角に，それぞれ単純化して表されている点でも同じ性質をもっている。

　帯グラフ・円グラフの読み取りでは，データについて全体と部分，部分と部分の割合を比べて，その関係を表すことで，棒グラフでは分かりづらいデータの特徴を捉えやすくなることに気づくことができるようにする。また，グラフをかくことを通して，グラフの仕組みやそのよさに気づき，理解を一層深め，グラフをさらに的確に読み取ることができるようにする。そのため，帯グラフでは方眼紙を，円グラフでは円周を 10 または 100 等分した用紙を準備して作業を効率化できるようにする。また，合計が100％にならない場合の処理や割合の大きい順に示すことなども知らせる。

　イ　割合と実際のデータからグラフを読むこと

　割合と実際のデータ（量）による帯グラフの読み取りは重要である。複数のグラフを用いる際に各グラフの合計が異なっている場合があり，そのような場合は割合が小さくても実際のデータ（量）としては大きいなど，見た目では判断できない場合があるため留意することが必要である。

　指導に当たっては，各学年のけがについて収集したデータからつくった帯グラフを読み取るとき，割合だけで判断できることとできないことを見極め，適切に問題を解決することができるようにする。例えば，次のように，けがの種類を表した帯グラフで「A小学校ではすりきずの件数は切りきずの件数の何倍か」を求める際には，実際のデータを求めなくても割

[けが調べ（A小学校とB小学校　4〜9月）]

A小学校	すりきず 40%	打ぼく 25%	切りきず 20%	ねんざ 8%	その他 7%
B小学校	すりきず 38%	打ぼく 30%	切りきず 16%	ねんざ 10%	その他 6%

合どうしが何倍になっているかを調べれば分かることに気づくようにする。これは，基準量がともに「A小学校のけがの全体の件数」で同じであるからである。一方，「A小学校とB小学校では，すりきずの件数はどちらが多いか」を求める際には，全体のけがの件数がA小学校とB小学校で異なっていることから，割合の大小だけでは判断することはできないことに気づくようにする。それは，帯グラフをかく上で実際のデータでつくった次の表を見れば理解することはできる。このように，割合で見ていたものを量で見直してみたり，観点を変えて整理し直してみたりすることで，必要な情報を的確に捉えて，多面的に考察をしたり判断したりする力を養うことができるようにする。

	すりきず	打ぼく	切りきず	ねんざ	その他	合計
A小学校（人）	24	15	12	5	4	60
B小学校（人）	57	45	24	15	9	150

⑦　第6学年「資料の調べ方」

　この単元では，データ全体を表す指標としての代表値や度数分布表，柱状グラフを知り，統計的に考察したり表現したりすることがねらいである。代表値はデータがある範囲にわたって分布している集団の様子をつかみ，資料の特徴を適切に判断することに使われる。具体的に次のようである。

- 平均値は，データの個々の値を合計し，データの個数でわった値
- 中央値は，データの大きさの順に並べたときの中央の値
- 最頻値は，データの中で最も多く現れている値

　なお，日常的には平均値のことを平均と呼ぶこともある。これらの代表値は，集団のおよその様子を表すことができる。また，数直線を用いて資料の散らばりを調べ，代表値と比較することにより，集団のいろいろな特徴を捉えることができる。

　表やグラフについては，これまでの経験を基にして，集団の様子を考察するために，度数分布表や柱状グラフを用いることができるようにする。これらの考えは，統計的な見方・考え方を育てる上で重要であり，子ども自身が身の回りの事象に対し適切な判断をし，問題を解決するために必要となる。

ア　代表値で集団を捉えること

　集団の特徴を調べたり伝えたりするとき，1つの数値を代表として，それらを比べることが多い。その多くの場合が平均値である。その求め方は，測定値の平均を求めるときと同じである。しかし，平均値だけでは集団の様子を的確に捉えることは不可能な場合があることにも着目できるようにし，資料の散らばりの様子を併せて調べる活動を行うようにする。

　指導に当たっては，次ページの図aのような2つの学級のボール投げの結果を示して，データを整理する場面を設定する。ここから，2つの学級ともに平均値が26mであることを確認できるようにする。

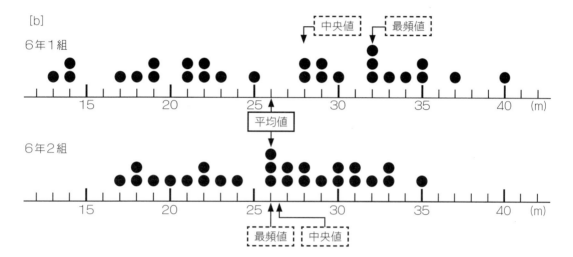

　ここで，ドットプロットを使って，平均値が等しい6年1組と6年2組の2つの学級の分布を調べると図bを作ることができる。ドットプロットとは数直線上の該当する箇所にデータを配置し，同じ値のデータがある際には積み上げて表したものである。このドットプロットを用いることで，平均値が等しい集団でもデータの分布の仕方はいろいろな違いがあることを理解できる。そして，このような分布から次のことに気づくことができる。

　　◇　それぞれの学級の最大値と最小値が分かる。
　　◇　それぞれの学級の散らばりの範囲（最大値から最小値をひいた値）が分かる。
　　◇　2つの学級で，同じ記録がある場合は，その頻度が分かる。
　　◇　数直線上に平均値を書き込むことによって，データの数値が平均値の近くに集まっているかどうかが分かる。

　このようにすると，散らばりの様子や集団の中における個々の数値の位置が捉えやすくなることに気づく。そして，これらを調べることを通して，平均値の近くにデータの数値が集まっている分布と，集まっていない分布があることを理解できるようにし，集団の特徴や傾向を捉えるためには，平均値だけでない代表値（中央値，最頻値）を用いる必要があることを理解できるようにする。

イ　度数分布表・柱状グラフを読むこと，かくこと

　度数分布表は，個々の記録の数値（データ）は見えなくなるが，全体の分布の様子を明確に捉えるためのものである。

　データを整理するために用いる区間の階級をいくつかに分け，階級ごとにその度数を示して，分かりやすくした表が度数分布表である。右の表は，前ページのボール投げの6年1組のデータを度数分布表に整理したものである。階級については区間を表すので，まずは「以上」「未満」など範囲を表す言葉の意味を確認できるようにする。

[ボール投げ（6年1組）]

きょり（m）	人数（人）
10以上～15未満	3
15　～20	4
20　～25	5
25　～30	5
30　～35	6
35　～40	3
40　～45	1
合　計	27

　子どもが階級の幅やその数を設定するときには，データの最大値と最小値から散らばりの範囲を決めて，その範囲をいくつに区切ればよいかを考えられるようにする。階級の幅を大きくして階級の数が少なすぎると全体の分布の様子がつかみにくくなり，逆に，階級の幅を小さくして階級の数が多すぎても全体の分布の様子がつかめなくなる。つまり，階級の幅やその数も，分布の様子を調べるという目的に合わせて決めることができるようにする。

　このボール投げの例では，分類のしやすさや分布の調べやすさなどを考慮して，上のように階級の幅を5mとして7つの階級に分けた度数分布表を示すのが適切である。

　度数分布表に表し，階級ごとの度数を見るとデータの散らばりの様子を捉えることができる。しかし，いくつかの集団の様子を比較するときには，データの総数が違うと階級ごとの度数どうしでは比べることができないことに気づく。そのようなときには，全体の度数の合計に対する割合で考えることが必要であり，相対度数として $\dfrac{\text{その階級の度数}}{\text{度数の合計}}$ の値を用いるようにする。

　次に，度数分布表を分かりやすくグラフに表した柱状グラフを提示する。柱状グラフは，横軸が階級の幅，縦軸が度数を表し，柱状の形をしたグラフであり，これをかくことができるようにする。棒グラフとの違いは，隣り合った階級が連続しているため密着した柱が並び，横軸が連続量であることを理解できるようにする。

　柱状グラフをかいたり，読んだりする活動を通して，次のような柱状グラフの特徴に気づくことができるようにする。

　◇　柱状グラフは，それぞれの階級の度数が比べられ，その関係が分かりやすい。
　◇　柱状グラフは，最頻値（最も度数の多い階級）がどれか見つけやすい。
　◇　柱状グラフは，分布の範囲がいくつか分かりやすい。
　◇　柱状グラフは，グラフの全体の形を見て，その集団の特徴が捉えやすい。

　しかし，次ページの図c・図dの柱状グラフのように，6年1組のボール投げの同じデー

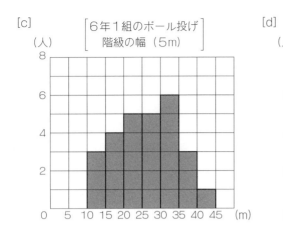
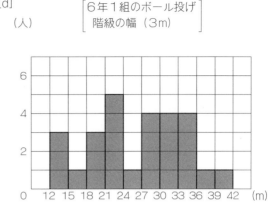

タでも，前述したように階級の幅を５ｍの場合と３ｍの場合とを比較すると，分布の様子は変わったように見え，最頻値も変わることに気づくことができる。

また，ボール投げの記録の平均値が等しい６年１組と６年２組の２つの学級について，「２つの学級とも同じ投げる力をもっている」という結論としてしまいがちである。しかし，図ｃと図ｅのように，階級の幅を５ｍとして２つの学級の度数分布表や柱状グラフを表してグラフ

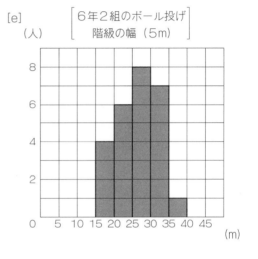

を比較してみると，分布の違い（範囲等）や中央値，最頻値等の違いに気づき，それらを調べることにより，全体の傾向として「２組の方が全体的に苦手な子が少なく，投げる力がそろっている」ということに気づき，結論について再考して，その特徴をより的確に読み取ろうということになる。

なお，個々の記録は実際のデータでしか分からないこと，平均値や最大値なども度数分布表や柱状グラフからは読み取れないことなども合わせて確認できるようにする。

これらの活動を通して，統計的な問題解決の過程や結果を安易に受け止めるのではなく，様々な視点から多面的に吟味し，より適切な判断をしたり，問題点を改善して遂行したりする力が育成される。さらに，自分たちの問題解決の過程を批判的に検討する活動を行うことで，第三者から提示された統計的なグラフなどについても多面的に吟味し，その信頼性や妥当性を評価できるようになる。このように，統計的な見方・考え方を働かせることで，数学的な見方・考え方を育て，より豊かにしていくことができる。

【参考文献】

- 文部科学省「小学校学習指導要領（平成29年告示）」（2017）
- 中央教育審議会
  「幼稚園，小学校，中学校，高等学校及び特別支援学校の学習指導要領等の改善及び必要な方策等について（答申）」（2016）
- 文部科学省「初等中等教育における教育課程の基準等の在り方について（諮問）」（2014）
- 教育課程企画特別部会「教育課程企画特別部会における論点整理について（報告）」（2015）
- 中央教育審議会初等中等教育分科会教育課程部会
  「次期学習指導要領等に向けたこれまでの審議のまとめについて（報告）」（2016）
- 文部科学省「小学校学習指導要領（平成29年告示）解説　総則編」（東洋館出版社，2018）
- 文部科学省「小学校学習指導要領（平成29年告示）解説　算数編」（東洋館出版社，2018）
- 奈須正裕「資質・能力と学びのメカニズム」（東洋館出版社，2017）
- 田村学「深い学び」（東洋館出版社，2018）
- R.K. ソーヤー編，秋田喜代美・森敏昭・大島純・白水始監訳，望月俊男・益川弘如編訳
  「学習科学ハンドブック　第3巻」（北大路書房，2017）
- 藤井千春「主体的・対話的で深い学び　問題解決学習入門」（学芸みらい社，2018）
- G. ポリヤ編，柿内賢信訳「いかにして問題をとくか」（丸善，1954）
- 和田義信編著，和田義信著作刊行会
  「和田義信著作・講演集6　講演集(4)数学的な見方・考え方と教材研究」（東洋館出版社，1997）
- 中島健三編著「数学的な考え方と問題解決　1研究理論編」（金子書房，1989）
- 片桐重雄「数学的な考え方の具体化」（明治図書，1988）
- 片桐重雄「問題解決過程と発問分析」（明治図書，1988）
- 杉山吉茂「初等科数学科教育学序説」（東洋館出版社，2008）
- 杉山吉茂「中等科数学科教育学序説」（東洋館出版社，2009）
- 新算数教育研究会編「新しい算数科・教材の本質とその究明」（東洋館出版社，1990）
- 竹内芳男，沢田利夫「問題から問題へ」（東洋館出版社，1989）
- 清水美憲監修，齊藤一弥編著「『数学的に考える力』を育てる授業づくり」（東洋館出版社，2015）
- 算数・数学教育実践講座刊行会
  「算数・数学教育実践講座　第10巻『図形概念の芽生えと形成』」（日本文教社，1986）
- 柴田録治監修，岡崎市算数・数学教育研究部編著
  「新算数指導の疑問これですっきり It's OK！」（黎明書房，2012）
- H. ポアンカレ著，吉田洋一訳「科学と方法」（岩波書店，1967）
- 塩野直道著「数学教育論」（啓林館，1947）
- ヴェルチェンコ著，松野武・山崎昇訳「数学名言集」（大野出版，1995）

　なお，小学校教科書，その指導書等（啓林館，東京書籍，教育出版，大日本図書，学校図書，日本文教出版）を参考にし準拠するようにしました。

おわりに

　子どもが，算数を得意・不得意に分けるものは何なのでしょうか。算数の得意な3年生の子どもにその理由を聞くと「難しい計算がすらすらとできるこつが分かったから」と返ってきました。この「こつ」とは何か，さらに聞くと「302－165は両方の数35をたして計算すれば簡単に137と分かった。これは15－8で両方の数に2をたすことと同じ」と，減法の性質を「こつ」として気付いていたのです。

　ここで，ただ単に数多くの計算を経験しただけでは，このように数学的な見方・考え方を身に付け，自在に操れるようになることは難しいものです。いくつかの異なる学習経験を俯瞰的に捉えられるようになり，それらをつなぎ，結び付けることで，共通性と独自性を見いだして，構造的・概念的な理解がなされるようになったのでしょう。

　興味深いことに，算数が得意と言う子どもは，このような構造的・概念的な理解をいつの間にか自分の力で身に付けているのです。同じ教室で同じ計算に取り組んでいるのに，その経験が単なる個別的な計算の記憶にとどまっている子どもがいる一方で，その計算から分かることは何か，また，そのこととどんなことが関連付けられるかについて気づく子どもがいます。さらには，そのことを生活事象にまで活用する子どももいます。ある面で，「算数とは何か」について言葉で発しないまでも，十分に感じているのかもしれません。しかし，たまたまそういった思考に意識が向かったのかもしれません。それが証拠に，別の教科では思うほどの概念化や統合化を進められないでいたりするものです。

　もしかすると，教科の得意・不得意を分けるかなりの部分は，構造的・概念的な理解ができるかどうかに依拠しているように思われます。なぜなら，そのことに気づいた途端，ばらばらにたくさん勉強してきたと思っていたことが，ある一貫した発想で捉えられることを理解しようとする意識がもてるからです。そして，教科の多くの知識がひとまとまりになった概念で手際よく構造的に整理できることに気づくのです。

　私たちが本書で明らかにしようとして追求してきた「深い学び」を展開する子どもは，そのような活動を試みようとする子どものように感じられます。そして，そのような子どもを育てるための授業は，まさに算数の本質に迫るものにつながっているのです。そのことが分かれば，そういった子どもには機械的習熟のためのドリルや暗記のための繰り返しに重点を置くことなどは必要のないことに，どの教師も気づくことでしょう。

　終わりに，本書の編纂に，また日頃より私ども岡崎市算数・数学教育研究会に対して懇切丁寧なご指導をいただいている愛知教育大学名誉教授柴田録治先生，元三河教育研究会算数数学部会長三浦鎌次先生，また，発刊へご尽力いただきました黎明書房社長武馬久仁裕様，編集部伊藤大真様に深く感謝申し上げます。

　令和元年10月

　　　　　　　　　　　　　　岡崎市算数・数学教育研究部　　編著者一同

編集に関わった人

柴田　録治　（愛知教育大学名誉教授）

髙須　亮平　（岡崎市立梅園小学校長）　　　　　　　　第1章

加藤　嘉一　（愛知教育大学附属岡崎小学校長）　　　　第2章　1

鈴木　勝久　（岡崎市立上地小学校長）　　　　　　　　第2章　7

岩瀬　竜弥　（岡崎市立六ツ美南部小学校長）　　　　　第2章　9

深津　伸夫　（岡崎市立矢作西小学校長）　　　　　　　第2章　11

塚谷　　保　（岡崎市立井田小学校教頭）　　　　　　　第2章　4

永井　利昌　（岡崎市立額田中学校主幹教諭）　　　　　第2章　13

加藤　良彦　（岡崎市立六ツ美中学校教諭）　　　　　　第2章　6

西尾　修一　（岡崎市立北中学校教諭）　　　　　　　　第2章　10

田中　大貴　（岡崎市立六名小学校教諭）　　　　　　　第2章　12

神谷　尚希　（愛知教育大学附属岡崎中学校教諭）　　　第2章　2

岩月　聖将　（岡崎市立六ツ美南部小学校教諭）　　　　第2章　8

岩野　慎也　（岡崎市立葵中学校教諭）　　　　　　　　第2章　5

河上　翔太　（岡崎市立美川中学校教諭）　　　　　　　第2章　3

加納　　隆　（岡崎市立梅園小学校教諭）　　　　　　　コラム挿絵

監修者紹介

柴田録治
　1935年生まれ。愛知教育大学名誉教授。元愛知教育大学附属岡崎中学校長。

〈著書・訳書等〉
M.クライン『数学教育現代化の失敗―ジョニーはなぜたし算ができないか―』（監訳，黎明書房，1976），『算数科わかる発問の授業展開』（共編著，明治図書出版，1983），『これから教師になる人のための算数と数学』（共著，黎明書房，1994），『算数・数学科教師の現職教育の実態と今後の発展的姿の同定―岡崎市の事例を中心に―』（愛知教育大学，1997），『子どもがよくわかる算数の教え方〈低学年〉〈中学年〉〈高学年〉』（監修，岡崎市算数・数学教育研究部編著，黎明書房，1998），『イプシロンと私―数学教育の教材研究―』（柴田録治先生ご退官記念論文集刊行委員会著，東洋館出版社，1999），『算数科問題解決型授業作りのノウハウ』（監修，愛知教育大学附属名古屋小学校算数部編著，明治図書出版，2000），『補充・発展　算数学習スキルアップシート〈低学年〉〈中学年〉〈高学年〉』（監修，岡崎市算数・数学教育研究部編著，黎明書房，2004），『新・算数指導の疑問これですっきり　It's OK！』（監修，岡崎市算数・数学教育研究部編著，黎明書房，2012），『中学校数学指導の疑問これですっきり』（監修，岡崎市算数・数学教育研究部編著，黎明書房，2017）など。

編著者紹介

岡崎市算数・数学教育研究部
　愛知県岡崎市内の小・中学校教師約220名で組織している。1956年の発足以来，教科書研究，教材研究，授業研究を継続して行う。

〈著書〉
『算数・数学「一問一答」』（研文印刷社，1980）
『算数指導の疑問これですっきり』（黎明書房，1981）
『算数が好きになる指導のアイデア』（黎明書房，1989）
『算数・数学授業研究　教育実践論文16』（ヨシノ印刷，1992）
『改訂版　算数指導の疑問これですっきり』（黎明書房，1993）
『子供の意欲を高める学習課題のアイデア』（明治図書，1995）
『子どもがよくわかる算数の教え方〈低学年〉〈中学年〉〈高学年〉』（黎明書房，1998）
『授業力アップ！36選〈1～3年編〉〈4～6年編〉』（明治図書，2003）
『補充・発展　算数学習スキルアップシート〈低学年〉〈中学年〉〈高学年〉』（黎明書房，2004）
『基礎基本定着テスト＆発展補充ミニ教材集〈中学1年〉〈中学2年〉〈中学3年〉』（明治図書，2005）
『「確かな学力」を育てる算数授業72選』（明治図書，2006）
『算数・数学授業研究　教育実践論文21』（大日出版，2008）
『活用する力を育てる　算数ワークシート集〈低学年〉〈中学年〉〈高学年〉』（明治図書，2009）
『新・算数指導の疑問これですっきりIt's OK！』（黎明書房，2012）
『中学校数学指導の疑問これですっきり』（黎明書房，2017）　　など。

〈代表者連絡先〉
　〒444-0244　愛知県岡崎市下青野町井戸尻72
　岡崎市立六ツ美中学校内
　　　　　　　　　加藤良彦
　TEL：0564-43-2071／FAX：0564-43-2398

イラスト：さややん。
　　　　　伊東美貴

算数科の深い学びを実践する

2019年10月19日 初版発行	監修者	柴　田　録　治
	編著者	岡崎市算数・数学教育研究部
	発行者	武　馬　久仁裕
	印　刷	藤原印刷株式会社
	製　本	協栄製本工業株式会社

発 行 所　　　　株式会社　黎明書房

〒460-0002　名古屋市中区丸の内3-6-27　EBSビル
☎ 052-962-3045　FAX 052-951-9065　振替・00880-1-59001
〒101-0047　東京連絡所・千代田区内神田1-4-9　松苗ビル4階
☎ 03-3268-3470

落丁本・乱丁本はお取替します。　ISBN978-4-654-01964-9
© R.Shibata, Okazaki-shi Sansu-Sugaku Kyoiku Kenkyubu 2019, Printed in Japan